## Der Mittelpunkt B2 Grammatiktrainer

### Warum ein zusätzlicher Grammatiktrainer?

Der souveräne Umgang mit komplexen grammatikalischen Strukturen, wie er etwa in der Mittelstufe verlangt wird, bereitet vielen Lernenden Probleme – ganz besonders auch im Übergang von der Grundstufe (B1) zur Mittelstufe (B2). Um diesen Übergang zu erleichtern und die Lernenden auf einen zielgerichteten Umgang mit der Grammatik vorzubereiten, bietet der **Grammatiktrainer** umfangreiches Übungsmaterial.

### Arbeiten mit dem Mittelpunkt B2 Grammatiktrainer

Der **Mittelpunkt B2 Grammatiktrainer** dient zur Vertiefung und Erweiterung des grammatikalischen Lernstoffs im Lehr- und Arbeitsbuch **Mittelpunkt B2**, der in der Referenzgrammatik im Anhang des Lehrbuchs systematisch zusammengefasst ist. Folglich orientiert sich der **Grammatiktrainer** in Aufbau und Inhalt an der Referenzgrammatik. Da der **Grammatiktrainer** – wie auch die Referenzgrammatik – nicht progressiv, sondern nach Themenbereichen aufgebaut ist, können die einzelnen Kapitel des **Grammatiktrainers** je nach Bedarf entweder in der vorgegebenen Abfolge oder modular eingesetzt werden.
Die Kapitel des **Grammatiktrainers** enthalten kleinschrittig aufgebaute Übungssequenzen zu den einzelnen Grammatikthemen. Diese Übungssequenzen beginnen mit einer Einstiegsaufgabe, mit der die Lernenden auf B1-Niveau abgeholt werden, und entwickeln sich dann von vorentlastenden Übungen bis zu halboffenen bzw. offenen Übungen weiter. Auf diese Weise werden die Lernenden sukzessive zum B2-Niveau geführt: Nach dem Prinzip der induktiven Grammatikbearbeitung sollen die Lernenden z. B. durch Markierungsübungen für grammatikalische Formen und Strukturen sensibilisiert werden und diese in Übersichten sammeln, ordnen und systematisieren. Dadurch wird ihr Sprachbewusstsein gestärkt und sie werden in die Lage versetzt, Regeln selbst zu entdecken bzw. zu entwickeln. Danach folgen stark gesteuerte Übungen; die Kapitel enden mit den oben erwähnten halboffenen bzw. offenen Übungen. Die Übungspalette reicht hierbei z. B. von Reflexionsübungen bis zu persönlichen Stellungnahmen, in denen die Lernenden Gelerntes überprüfen und anwenden können. Aufgrund dieser Vielfalt an Übungsformen ist der **Grammatiktrainer** auch zur Binnendifferenzierung geeignet. Sogenannte Spickzettel informieren über mögliche inhaltliche oder grammatikalische Besonderheiten. Die Übungen sind thematisch weitestgehend in den Kontext der jeweiligen Lektion im Lehr- und Arbeitsbuch **Mittelpunkt B2** eingebettet und verarbeiten damit bekannten Wortschatz in authentischen Kommunikationssituationen mit praxisnahen Sätzen.

### Aufbau des Mittelpunkt B2 Grammatiktrainers

Der **Grammatiktrainer** zum Lehr- und Arbeitsbuch **Mittelpunkt B2** ist analog zur Referenzgrammatik im Anhang des Lehrbuchs aufgebaut und umfasst daher ebenso 10 Kapitel. Die Nummerierung und die Überschriften dieser Kapitel entsprechen denen der Referenzgrammatik, sodass die Lernenden, dort die Regeln und Übersichten zu den jeweiligen Übungen leicht nachschlagen können. Die Referenzgrammatik wiederum stellt zusammenfassend [illegible] jeweiligen Phänomene dar, die in den Lektionen des Lehr- und Arbeitsbuchs von **Mittelpunkt B2** behandelt werden. Dabei wird weniger Wert auf linguistische Vollständigkeit als auf Lernerorientierung gelegt.



Die Marginalspalte erleichtert das Arbeiten, denn sie bietet:

**LB / AB**
**Lek. 1**

- Hinweise auf die Lektion im Lehrbuch bzw. Arbeitsbuch, auf die sich das jeweilige Kapitel inhaltlich bezieht

Kapitel 4.9
Konjunktiv I

- Verweise auf weiterführende Kapitel im **Grammatiktrainer**

### Der Grammatiktrainer im Selbststudium

Die Übungen zu den einzelnen Grammatikthemen von **Mittelpunkt B2** eignen sich sowohl als Zusatzmaterial zur Vertiefung und Binnendifferenzierung als auch zum Selbststudium, da die Lernenden die Übungen ganz nach ihrem Lerntempo und Lernbedarf machen können. Aus diesem Grund befindet sich im Anhang – neben einer Liste häufiger Verben mit Präpositionen – ein ausführlicher Lösungsschlüssel, in dem Musterlösungen angeboten werden.

Viel Spaß und Erfolg bei der Arbeit mit dem **Grammatiktrainer** wünschen Ihnen der Verlag und das Autorenteam!

# Inhalt

## Abkürzungen

**A/Akk.** = Akkusativ
**N/Nom.** = Nominativ
**D/Dat.** = Dativ
**G/Gen.** = Genitiv
**m** = maskulin
**n** = neutrum
**f** = feminin
**Pl** = Plural
**HS** = Hauptsatz
**NS** = Nebensatz
**Erg.** = Ergänzung
**Pos.** = Position

# 1 Der Satz und seine Elemente

## 1.1 Verben und Ergänzungen

*Die Nominativ-Ergänzung wird auch „Subjekt" und die Dativ-/Akkusativ-/Genitiv-Ergänzung wird auch „Objekt" genannt.*

### 1 Das Verb liebt die Ergänzung

LB / AB Lek. 1

**a** Lesen Sie die Sätze und markieren Sie das Verb und die Ergänzung/en, die zu dem Verb gehört / gehören.

1. Adrian liebt Anja.
2. Anja ist eine Schulkameradin.
3. Aber Anjas Herz gehört einem anderen.
4. Adrian überlegt.
5. Er schreibt Anja einen Liebesbrief.
6. Anja lacht über ihn.
7. Adrian ist sehr enttäuscht von Anja.
8. Jetzt bedarf es eines Racheplans!

**b** Ordnen Sie die Sätze aus Übungsteil a den Kategorien der Ergänzungen zu.

| Nom.-Erg. | Akk.-Erg. | Dat.-Erg. | Dat.- + Akk.-Erg. | Gen.-Erg. | keine Erg. | Präp.-Erg. |
|---|---|---|---|---|---|---|
| | *1* | | | | | |

### 2 Die Rache

Vervollständigen Sie die Sätze mit den folgenden Ergänzungen. Notieren Sie, um welche der in Übungsteil 1b genannten Ergänzungen es sich handelt. Manchmal gibt es zwei Ergänzungen.

guten Rat   für den Rat   mir   ~~mit seinem Großvater~~   über diesen Strauß
Strauß rote Rosen   meiner ersten Liebe   mir   bei seinem Großvater
eitles Mädchen   anderen Mädchen

1. Adrian spricht *mit seinem Großvater*. → *Präpositional-Ergänzung*
2. Sein Großvater hat einen ______. → ______
3. „Schenke einem ______ einen ______." → ______
4. ______ wird sich Anja ärgern. → ______
5. Denn sie ist ein ______. → ______
6. Ich entsinne mich ______. → ______
7. „______ ist das Gleiche passiert, und dasselbe Rezept hat ______ geholfen." → ______
8. Adrian hat sich ______ ______ bedankt. → ______

## 1.2 Nomen-Verb-Verbindungen

*Einige Verben (Funktionsverben) bilden mit Nomen eine feste Verbindung. Die Bedeutung des Verbs ist schwach, die Hauptbedeutung liegt auf dem Nomen. Diese Ausdrücke kommen oft in wissenschaftlichen oder journalistischen Texten vor: „Ich möchte diese These zur Diskussion stellen." (Nominalstil) In der gesprochenen Sprache sagt man: „Ich möchte diese These diskutieren." (Verbalstil)*

### 1 Nominal – Verbal

LB / AB Lek. 6

**a** Lesen Sie den Spickzettel rechts und markieren Sie, welche der folgenden Sätze dem Nominalstil (N), welche dem Verbalstil (V) zuzuordnen sind.

1. Nach vielen Diskussionen haben wir endlich einen Entschluss gefasst. ~~N~~ V
2. Wir sind zur Überzeugung gekommen, die Produktion ins Ausland zu verlagern. N V
3. Daraus folgt, dass sich vieles ändern wird. N V
4. Deshalb müssen wir mit allen Mitarbeitern Gespräche führen. N V
5. Alle schwierigen Fragen sollten besprochen werden. N V
6. Hoffentlich verläuft die Besprechung gut. N V

**b** Formulieren Sie nun die Sätze in Nominal- bzw. Verbalstil um.

1. Wir haben uns entschlossen, mit unserer Firma ins Ausland zu gehen.

## 2 Widerstand leisten – Ein Bericht in der Tageszeitung

LB / AB Lek. 11, 12

Ergänzen Sie die Sätze mit den passenden Verben aus dem Schüttelkasten, achten Sie dabei auch auf die Zeitformen.

| | | | | | | | | |
|---|---|---|---|---|---|---|---|---|
| ~~führen~~ | führen | kommen | machen | leisten | leisten | leisten | leisten | leisten |

Die Geschäftsführung wollte mit den Mitarbeitern ein Gespräch [1] führen ________. Wenige haben der Einladung Folge [2] ________. Denn die meisten wollten Widerstand gegen die Verlagerung ins Ausland [3] ________. Schließlich hat der Betriebsrat Hilfe [4] ________ und die Mitarbeiter gebeten, an der Besprechung teilzunehmen. Zuerst hat man Konversation [5] ________. Dann ist man ins Gespräch [6] ________. Die Geschäftsführung hat versprochen, Zahlungen an die Arbeitnehmer zu [7] ________. Die örtliche Zeitung hat dann ein Interview mit dem Betriebsrat [8] ________. Die Landesregierung hat versprochen, einen finanziellen Beitrag zu [9] ________.

## 1.3 Angaben

Während Ergänzungen vom Verb abhängig sind, können Angaben frei in den Satz eingefügt werden. Sie haben die Funktion, die Umstände des Geschehens im Satz anzugeben (z. B. wann, wie oder wo etwas geschieht). Beispiel: „Über das Thema ‚Schönheit' ist schon immer und in allen Kulturen viel gesprochen worden." Auch ohne die Angaben ist der Satz grammatisch vollständig. Angaben werden auch „adverbiale Bestimmungen" genannt.

## 1 Thema „Schönheit"

Kapitel 2.3 Angaben im Mittelfeld

Kapitel 3.4 – 3.12 Bedeutung von Angaben

**a** Lesen Sie die folgenden Sätze und notieren Sie, ob es sich bei den markierten Elementen um eine Ergänzung (E) oder eine Angabe (A) handelt. Die Informationen im Spickzettel helfen Ihnen.

1. Man beachtet schöne Menschen mehr. [E]
2. Schönheit ist in den meisten Gesellschaften wichtig. ☐
3. Viele bewundern schöne Menschen zu sehr. ☐
4. Man wird aber nur wegen Schönheit in der Regel keinen Job bekommen. ☐
5. Fachliche Qualifikationen zählen im Vorstellungsgespräch natürlich mehr. ☐
6. Deshalb der gute Rat: Verlassen Sie sich nicht zu sehr auf Ihr Aussehen. ☐

**b** Fehlt in den Sätzen eine Ergänzung oder nicht? Markieren Sie „ja" (j) oder „nein" (n). Notieren Sie an passender Stelle die fehlende Ergänzung aus dem Kontext.

1. Gestern habe ich im WDR eine interessante Radiosendung gehört. j ~~n~~ (X)
2. Um 23 Uhr diskutierte eine Expertenrunde über „Schönheit". (X) n
3. Für das Thema „Schönheit" interessierten sich alle an diesem Abend sehr. j n
4. Der Reporter interviewte als ersten einen. j n
5. Dieser Psychologe erklärte sehr kompetent den Erfolg von schönen Menschen. j n
6. Nach etwa 15 Minuten erteilte der Reporter das Wort. j n
7. Der Historiker sprach über die historische Entwicklung des Begriffs „Schönheit". j n
8. Am Ende befragte der Interviewer. j n
9. Denn es gab viele Zuhörer im Sendesaal. j n

**c** Unterstreichen Sie jetzt die Angaben in den Sätzen aus Übungsteil b.

# 2 Positionen im Satz

## 2.1 Die Satzklammer im Hauptsatz

### 1 Wandern

LB / AB
Lek. 1

**a** Ordnen Sie die folgenden Sätze an die richtige Stelle in der Tabelle ein.

1. Dieses Jahr wollen wir mit Freunden in der Schweiz wandern.
2. So eine Wanderung haben wir noch nie gemacht.
3. Leider ist unsere Kondition noch nie besonders gut gewesen.
4. Außerdem spielen Zeit und Geld bedauerlicherweise auch noch eine kleine Rolle.
5. Wir wollen es aber trotzdem einmal probieren.

*Die Satzklammer*

| Position 1 | Position 2 | Mittelfeld | Satzende |
|---|---|---|---|
| *Subjekt / Angabe / Ergänzung* | *finites Verb* | *(Subjekt +) Ergänzungen + Angaben* | *infiniter Verbteil* |
| *1. Dieses Jahr* | *wollen* | *wir mit Freunden in der Schweiz* | *wandern.* |
| | | | |
| | | | |
| | | | |
| | | | |

**b** Schauen Sie sich nun die Tabelle in Übungsteil a an und ergänzen Sie die Regeln.

!
1. Auf Position 1 können sowohl das ________________, als auch die ________________ oder die ________________ stehen, wenn sie besonders hervorgehoben werden sollen oder wegen des Kontextes besser dorthin passen.
2. Wenn ________________ nicht auf Position 1 steht, steht es im Mittelfeld links, direkt nach ________________.
3. Bei Nomen-Verb-Verbindungen wird die Satzklammer durch ________________ und ________________ gebildet.

## 2.2 Dativ- und Akkusativ-Ergänzungen im Mittelfeld

### 1 Der Bergführer hat ...

LB / AB
Lek. 2

**a** Analysieren Sie die folgenden Sätze und beantworten Sie die Fragen.

| Position 1 | Position 2 | Mittelfeld | Satzende |
|---|---|---|---|
| **1.** Der Bergführer | hat | den Wanderern die Geschichte der Region | erklärt. |
| **2.** Er | hat | ihnen viele neue Informationen | gegeben. |
| **3.** Er | hat | sie ihnen am Beispiel einer Burg | verdeutlicht. |
| **4.** Er | hat | sie der Gruppe auch auf alten Fotos | gezeigt. |
| **5.** Er | hat | die Burg nicht allen Wandergruppen | gezeigt. |

!
1. Was steht zuerst: Dativ oder Akkusativ?
   - bei Nomen + Nomen: zuerst ________________, dann ________________
   - bei zwei Personalpronomen: zuerst ________________, dann ________________;
   - wenn die Dativ-Ergänzung betont ist: zuerst ________________, dann ________________
2. Wie ist die Reihenfolge, wenn ein Nomen und ein Personalpronomen als Ergänzungen im Mittelfeld stehen? Zuerst ________________, dann ________________.

**b** Zu welchen der Sätze in Übungsteil a passt die Eselsbrücke „kurz vor lang“?

__________ und __________.

## 2 Eine Begegnung

Schreiben Sie eine kleine Geschichte, indem Sie Sätze aus den Elementen bilden.

1. einem Bergbauern / die Wanderer / begegnet / sind
   → Die Wanderer *sind einem Bergbauern begegnet*.
2. Kaffee / aus seiner Thermoskanne / gegeben / ihnen / er / hat
   → Er __________.
3. Schokolade / sie / angeboten / ihm /haben.
   → Sie __________.
4. der Bauer / seltene Pflanzen / hat / gezeigt / den Leuten.
   → Der Bauer __________.
5. diese Pflanzen / sehr gut / hat / erklärt / er / ihnen.
   → Er __________.
6. ihm / ein Foto von einem besonderen Exemplar / haben / die Wanderer / versprochen.
   → Die Wanderer __________.
7. auf DIN A4 / wollen / es / vergrößern / ihm / sie
   → Sie __________.

## 3 Schon wieder nicht zugehört: Was hast du noch mal gesagt?

Kapitel 2.6 → Besondere Wortstellungen im Satz

Wiederholen Sie für einen unaufmerksamen Gesprächspartner die Informationen aus Übung 2, indem Sie die erfragten Elemente an den Satzanfang stellen.

**1.** einem Bergbauern **2.** Kaffee aus einer Thermoskanne **3.** Schokolade **4.** den Leuten **5.** diese Pflanzen **6.** ein Foto von … **7.** ihm

*1. Einem Bergbauern sind die Wanderer begegnet.*

## 2.3 Angaben im Mittelfeld

## 1 Angaben im Mittelfeld

LB / AB Lek. 2

Lesen Sie die folgenden Informationen.

Angaben können auf Position 1 oder im Mittelfeld stehen. Die Stellung der Angaben im Satz ist recht frei. Aber es gibt ein paar Tendenzen. Merken Sie sich als Eselsbrücke: tekamolo = **te**mporal: wann?, **ka**usal: warum?, **mo**dal: wie?, **lo**kal: wo/wohin/woher?

Beispiel:

| Pos. 1 | Pos. 2 | Mittelfeld | Satzende |
|---|---|---|---|
| Anke | hat | *temporal* ab 7 Uhr morgens *kausal* wegen des Wettbewerbs *modal* sehr hart *lokal* zu Hause | trainiert. |

## 2 Informationen „tröpfchenweise"

**a** Erweitern Sie die folgenden Sätze, indem Sie die Informationen in Klammern wie im Beispiel ergänzen.

1. Anke ist gefahren. (aus beruflichen Gründen / vor einem halben Jahr / nach München / mit der Bahn)
2. Sie hat etwas über einen Sommer-Schönheitswettbewerb gelesen. (aus Langweile / damals / zufällig / in der Bahnzeitung)
3. Sie hat in München angefragt. (aus Neugier / gleich am nächsten Tag / bei der Agentur / telefonisch)
4. Sie bereitet sich vor. (sehr gründlich / seit zwei Monaten / zu Hause / wegen des Wettbewerbs)
5. Sie trainiert. (seit zwei Wochen / sehr fleißig / aus großem Ehrgeiz / im Fitness-Center)
6. Sie wird trainieren. (bei einem Privattrainer / ab nächstem Monat / wegen der großen Konkurrenz / noch intensiver)
7. Hoffentlich verliert sie nicht die Nerven. (im Juli / in München / wegen ihrer Aufregung / überraschend)

*1. Anke ist nach München gefahren.*
→ *Anke ist vor einem halben Jahr nach München gefahren.*
→ *Anke ist vor einem halben Jahr aus beruflichen Gründen nach München gefahren.*
→ *Anke ist vor einem halben Jahr aus beruflichen Gründen mit der Bahn nach München gefahren.*

**b** Stilistisch ist es nicht empfehlenswert, einen Text immer mit dem Subjekt zu beginnen. Variieren Sie jetzt die Sätze aus Aufgabenteil a jeweils zweimal, indem Sie statt mit dem Subjekt mit einer Angabe Ihrer Wahl beginnen.

*1. a. Aus beruflichen Gründen ...*
*b. Vor einem halben Jahr ...*

## 3 Variationen der Wortstellung

Kapitel 2.6
Besondere Wortstellungen im Satz

**a** Erweitern Sie den Ausgangssatz auf der nächsten Seite schrittweise, indem Sie die Angabe, die der jeweiligen Frage entspricht, an einer passenden Stelle einfügen. Überlegen Sie, was Sie betonen möchten. Lesen Sie zur Unterstützung die folgenden Informationen.

Wenn Angaben besonders betont werden sollen, können sie im Mittelfeld auch weiter hinten, kontextabhängig auch weiter vorne im Satz stehen. Sehr häufig stehen sie wegen des Kontextes auch auf Position 1. Dies zeigen folgende Beispiele:

1. „Anke hat sich erst vor kurzem aus Zeitmangel schriftlich bei der Agentur gemeldet."
2. „Aus Zeitmangel hat sich Anke erst vor kurzem schriftlich bei der Agentur gemeldet."
3. „Anke hat sich aus Zeitmangel erst vor kurzem schriftlich bei der Agentur gemeldet."
4. „Anke hat sich aus Zeitmangel bei der Agentur erst vor kurzem schriftlich gemeldet."

Wenn eine modale Angabe sehr kurz ist, steht sie oft vorn im Mittelfeld: „kurz vor lang".
Beispiel: „Anke hat sich schnell zum Schönheitswettbewerb in München angemeldet."

1. Anke hat an dem Schönheitswettbewerb teilgenommen.
   a. Wann? Am Freitag hat Anke an dem Schönheitswettbewerb teilgenommen.
   b. Wo? Am Freitag hat Anke an dem Schönheitswettbewerb in München teilgenommen.
   c. Um wie viel Uhr? ______
   d. Warum? ______
2. Der Veranstalter hat Ratschläge gegeben.
   a. Wem? ______
   b. Wo? ______
   c. Wann? ______
   d. Wie? ______
3. Die drei Schönsten haben sich auf den Weg gemacht.
   a. Wohin? ______
   b. Wann? ______
   c. Mit wem? ______
   d. Wie? ______

**b** Vergleichen Sie Ihre Beispiele im Kurs. Falls Sie allein arbeiten, schauen Sie sich die Musterlösung im Lösungsschlüssel an.

## 2.4 Negation

### 1 Gefällt dir der Artikel? – Nein, der gefällt mir überhaupt nicht!

LB / AB Lek. 2

Verneinen Sie die Fragen, benutzen Sie dabei die Elemente in Klammern und achten Sie auf die Stellung von „nicht" im Satz.

1. ▶ Gefällt dir der Artikel? (überhaupt)
   ▷ Nein, der gefällt mir überhaupt nicht.
2. ▶ Hast du den letzten Wettbewerb im Fernsehen gesehen?
   ▷ ______
3. ▶ Magst du Schönheitswettbewerbe? (gar)
   ▷ ______
4. ▶ Nimmst du daran teil?
   ▷ ______
5. ▶ Denkst du über dein Aussehen nach?
   ▷ ______
6. ▶ Schminkst du dich immer?
   ▷ ______

## 2 Schönheitswettbewerbe finde ich gar nicht gut! – Ein Leserbrief

**Lesen Sie den Text. Fügen Sie „nicht" an der richtigen Stelle in die Sätze ein.**

Sehr geehrte Damen und Herren,
Es gefällt [1a] _–_ mir [1b] _nicht_, dass Sie immer und immer wieder über dieses Thema berichten. Ich finde diesen Schönheitswahn gar [2a] ______ gut [2b] ______. Warum können Sie [3a] ______ über andere Themen schreiben [3b] ______, wie z. B. über Liebe oder Ausbildung? Die sind doch viel interessanter und wichtiger! Und dann noch schlimmer: Sie berichten sogar von Schönheitsoperationen als „Vorbereitung" für solche Wettbewerbe! Denken Sie [4a] ______ an die Probleme [4b] ______, die solche Operationen mit sich bringen können? Ich kann [5a] ______ verstehen [5b] ______, dass Sie so wenig verantwortungsvoll sind! Außerdem gehen [6a] ______ die persönlichen Probleme vieler Jugendlicher auch durch eine Schönheitsoperation bestimmt [6b] ______ weg. Nützt es, wenn ich Sie bitte, [7a] ______ mehr über dieses Thema [7b] ______ zu schreiben? [8a] ______ ich glaube [8b] ______!!
Mit freundlichen Grüßen
Amelie Burger (Nicht-Anhängerin von Schönheitsoperationen)

## 3 Nicht ich war das, sondern er! – Negation als Richtigstellung

**Reagieren Sie auf die Vorwürfe mit den passenden Antworten. Benutzen Sie zur Richtigstellung die Wörter in Klammern.**

1. ▶ Du hast mal wieder ein Chaos im Badezimmer hinterlassen! (David)
   ▷ _Nicht ich habe das Chaos hinterlassen, sondern David._
2. ▶ Du hast schon wieder zwei Stunden vor dem Spiegel verbracht! (nur eine)
   ▷ _Es waren nicht zwei Stunden, sondern nur eine._
3. ▶ Du hast die ganze Schokolade gegessen. (nur die Hälfte)
   ▷ ______
4. ▶ Du scheinst ja heute wieder besonders müde zu sein. (mir ist langweilig)
   ▷ ______
5. ▶ Du wolltest doch heute noch einkaufen gehen. (morgen)
   ▷ ______
6. ▶ Du musst noch den Müll runtertragen. (Martin)
   ▷ ______

## 2.5 Das Nachfeld: Vergleiche

## 1 Smalltalk ist wichtiger, als man glaubt

LB / AB
Lek. 12

**Formulieren Sie Vergleichssätze aus den Elementen, stellen Sie dabei die Vergleiche ins Nachfeld und tragen Sie die Sätze in die Tabelle ein.**

1. länger / Geschäftspartner / zwei Stunden / verhandelt / haben / als / vorhatten / sie
2. besser / sie / ins Gespräch gekommen / sein / diesmal / sie / als / glaubten
3. so / gut / Verhandlungsführer / vorbereitet / hatten / Gespräch / wie / Mal / beim / letzten
4. erfolgreich / diese Verhandlung / sein / deshalb / so / die letzte / wie
5. angenehmer / die Atmosphäre jedoch / sein / viel / früher / in dieser Besprechung / als
6. wichtiger / scheinen / doch / zu sein / Smalltalk / mancher / als / glauben

| Pos. 1 | Pos. 2 | Mittelfeld | Satzende | Nachfeld |
|---|---|---|---|---|
| _1. Die Geschäftspartner_ | _haben_ | _zwei Stunden länger_ | _verhandelt,_ | _als sie vorhatten._ |
| _2. ..._ | | | | |

## 2.6 Besondere Wortstellungen im Satz

### 1 Bei der Stilberaterin: Das Bekannte und das Neue

LB / AB
Lek. 2

Kapitel 2.3
...gaben im Mittelfeld

**a** Eine Kundin berichtet. Kreuzen Sie an, welche der markierten Informationen im folgenden Text neu, welche bekannt sind.

*Beispiel: „Wir waren bei einer Stilberaterin. Sie hat uns viele Tipps gegeben."*
*– betont: hinten im Satz*
*– neue Informationen (Rhema)*

*Beispiel: „Wir waren bei einer Stilberaterin. Sie hat uns viele Tipps gegeben."*
*–unbetont: vorn im Satz*
*– kurze, bekannte Informationen (Thema)*

| | neu | bekannt |
|---|---|---|
| **1.** Die Stilberaterin hat uns zuerst eine Anekdote erzählt. | ☒ | ☐ |
| **2.** Diese Anekdote musste sie uns aber erklären. | ☐ | ☐ |
| **3.** Dann zeigte sie uns viele Farbtafeln. | ☐ | ☐ |
| **4.** Diese Farbtafeln haben einen besonderen Zweck | ☐ | ☐ |
| **5.** Sie sollten unser Verständnis für Farben verbessern. | ☐ | ☐ |
| **6.** Und am Ende der Veranstaltung hat uns noch eine Überraschung erwartet. | ☐ | ☐ |

**b** Ordnen Sie jetzt die Sätze aus Übungsteil a in die folgende Tabelle ein.

| Pos. 0 | Pos. 1 | Pos. 2 | Mittelfeld | Satzende |
|---|---|---|---|---|
| | *Die Stilberaterin* | *hat* | *uns zuerst eine Anekdote* | *erzählt.* |
| | | | | |
| | | | | |

### 2 Bedeutung betonen

Die folgenden Sätze sollen einen Text ergeben, in dem bestimmte Informationen besonders hervorgehoben werden oder sich an den vorigen Satz gut anschließen. Überlegen Sie, welche Ergänzung Sie auf Position 1 stellen, um dies zu erreichen. Schreiben Sie die Sätze entsprechend um.

*Die Wortstellung richtet sich nach der Bedeutung. Steht die Akkusativ- oder Dativergänzung auf Position 1, nimmt diese Ergänzung häufig etwas aus dem Kontext wieder auf, variiert ein Thema, signalisiert einen Kontrast oder eine besondere Betonung. Das ist z. B. besonders wichtig, um einen sinnvoll zusammenhängenden Text zu schreiben (Textkohärenz).*

**Eine Stilberaterin und ihre Kunden**

In einer Reportage wird erklärt, wie die Stilberaterin ihre Kunden berät.

1. Die Stilberaterin erklärt den meisten Kunden die Wirkung von Farben.
2. Sie zeigt ihnen diese Wirkung mithilfe von verschiedenen Farbkombinationen.
3. Die Erläuterungen dazu leuchten manchen Kunden nicht ein.
4. Sie hält ihnen deshalb bunte Tücher ans Gesicht, so dass sie die Wirkung direkt sehen.
5. Aber sie zeigt allen Kunden verschiedene Stoffqualitäten.
6. Jeder Kunde soll diese unterscheiden lernen.
7. Von der Stilberaterin werden auch Figurprobleme thematisiert.
8. Jeder kennt „seine kleinen Problemzonen".
9. Manche Stoffe und Schnitte schmeicheln der Figur mehr als andere.
10. Die Stilberaterin erklärt diesen Effekt den Interessierten mithilfe von Zeichnungen.

In einer Reportage wird erklärt, wie die Stilberaterin ihre Kunden berät:

*1. Den meisten Kunden erklärt die Stilberaterin die Wirkung von Farben.*

## 3 Ein verspäteter Geburtstagsbrief

Schreiben Sie eine Geschichte aus den Elementen und heben Sie die Bedeutung der Elemente durch die Wortstellung hervor.

1. aus einer Fortbildung / meine Freundin / einen Geburtstagsbrief / geschrieben / hatte / mir
2. mitgegeben / diesen Brief / einer Kollegin / hatte / sie / früher / die / fuhr / nach Hause
3. passierte / leider / etwas Dummes
4. den Koffer / jemand / gestohlen / hat / der Kollegin / im Zug
5. nichts / gesagt / davon / aber / diese / mir / hat
6. enttäuscht / war / ich / sehr / meine Freundin / dass / gratuliert / nicht / hat / mir
7. stritten / ein bisschen / wir / uns / deshalb /
8. erreichte / drei Monate später / aus Berlin / ein Brief / mich / ohne Absender
9. stand / auf dem Umschlag / „dem / Geburtstagskind / unbekannten / Glückwunsch / herzlichen!"

*1. Meine beste Freundin hatte mir aus einer Fortbildung einen langen Geburtstagsbrief geschrieben.*

## 2.7 Die Frage

## 1 Zeugenbefragung von Herrn Schulz: Wann, wo, mit wem, warum, wie?

**a** Schreiben Sie die W-Fragen auf, die sich auf folgende Antworten beziehen.

1. ▸ *Wann sind Sie nach Hause gekommen?* ▹ Nach Hause gekommen? Um 22 Uhr.
2. ▸ ______ ▹ Vorher? Wir waren im Kino.
3. ▸ ______ ▹ Mit meiner Frau und einem Freund.
4. ▸ ______ ▹ Kuhn. Peter Kuhn.
5. ▸ ______ ▹ Seine Adresse ist: Noltestr. 6 in Köln.
6. ▸ ______ ▹ Wir haben angerufen, weil im Haus Licht an war, als wir zurückkamen.

**b** Lesen Sie die Antworten. Welche zusätzlichen Fragen hat der Kommissar wohl gestellt?

1. ▸ *Sind Sie nach dem Kino noch woanders gewesen?*
   ▹ Nein, wir sind direkt nach Hause gefahren.
2. ▸ ______
   ▹ Nein, er hat uns nicht begleitet.
3. ▸ ______
   ▹ Nein, er wohnt nicht in Bonn.
4. ▸ ______
   ▹ Nein, das Licht brannte nur oben im Haus.
5. ▸ ______
   ▹ Ja, eine Alarmanlage haben wir schon lange.

**c** Ergänzen Sie die Regeln.

!
1. In W-Fragen steht das Fragewort auf Position ______, das finite Verb auf Position ______.
2. In Ja- / Nein-Fragen steht das finite Verb auf Position ______, direkt danach auf Position ______ steht ______.

## 2 Aussagen bestätigen – Bestätigungsfragen

**a** Der Kommissar möchte bestimmte Informationen leider noch einmal bestätigt haben. Lesen Sie die Fragen und Antworten. Spielen Sie die Situation mit Ihrem Lernpartner / Ihrer Lernpartnerin. Achten Sie dabei auf die richtige Betonung der Fragen und Antworten.

1. ▸ Sie sind um 22 Uhr nach Hause gekommen?
   ▹ Ja, wir sind wir um 22 Uhr nach Hause gekommen.
2. ▸ Ihr Freund wohnt in Köln?
   ▹ Ja, er wohnt in Köln.
3. ▸ Das Licht brannte nur oben im Haus?
   ▹ Ja, es brannte nur oben.

**b** Schauen Sie jetzt im Lösungsschlüssel nach, wann die Stimme gesenkt und wann sie gehoben wird, und erfinden Sie weitere Dialoge nach diesem Muster.

# 2.8 Der Imperativ

## 1 Kinderspiel „Friseursalon"

AB Lek. 2

**a** Isa, Eva und Maja spielen „Friseursalon". Isa, die „Chefin", erteilt ihrer „Angestellten" Eva Befehle. Formulieren Sie diese, indem Sie die folgenden Elemente verwenden. Fügen Sie außerdem „mal", „doch", „bitte" ein, wo es passt.

1. schnell neues Shampoo holen → *Hol bitte mal schnell neues Shampoo!*
2. den großen Fön herbringen → ______
3. die Haarbürste sauber machen → ______
4. endlich die Haare vom Boden aufkehren → ______
5. nicht so langsam sein → ______
6. jetzt nicht so frech antworten → ______

**b** Eva und die „Kundin" Maja siezen die „Chefin". Formulieren Sie ihre unzufriedenen Aufforderungen.

1. jetzt die Gesichtscreme selber holen → *Jetzt holen Sie die Gesichtscreme doch selber!*
2. selber schneller arbeiten → ______
3. nicht so viel kommandieren → ______
4. nicht so hektisch sein → ______
5. jetzt mich in Ruhe lassen → ______

**c** Die Kinder sind ziemlich wild. Langsam geht das den Eltern auf die Nerven. Formulieren Sie ihre Aufforderungen.

1. endlich aufhören zu schreien → *Hört endlich auf zu schreien!*
2. sich nicht dauernd streiten → ______
3. meine Gesichtscreme bloß nicht benutzen → ______
4. ja keinen Nagellack verschütten → ______
5. doch endlich leiser sein → ______
6. nicht so viel herumlaufen → ______
7. doch mal still sitzen bleiben → ______
8. doch ein bisschen rausgehen → ______

# 3 Satzkombinationen

## 3.1 Mittel der Textverbindung: Die Konnektoren

LB / AB
Lek. 2

### 1 Die Konnektoren – Definitionen

**a** Lesen Sie die Definitionen und markieren Sie die Informationen, die neu für Sie sind. Besprechen Sie sie ggf. im Kurs.

Konnektoren sind Wörter oder Ausdrücke, die Teile eines Textes logisch miteinander verbinden. Sie können aus verschiedenen Wortarten bestehen. Die häufigsten Konnektoren sind:

**Konjunktionen:** Sie verbinden Hauptsätze miteinander. Sie stehen auf Position 0 im zweiten der beiden Sätze. Konjunktionen können auch Satzteile miteinander verbinden.

| Hauptsatz 1 | Hauptsatz 2 | | | | |
|---|---|---|---|---|---|
| | **Pos. 0** | **Pos. 1** | **Pos. 2** | **Mittelfeld** | **Satzende** |
| Svenja hat lange gesucht, | **aber** | sie | hat | keinen Job in Deutschland | gefunden. |

**Subjunktionen:** Sie leiten Nebensätze ein und stellen die logische Verbindung zum Hauptsatz her. Zum Beispiel „weil" gibt im Nebensatz den Grund an für einen Sachverhalt im Hauptsatz. Das konjugierte Verb im Nebensatz steht am Satzende.

| Hauptsatz | | | | Nebensatzklammer | | |
|---|---|---|---|---|---|---|
| **Pos. 1** | **Pos. 2** | **Mittelfeld** | **Satzende** | **Subjunktion** | **Mittelfeld** | **Satzende** |
| Sie | wird | nach Almelo | pendeln, | weil | sie dort eine Stelle | gefunden hat. |

Der Nebensatz kann auch vor dem Hauptsatz stehen.

| Nebensatz (Position 1) | | | Hauptsatz | | |
|---|---|---|---|---|---|
| **Subjunktion** | **Mittelfeld** | **Satzende** | **Pos. 2** | **Mittelfeld** | **Satzende** |
| Weil | sie keine Stelle in Köln | gefunden hat, | wird | sie in Holland | arbeiten. |

**Verbindungsadverbien** (oft auch Konjunktionaladverbien)**:** Sie können sowohl Hauptsätze als auch Satzteile logisch miteinander verbinden. Sie stehen auf Position 1 oder im Mittelfeld.

| Hauptsatz 1 | Hauptsatz 2 | | | |
|---|---|---|---|---|
| | **Pos. 1** | **Pos. 2** | **Mittelfeld** | **Satzende** |
| Sie arbeitet in Holland. | Deshalb | muss | sie jeden Tag 2 Stunden | pendeln. |
| | Sie | muss | deshalb jeden Tag 2 Stunden | pendeln. |
| Sie bewarb sich erst in Den Haag, | dann | | in Almelo. | |

**b** Lesen Sie nun den Text. Ordnen Sie die markierten Wörter den drei Kategorien auf der nächsten Seite zu. Die Informationen unter Übungsteil a können Ihnen helfen.

**Moderne Nomaden**

„Entweder ich muss pendeln oder ich bin arbeitslos." Das war die Alternative für Svenja Schuldt. Sie musste sich entscheiden, denn sie wurde langsam nervös. Obwohl sie sich ein Jahr lang beworben hatte, fand sie in ihrer Region keine Stelle, nachdem sie ihre Ausbildung beendet hatte. Deshalb hat sie einen Job im niederländischen Almelo angenommen. Das bedeutet zwei Stunden Fahrzeit täglich und bei Stau dauert es oft noch länger. Aber das Fahren findet sie nicht schlimm, da sie die Zeit nutzt, um Spanisch-CDs im Auto zu hören. In ihrer Firma gibt es viele Kunden aus Lateinamerika, darum sind gute Spanischkenntnisse wichtig. „Es gefällt mir gut in Holland, trotzdem werde ich wechseln, wenn ich eine Arbeit in Deutschland finde, weil die Spritkosten zu hoch sind", sagt Svenja.

| Konjunktionen | Subjunktionen | Verbindungsadverbien |
|---|---|---|
| oder, … | | |

## 2 Textkohärenz

Konnektoren sind wichtig für die Textkohärenz, also dafür, einen logischen Textzusammenhang herzustellen. Lesen Sie den Text in Übung 1b noch einmal und beantworten Sie die folgenden Fragen.

1. Was leitet „denn" in Z. 2 ein? Einen Hauptsatz, in dem der Grund steht, warum Svenja sich entscheiden muss.
2. Worauf verweist „obwohl" in Z. 2? Auf einen Nebensatz, in dem ein Gegengrund genannt wird: Sie hat sich lange beworben und entgegen dieser Situation doch keine Stelle gefunden.
3. Was leitet „deshalb" in Z. 5 ein? ______
4. Worauf verweist „aber" in Z. 7? ______
5. Worauf verweist „darum" in Z. 8? ______
6. Worauf verweist „trotzdem" in Z. 9? ______
7. Was leitet „weil" in Z. 10 ein? ______

# 3.2 Hauptsatz – Hauptsatz

Aber-denn-und-sondern-oder = O

## 1 „Aduso"-Wörter

LB / AB Lek. 1

Welcher Satz, a oder b, hat die richtige Wortstellung? Kreuzen Sie an.

1. Svenja Schuldt arbeitet in Holland,
   **a.** aber lebt sie in Deutschland. **[X] b.** aber sie lebt in Deutschland.
2. Sie hat die Stelle dort angenommen,
   **a.** denn hat sie nichts zu Hause gefunden. **b.** denn zu Hause hat sie nichts gefunden.
3. Die Fahrt dauert 2 Stunden,
   **a.** und oft braucht sie auch noch länger. **b.** und oft sie braucht auch noch länger.
4. An diesem Wochenende fährt sie nicht nach Hause,
   **a.** sondern sie besucht einen Freund. **b.** sondern einen Freund sie besucht.

## 2 Was steht wo?

**a** Bilden Sie Sätze aus den Elementen und tragen Sie sie in die Tabelle ein.

Svenja will nach Holland umziehen,

1. die Spritkosten / gestiegen / noch mehr / denn / in letzter Zeit / sind
2. viele Freunde / ihr / dabei / helfen / und / wollen
3. vielleicht / aber / finden / eine Arbeit / in Deutschland / sie / auch
4. oder / kaufen / ein Auto / möglicherweise / sie / kleineres
5. Sie hat sich aber noch nicht entschieden, / zuerst / sprechen / noch / sondern / ihr Freund / will / mit / sie

| Pos. 0 | Pos. 1 | Pos. 2 | Mittelfeld | Satzende |
|---|---|---|---|---|
| denn | die Spritkosten | sind | in letzter Zeit noch mehr | gestiegen. |

**b** Ergänzen Sie die Regel.

! Die „aduso"-Wörter stehen immer im ______ von zwei Hauptsätzen auf Position ___.

## 3 Moderne Nomaden

Verbinden Sie die beiden Hauptsätze mit der passenden Konjunktion. Bei welchen Sätzen kann man das Subjekt und / oder das Verb weglassen?

*Wenn Subjekt und Verb in Satz 1 und Satz 2 gleich sind, kann man das Subjekt und das Verb in Satz 2 weglassen.*

1. Svenja zieht jetzt doch nicht um. Sie pendelt weiter.
2. Sie will noch etwas warten. Ihr Freund Mark sucht nun auch einen Job in Holland.
3. Er sucht schon lange. Bis jetzt hat es leider noch nicht geklappt.
4. Er hat für einige Tage ein Zimmer in einer Pension. Er schaut sich überall persönlich um.
5. Das ist nicht leicht. Sein Holländisch ist noch nicht sehr gut.
6. Svenja sagt: „Du solltest abends nicht fernsehen. Du solltest lernen."

*1. Svenja zieht jetzt doch nicht um, sondern (sie) pendelt weiter.*

## 4 Eines Nachts ... – Eine Geschichte mit „aduso"-Wörtern

Erfinden Sie eine kleine Geschichte, in der die Konjunktionen „aber", „denn", „und", „sondern", „oder" vorkommen.

*Eines Nachts wurde ich plötzlich wach, denn ...*

# 3.3 Hauptsatz – Nebensatz

## 1 Mal am Anfang, mal am Ende

**LB** Lek. 1
**AB** Lek. 5

Bilden Sie Haupt- und Nebensätze aus den Elementen. Beginnen Sie abwechselnd mit dem Haupt- oder dem Nebensatz. Achten Sie jeweils auf die passende Zeitform.

1. Mark / in Holland / hoffen / finden / dass / eine Stelle / er
   *Mark hofft, dass er eine Stelle in Holland findet.*
2. auswählen / dieses Land / seine Freundin / dort / weil / auch / arbeiten / er
   *Weil seine Freundin ...*
3. er / lernen / abends / Holländisch / müde / oft / sein / er / obwohl
4. eine Stelle / er / finden / wenn / sie / wollen / eine Wohnung / mieten / zusammen
5. Svenja / nachdem / so lange / pendeln / schon / darauf / sich freuen / sie

# 3.4 Kausale Nebensätze (weil, da) und Angaben (deshalb, darum, ...)

## 1 Eine Umfrage in der Fußgängerzone: Warum verreisen Sie?

**LB / AB**
Lek. 1, 2

**a** Wo steht der Grund? Unterstreichen Sie den Satz oder Satzteil, der den Grund enthält.

1. Wir verreisen mindestens zweimal im Jahr, <u>weil wir Abwechslung brauchen</u>.
2. Da mein Freund aus Portugal kommt, mache ich einen Sprachkurs in Coimbra.
3. Ich fahre jedes Jahr in ein Wellness-Hotel, denn das tut mir gut.
4. Ich mache eine Reise nach China. Ich will nämlich neue kulturelle Erfahrungen machen.
5. Weil ich mir das Bein gebrochen habe, kann ich diesmal nicht in Urlaub fahren.

**b** Wo können Nebensätze mit „weil" und „da" stehen? Wo müssen dagegen Hauptsätze mit „denn" oder einem Verbindungsadverb stehen?

> **!**
> 1. Nebensätze mit „weil" und „da" können *vor* oder ______ dem Hauptsatz stehen.
> 2. Nebensätze mit „da" stehen aber im praktischen Sprachgebrauch meistens ______ dem Hauptsatz.
> 3. Sätze mit „denn" und Sätze mit einem Verbindungsadverb stehen immer im ______ Hauptsatz.

## 2 Auf nach Bali

**a** Lesen Sie den Text. Welche Wörter leiten Begründungen ein oder beziehen sich auf Begründungen?

Philipp und Gloria König sind heute früh aufgestanden, denn sie müssen um 6:00 Uhr am Flughafen Köln / Bonn sein. Leider haben die Königs vor Aufregung schlecht geschlafen. Darum sind sie sehr müde. Wegen der hohen Parkgebühren fahren sie nicht mit ihrem privaten PKW. Ihre Freunde bringen sie zum Flughafen. Aus diesem Grund sind sie ganz entspannt. Sie freuen sich auf ihre erste richtige Reise, weil sie jahrelang nur Camping-Urlaub machen konnten. Da jetzt beide gut verdienen, können sie sich nun ihre Traumreise leisten. Sie werden drei Wochen auf Bali verbringen, die Traumstrände der Insel faszinieren sie nämlich seit langem. Philipp möchte surfen, er hat daher sein Surfbrett dabei. Gloria möchte tauchen lernen, deswegen hat sie einen Tauchkurs gebucht. In diesem Jahr war der Sommer in Deutschland sehr schlecht, die beiden werden deshalb das schöne Wetter genießen.

**b** Ordnen Sie die Wörter, die Sie in Übungsteil a gefunden haben, in die Tabelle ein.

| Nebensatz (Subjunktion – Position 1) | Hauptsatz (Konjunktion – Position 0) | Verbindungsadverb (Position 1 oder Mittelfeld) | Präposition + Nomen |
|---|---|---|---|
| | *denn, ...* | *nämlich (nur Mittelfeld!), ...* | |

**c** Und warum verreisen Sie? Benutzen Sie alle kausalen Konnektoren aus Übungsteil a. Achten Sie auf die mögliche oder notwendige Stellung im Satz.

*Ich verreise, weil ich andere Länder kennenlernen möchte. ....*

## 3 Wieso, weshalb, weswegen? Ein Gespräch unter Freundinnen

**a** Wo steht in Beas Aussagen das Verbindungsadverb und wo die Begründung? Markieren Sie die Verbindungsadverbien. Zeichnen Sie, wo nötig, einen Pfeil ein.

1. In Frankreich fühle ich mich wohl. Aus diesem Grund fahre ich jedes Jahr dorthin.
2. Ich liebe die französische Sprache und Kultur. Daher gefällt mir Frankreich so.
3. Besonders die Atlantikküste gefällt mir. Deswegen mache ich immer in Lacanau Urlaub.
4. Als Single bin ich in Lacanau nie allein. Ich treffe nämlich dort jedes Jahr dieselben Leute.
5. Ich kenne die Gegend sehr gut. Darum sind die Ferien für mich Erholung von Anfang an.
6. Auch zu Einheimischen habe ich Kontakte. Deshalb fühle ich mich dort nicht als Touristin.

**b** Wandeln Sie die Sätze aus Übungsteil 3a um, indem Sie Sätze mit „weil" und „da" formulieren. Variieren Sie dabei auch die Stellung des Nebensatzes.

1. *Ich fahre jedes Jahr nach Frankreich, weil ich mich dort wohl fühle.*
2. *Da ...*

## 4 Durchsagen am Bahnhof

„Wegen" kann sowohl mit Dativ als auch mit Genitiv benutzt werden. Beispiel: „Wegen des Orkans …" / „Wegen dem Orkan …"

**a** Lesen Sie die Durchsagen und schreiben Sie die kausalen Angaben heraus. Tragen Sie die Ergebnisse in die Tabelle in Übung 2b ein.

1. Wegen des gestrigen Orkans müssen alle Züge auf der Strecke München – Salzburg heute leider ausfallen.
2. Aufgrund des schlechten Wetters werden die Räumungsarbeiten an der Bahnstrecke noch längere Zeit in Anspruch nehmen.
3. Aus Sicherheitsgründen hat auch die S-Bahn zum Flughafen den Betrieb eingestellt.
4. Dank der freundlichen Unterstützung durch das Technische Hilfswerk ist die Strecke inzwischen wieder befahrbar.

1. Wegen des gestrigen Orkans, …

**b** Lesen Sie, wie Christian seinem Freund Angel die Durchsagen erklärt. Worin unterscheiden sich die Begründungen der Bahn von Christians Begründungen?

Im formellen Kontext, z. B. in der Sprache der Administration, wird häufig der Nominalstil verwendet. Er ist oft schwer verständlich. Im informellen Kontext des täglichen Sprachgebrauchs dagegen ist Verbalstil die Regel. Er ist meistens leichter zu verstehen.

1. ▶ Was heißt denn das? ▷ Das heißt, dass die Züge nach Salzburg nicht fahren, weil es gestern einen Orkan gab.
2. ▶ Kannst du mir das erklären? ▷ Ja. Weil das Wetter so schlecht war, konnte man die Bahnstrecke noch nicht von den umgestürzten Bäumen befreien.
3. ▶ Warum das denn? Aus welchen Gründen? ▷ Aus Gründen der Sicherheit. Das heißt, dass die S-Bahn heute nicht zum Flughafen fährt, weil das zu unsicher ist.
4. ▶ Was heißt denn das schon wieder? ▷ Ganz einfach: Das Technische Hilfswerk hat der Bahn geholfen, deshalb können die Züge wieder auf der Strecke fahren. Dafür bedankt sich die Bahn.

## 5 Urlaub im Weltall – Kausale Präpositionen mit besonderer Bedeutung

Lesen Sie den Text, und ordnen Sie die Präpositionen „dank", „aus" und „vor" der richtigen Bedeutung in der Tabelle zu.

Dank der großzügigen Unterstützung ihres Onkels konnte sich Frau S. aus Würzburg ihren Traum erfüllen und einen Tag als Weltraumtouristin im All verbringen. Aus Vorsicht musste sie sich vielen Belastungstests unterziehen. Als der Starttermin näher kam, wurde Frau S. vor Ungeduld immer nervöser. Doch dann entwickelte sich ein Hurrikan über der Karibik, und der Start musste aus Sicherheitsgründen verschoben werden. Als es schließlich doch losging und sie die Erde wie einen großen blauen Ball vor sich sah, fing Frau S. vor Freude fast an zu weinen. Dank ihrer guten Gesundheit hat Frau S. die körperliche Belastung ihres Weltraumabenteuers gut überstanden.

| | |
|---|---|
| **1.** ______ **+ G** | – kann nur mit Adjektiven / Nomen mit positiver Bedeutung kombiniert werden<br>– gibt einen positiven Grund an und hat die Bedeutung eines impliziten Dankes |
| **2.** ______ **+ D** | – meistens mit Null-Artikel<br>– nennt ein menschliches Handlungsmotiv mit einer bewussten und willentlichen Reaktion |
| **3.** ______ **+ D** | – meistens mit Null-Artikel<br>– nennt eine Ursache und die unwillkürliche, meist körperliche Reaktion darauf |

## 6 Auf nach Kanada ...

Schreiben Sie einen Rundbrief an Ihre Freunde und erläutern Sie die Gründe dafür, warum Sie auswandern. Verwenden Sie die kausalen Konnektoren, die einem privaten Brief angemessen sind.

*Liebe Freunde,*

## 3.5 Temporale Nebensätze (wenn, als, ...) und Angaben (dann, ...)

## 1 Bericht über eine unglückliche Urlaubsreise

AB Lek. 1, 11

**a** Lesen Sie die Sätze und markieren Sie, mit „v", was vorher passiert, mit „n", was nachher geschieht und mit „g", was gleichzeitig stattfindet.

1. Nachdem wir sechs Stunden im Stau gestanden hatten, [v] waren wir fertig mit den Nerven. [n]
2. Aber wir mussten noch acht Stunden weiterfahren, [ ] bis wir am Urlaubsziel waren. [ ]
3. Als wir ankamen, [ ] begann es stark zu regnen. [ ]
4. Während wir unser Gepäck ausluden, [ ] wurden wir klatschnass. [ ]
5. Und ehe wir einchecken konnten, [ ] mussten wir an der Rezeption Schlange stehen. [ ]
6. Solange wir warteten, [ ] beobachteten wir die lärmende Reisegruppe vor uns. [ ]
7. Sobald wir eingecheckt hatten, [ ] wollten wir etwas essen gehen. [ ]
8. Als wir 20 Minuten gesucht hatten, [ ] fanden wir endlich eine Pizzeria. [ ]
9. Als wir bestellen wollten, [ ] hieß es: „Die Küche ist leider schon zu." [ ]
10. Und dann sagte mein Freund auch noch: „Wenn ich früher allein verreist bin, [ ] ist so was aber nie passiert!" [ ]

**b** Markieren Sie nur die temporalen Subjunktionen in Übungsteil a und notieren Sie sie in der Tabelle. Verbindungsadverbien und Präpositionen werden später ergänzt.

| | vorzeitig | gleichzeitig | nachzeitig |
|---|---|---|---|
| Nebensatz (Subjunktion) | *nachdem, ...* | | |
| Verbindungsadverb | | | |
| Präposition + Nomen | | | |

## 2 Zeit im Detail

**a** Lesen Sie jeweils die Sätze a und b. Entscheiden Sie dann, was zutrifft: Sachverhalt A, B oder C in der Tabelle unten.

1. **a.** Nachdem wir die Stadtrundfahrt gemacht hatten, gingen wir in der Altstadt essen.
   **b.** Bevor wir in der Altstadt essen gingen, machten wir eine Stadtrundfahrt.
2. **a.** Wir informieren uns zuerst im Internet über Hotels in der Region, bevor wir buchen.
   **b.** Wir buchen erst, nachdem wir uns im Internet über Hotels in der Region informiert haben.
3. **a.** Wenn wir an die Ostsee fahren, werden wir in Hamburg übernachten.
   **b.** Sooft wir an die Ostsee fahren, übernachten wir in Hamburg.
4. **a.** Wenn wir in meiner Kindheit an der Ostsee waren, wohnten wir in der gleichen Pension.
   **b.** Sooft wir in meiner Kindheit an der Ostsee waren, wohnten wir in der gleichen Pension.

| **A** Die dargestellten Ereignisse sind gleich, aber die Perspektive ist verschieden. | **B** Ereignisfolge und Perspektive sind gleich. | **C** Die dargestellten Ereignisse sind unterschiedlich. |
|---|---|---|
| Satz: *1, ...* | Satz: | Satz: |

**b** „als“ oder „(immer) wenn“? Geht es um eine einmalige oder eine wiederholte Handlung? Ordnen Sie zu und begründen Sie Ihre Zuordnung.

1. *Als* wir in Italien ankamen, regnete es. → *einmalige Handlung*
2. *Wenn* wir früher nach Italien fuhren, besuchten wir Freunde in Rom. → *wiederholte Handlung*
3. ______ wir wieder nach Hause kamen, sahen wir, dass ein Fenster offen war. → ______
4. ______ wir ins Haus gingen, bemerkten wir sofort: jemand hatte eingebrochen. → ______
5. ______ wir in Zukunft in Urlaub fahren, werden unsere Eltern das Haus hüten. → ______

## 3 Wenn wir uns erinnern

Kapitel 4.7 Plusquamperfekt

**Verbinden Sie die beiden Sätze mit den Subjunktionen in Klammern. Verändern Sie die Zeitformen, wo nötig, und achten Sie auf die Wortstellung.**

*„sobald“ und „nachdem“ funktionieren grammatisch gleich. Bedeutung: „sobald“ = „sofort nachdem“*
*Beispiel:*
*„Sobald / Sofort nachdem ich fertig bin, komme ich.“*
*„Sobald / Sofort nachdem ich aufgestanden war, musste ich schon weg.“*

1. Wir kamen am Urlaubsort an. Wir suchten als erstes ein Hotel. (nachdem)
2. Wir packten unsere Koffer aus. Wir machten uns auf den Weg in die Stadt. (sobald)
3. Wir bummelten durch die Straßen. Wir bemerkten ein seltsames Geräusch. (während)
4. Uns wurde die Gefahr bewusst. Der Sturm war schon da. (ehe)
5. Man konnte sich kaum von der Stelle bewegen. Der Wind blies. (solange)
6. Zum Glück dauerte es nicht lange. Alles war vorbei. (bis)

1. *Nachdem wir am Urlaubsort angekommen waren, suchten wir als erstes ein Hotel.*

## 4 Marta erzählt von ihrem Urlaub – Hauptsätze und Nebensätze

**a** Unterstreichen Sie die Verbindungsadverbien in ihrem Bericht und ordnen Sie sie dann in die Tabelle in Übungsteil 1b ein.

1. Um 18 Uhr kamen wir in Hamburg an. Vorher hatten wir vier Stunden im Stau gestanden.
2. Wir haben zu Abend gegessen. Gleich danach sind wir zum Hafen gefahren.
3. Wir haben einen Spaziergang gemacht. Währenddessen hat Jens sehr viel fotografiert.
4. In Hamburg haben wir zwei Tage verbracht. Dann sind wir nach Rostock gefahren.
5. Jens hatte an der Rostocker Universität studiert. Seitdem ist er nie wieder dort gewesen.
6. Endlich konnte er seine alten Freunde wiedersehen. Bis dahin hat es elf Jahre gedauert.

**b** Verbinden Sie die Sätze aus Übungsteil a mit den folgenden Subjunktionen.

**1.** bevor **2.** sobald **3.** während **4.** nachdem **5.** seit **6.** bis

1. *Bevor wir um 18 Uhr in Hamburg ankamen, hatten wir vier Stunden im Stau gestanden.*

## 5 Kürzer formulieren

**a** Ergänzen Sie die Lücken mit den folgenden Präpositionen.

bei bis nach ~~nach~~ seit vor

1. Nachdem das Reisebüro angerufen hatte, … → *Nach* dem Anruf des Reisebüros …
2. Sooft ich mit dem Reisebüro sprach, … → ______ jedem Gespräch …
3. Bevor wir die Tickets bestellten, … → ______ der Bestellung der Tickets …
4. Seitdem die Vorbereitungen beendet sind, … → ______ der Beendigung der Vorbereitungen …
5. Bis der Reisebus ankommt, … → ______ zur Ankunft des Reisebusses…
6. Als die Reisenden eingetroffen waren, … → ______ dem Eintreffen der Reisenden …

**b** Verwenden Sie statt der Nebensätze präpositionale Ausdrücke. Ergänzen Sie dafür die Lücken mit den passenden Nomen und den folgenden Präpositionen.

| ~~bei~~ bis nach seit vor |
|---|

Kapitel 10.1 → Wortbildung: Nomen

1. Als Sven seinen Geburtstag gefeiert hat, hat es leider eine Panne gegeben.
   → *Bei* ____ Svens *Geburtstagsfeier* ____ hat es leider eine Panne gegeben.
2. Eine Stunde bevor die Gäste ankommen sollten, waren die Getränke noch nicht geliefert.
   → Eine Stunde ____ der Gäste waren die Getränke noch nicht geliefert.
3. Bis die ersten Gäste eintrafen, versuchte er die Firma zu erreichen.
   → ____ zum ____ der ersten Gäste versuchte er die Firma zu erreichen.
4. Als er es so oft erfolglos versucht hatte, kam ihm eine zündende Idee.
   → ____ so vielen erfolglosen ____ kam ihm eine zündende Idee.
5. Er verkündete: „Seitdem ich 40 geworden bin, gibt's bei mir nur noch Leitungswasser!"
   → „____ meinem 40. ____ gibt's bei mir nur noch Leitungswasser!"

**c** Ordnen Sie jetzt die Präpositionen aus Übungsteil b in die Tabelle in Übung 1b ein.

*Tipp: Schreiben Sie 3 Versionen eines Beispielsatzes, die die Unterschiede in Wortstellung und Wortwahl zeigen. Beispiel:*
*„Sobald sie im Hotel angekommen waren, gingen sie essen."*
*„Sie kamen im Hotel an. Gleich danach gingen sie essen."*
*„Gleich nach ihrer Ankunft im Hotel, gingen sie essen."*

## 6 Im Reisebüro: Ich möchte mich beschweren!

**a** Formulieren Sie die Sätze um, indem Sie die Wörter in Klammern verwenden.

1. Wissen Sie, wenn ich meine Urlaubsfotos betrachte, werde ich immer noch wütend. (bei)
2. Ich hatte mich für eine Wellness-Reise entschieden. Vorher hatte ich mich bei Ihnen genau nach den Bedingungen erkundigt. (bevor)
3. Aber kurz nach dem Verlassen des Flughafens kam die erste Überraschung. (sobald)
4. Auf der Fahrt vom Flughafen zum Hotel sah ich nur Baustellen. (während)
5. Beim Einchecken ins Hotel fiel mir ein uralter fleckiger Teppich am Eingang auf. (als)
6. Als ich das Zimmer betrat, bekam ich einen Schreck: Der Raum war sehr schmutzig. (bei)
7. Seit dieser Erfahrung werde ich bei Ihnen keine Reise mehr buchen. (seitdem)

*1. Wissen Sie, beim Betrachten meiner Urlaubsfotos werde ich immer noch wütend. ...*

**b** Berichten Sie über den Ablauf eines Ereignisses (eine Reise, einen besonderen Tag, ...). Benutzen Sie dabei viele temporale Konnektoren.

## 3.6 Finale Nebensätze (damit, um ... zu) und Angaben (dafür, um ... willen)

## 1 Was tun Sie, um ein Ziel zu erreichen?

LB / AB Lek. 8

**a** Lesen Sie die nebenstehende Liste. Notieren Sie, was Sie persönlich tun, um diese Ziele zu erreichen. Bilden Sie Infinitivkonstruktionen mit „um ... zu".

*1. Um meine Aussprachefehler zu korrigieren, besuche ich einen Phonetikkurs.*
*2. Ich höre regelmäßig Radio, um ...*

*Meine Ziele beim Deutschlernen:*
*1. Aussprachefehler korrigieren*
*2. Hörverstehen verbessern*
*3. Wortschatz vergrößern*
*4. Kommunikationsfähigkeit optimieren*
*5. B2-Zertifikat erwerben*
*6. ....*

**b** Was ist nötig, damit Sie die folgenden Ziele verwirklichen können? Bilden Sie Sätze mit „damit" wie im Beispiel.

> *Bei finalen Nebensätzen mit „damit" muss man manchmal das Modalverb „können" einfügen, um auszudrücken, dass das Ziel nicht automatisch erreicht wird. Bei Verben, deren Bedeutung das Erreichen eines Ziels bereits impliziert, z. B. „eine Klausur bestehen", steht dieses Modalverb nicht.*

1. Software auf PC installiert sein müssen / ich / eine Powerpoint-Präsentation erstellen
2. ich / die wichtigsten Formulierungen vorher intensiv üben müssen / ich / ein Referat halten
3. meine Lernmotivation deutlich sich steigern müssen / ich / die nächste Klausur bestehen
4. meine deutschen Freunde mir helfen bei der Vorbereitung / ich / die B2-Prüfung schaffen
5. meine Eltern finanzieren mein Studium / ich / es schnell abschließen

*1. Die Software muss auf meinem PC installiert sein, damit ich eine Powerpoint-Präsentation erstellen kann.*

**c** In welchen Sätzen kann man auf das Modalverb „können" verzichten? Vergleichen Sie Ihr Ergebnis ggf. im Kurs. Begründen Sie Ihre Entscheidung.

**d** Lesen Sie die Sätze in den Übungsteilen 1a / b noch einmal. Welche Regeln können Sie ableiten?

> **!**
> 1. Wenn das Subjekt im Haupt- und Nebensatz ________ ist, kann man eine Infinitivkonstruktion mit „um …zu" bilden.
> 2. Bei zwei ________ Subjekten im Haupt- und Nebensatz muss man anstelle von „um …zu" „damit" verwenden.

## 2 Aus einem Interview mit Teilnehmern einer Fortbildungsveranstaltung

**a** Lesen Sie die Antworten der Teilnehmer. Notieren Sie im Text, in welchem der beiden Hauptsätze das Ziel (Z) formuliert wird, in welchem die Handlung (H), mit der dieses Ziel erreicht wird.

1. Frau Boller: Ich möchte Karriere machen. *(Z)* Zu diesem Zweck bilde ich mich weiter. *(H)*
2. Herr Warmbier: Ich will mich in meinem Fachgebiet auf dem Laufenden halten. Dazu bin ich hierher gekommen.
3. Herr Pfeifer: Ich soll mich für neue Aufgaben qualifizieren. Mit diesem Ziel hat mich mein Chef zu dieser Fortbildung geschickt.
4. Frau Metz: Ich soll mein Wissen vertiefen. Dafür hat mich meine Firma angemeldet.
5. Frau Nau: Ich will nicht arbeitslos werden. Dafür bin ich bereit, viel Zeit zu investieren.

**b** Lesen Sie die Sätze in 2a noch einmal und beantworten Sie die Fragen.

| | | |
|---|---|---|
| 1. Im zweiten Satz der beiden Hauptsätze wird das Ziel formuliert. | r | f *(X)* |
| 2. Im zweiten Satz der beiden Hauptsätze wird die Handlung formuliert, mit der dieses Ziel erreicht wird. | r | f |
| 3. Die Verbindungsadverbien „dafür" und „dazu" haben eine andere Bedeutung als „zu diesem Zweck". | r | f |
| 4. Die Verbindungsadverbien „dafür"/„dazu" und die präpositionale Angabe „zu diesem Zweck" beziehen sich auf das vorher genannte Ziel. | r | f |

**c** Formulieren Sie die Antworten aus Übungsteil 2a um, indem Sie die Infinitivkonstruktion „um … zu" bzw. die Subjunktion „damit" benutzen.

*1. Frau Boller: Ich bilde mich weiter, um Karriere zu machen.*

**d** Lesen Sie die Sätze in Übungsteil 2c noch einmal. Überlegen Sie, was mit dem Modalverb im ersten Satz passiert. Ergänzen Sie dann die Regeln auf der folgenden Seite.

!

1. In einer Hauptsatz-Hauptsatz-Verbindung mit Verbindungsadverb dient häufig ein ______________ („möchte“, „wollen“, „sollen“) dazu, das ______________ bzw. die Absicht auszudrücken.
2. In einem finalen ______________ übernehmen die Subjunktion „damit“ bzw. die Infinitivkonstruktion „um … zu“ diese Funktion, sodass das Modalverb ______________ wird und wegfällt.

## 3 Was sagt man wo? – Amtssprache und Alltagssprache

„Übersetzen“ Sie die Äußerungen des Statistischen Bundesamtes in die Alltagssprache und umgekehrt. Benutzen Sie die Elemente aus dem Kasten.

| | | |
|---|---|---|
| ~~beruflich vorankommen~~ | sich weiterbilden | ~~Sicherung des Arbeitsplatzes / zu~~ |
| sich fachlich qualifizieren | Erledigung des Arbeitspensums / zwecks | |
| eine Gehaltserhöhung / für | Gesundheit / um … willen | Karriere machen |

Aus einer Veröffentlichung des Statistischen Bundesamtes:

1. Für ihr berufliches Fortkommen verzichten immer mehr Arbeitnehmer auf ihre Freizeit.
2. Ein Großteil der Befragten macht um der Karriere willen regelmäßig Überstunden.
3. Zur fachlichen Qualifizierung besuchen 49 % der Befragten einmal im Jahr ein Seminar.
4. Ein Teil der Berufsanfänger verzichtet zwecks Weiterbildung sogar auf den Jahresurlaub.

Am Frühstückstisch: Hör mal, was hier steht:

5. Viele Menschen machen Überstunden, um ihren Arbeitsplatz zu sichern.
6. Viele bleiben täglich bis 19:00 Uhr im Büro, um ihr Arbeitspensum zu erledigen.
7. Eine Kölnerin hat monatelang am Wochenende gearbeitet, damit ihr Gehalt erhöht wird.
8. Sie hat dann von heute auf morgen gekündigt, damit ihre Gesundheit nicht leidet.

*1. Um beruflich voranzukommen, verzichten immer mehr Arbeitnehmer auf ihre Freizeit.*
*5. Viele Menschen machen zur Sicherung ihres Arbeitsplatzes Überstunden.*

## 4 Finale Konnektoren und präpositionale Ausdrücke

Ordnen Sie alle finalen Konnektoren und präpositionalen Ausdrücke in die Tabelle ein.

| Nebensatz | Verbindungsadverb | Präposition + Nomen |
|---|---|---|
| | *dazu, …* | *zu diesem Zweck, zu + D, …* |

## 5 Fort- und Weiterbildung: Investition in die Zukunft?

Ergänzen Sie den Text. Manchmal gibt es mehrere Lösungen.

~~um … zu~~ zwecks damit zur um … willen dafür zu diesem Zweck für dazu

Ina Berg nimmt oft an Fortbildungsveranstaltungen teil, [1a] *um* ______ sich in ihrem Beruf weiter [1b] *zu* ______ qualifizieren. Die junge Juristin möchte Karriere machen. [2] ______ investiert sie viel Zeit. Ihr Chef unterstützt sie, [3] ______ die ganze Abteilung von Inas Wissen profitieren kann. Immer mehr Arbeitnehmer nehmen [4] ______ Aktualisierung ihres beruflichen Wissens an Veranstaltungen zur Fort- und Weiterbildung teil. [5] ______ verzichten viele sogar auf ihren Urlaub. Manche Firmen erwarten, dass Arbeitsnehmer [6a] ______ der Sicherung ihres Arbeitsplatzes [6b] ______ ihre Weiterbildung selbst bezahlen oder [7] ______ Weiterbildung sogar unbezahlten Urlaub nehmen. Firmen aber, die topqualifizierte Mitarbeiter haben wollen, übernehmen [8] ______ die Kosten. [9] ______ die Qualifikation ihres Personals ist ihnen nichts zu teuer.

## 3.7 Konditionale Nebensätze (wenn, falls, ...) und Angaben (sonst, ...)

LB / AB
Lek. 8

### 1 Aus einem Ratgeber: Bedingungen für Teamarbeit

Markieren Sie die konditionalen Konnektoren. Ordnen Sie sie in die Tabelle ein.

Wenn man im Team arbeitet, geht vieles leichter. Falls man eine komplizierte Aufgabe lösen muss, kann zum Beispiel jeder einen Teil übernehmen. Bei Schwierigkeiten kann man sich gegenseitig beraten; im Falle, dass einer krank wird, können die anderen für ihn einspringen usw. Man muss aber einige einfache Regeln befolgen, sonst klappt es nicht: Zuhören können und ausreden lassen gehören z. B. dazu. Auch Pünktlichkeit und Zuverlässigkeit sind wichtig, andernfalls wird es Konflikte geben. Falls z. B einer der Teampartner viel weniger arbeitet als die anderen, kann das zu Frustrationen führen, sofern diese Aufteilung nicht vorher vereinbart wurde. Das heißt also: Ohne gute Vorbereitung geht es nicht. Und im Falle von Konflikten hilft nur: offen darüber sprechen. Falls Sie eine komplexe Aufgabe lösen müssten, wie würden Sie arbeiten, wenn Sie die Wahl hätten: allein oder im Team?

| Nebensatz (Subjunktion) | Verbindungsadverb | Präposition + Nomen |
|---|---|---|
| wenn, ... | | |

### 2 Wo steht die Bedingung?

Markieren Sie, ob die Bedingung jeweils in einem Hauptsatz (H) oder einem Nebensatz (N) steht.

1. Falls wir später nach Hause kommen, rufe ich an. N
2. Ich hoffe, wir schaffen es, sonst schicken wir eine SMS. ☐
3. Wir können einen Zug früher fahren, wenn du das besser findest. ☐
4. Es wird sich wahrscheinlich nichts mehr ändern, andernfalls schicke ich eine Mail. ☐
5. Im Falle, dass es Probleme gibt, sag mir Bescheid. ☐
6. Sofern mein Kollege wieder gesund ist, kann ich in Urlaub fahren. ☐
7. Falls meine Schwester mitkommt, mieten wir eine Ferienwohnung. ☐
8. Hoffentlich bekommt sie Urlaubsgeld, andernfalls kann sie nicht mitfahren. ☐

### 3 Angenommen, das Projekt hat Erfolg, ...

Formulieren Sie die Konditionalsätze, indem Sie die Elemente in Klammern verwenden. Achten Sie dabei auf die Wortstellung.

„angenommen, ..." / „angenommen, dass ..."; „gesetzt den Fall, ..." / „gesetzt den Fall, dass ..." leiten konditionale Nebensätze ein:
„Angenommen, unsere Planung ist realistisch, werden wir nächstes Jahr Gewinn machen." (Hauptsatzstellung) / „Angenommen, dass unsere Planung realistisch ist, werden wir nächstes Jahr Gewinne machen." (Nebensatzstellung)

1. Falls wir neue Mitarbeiter haben, können wir das Projekt schneller realisieren. (Angenommen)
→ Angenommen, wir haben neue Mitarbeiter, können wir das Projekt schneller realisieren.
2. Angenommen, wir werden früher fertig, können wir schon im Mai mit Phase 2 beginnen. (Angenommen, dass) → Angenommen, dass wir früher fertig werden, können ...
3. Gesetzt den Fall, der Kaufvertrag wird wirklich unterschrieben, haben wir ein gutes Geschäft gemacht. (Gesetzt den Fall, dass) → ______
4. Falls die Prognose zutrifft, wird es das erfolgreichste Projekt aller Zeiten. (Gesetzt den Fall) → ______

## 4 Pass auf, sonst ... – Passen Sie bitte auf, andernfalls ...

**a** Welche Bedeutung haben die Sätze? Ordnen Sie die Erklärungen den Sätzen zu.

Bedingung, wenn die nicht erfüllt wird, dann gibt es Probleme...
Bedingung in Form von Imperativ / Drohung / Warnung
Bedingung mit „müssen"   Bedingung mit „nicht dürfen"

1. Sei bloß pünktlich, sonst gehen wir ohne dich. → *Bedingung in Form von Imperativ / Drohung*
2. Kommen Sie bitte nicht zu spät, andernfalls fahren wir ohne Sie. → ______
3. Wir müssen uns die Sache gut überlegen, andernfalls wird es ein Misserfolg. → ______
4. Jetzt darf nichts schief gehen, andernfalls gibt es Probleme mit dem Zeitplan. → ______
5. Ich bitte einen Kollegen um Hilfe, sonst klappt es nicht mehr. → ______

**b** Bilden Sie Bedingungssätze aus den Elementen und verwenden Sie dabei, „sonst", „ansonsten" und „andernfalls".

1. sofort aufhören – zu spät kommen
2. die CD nicht vergessen – die Präsentation nicht halten können
3. alle Unterlagen mitnehmen – Probleme bekommen
4. einen Rollkoffer nehmen – zu schwer werden

*1. Hör sofort auf, sonst kommen wir zu spät. / Wir müssen sofort aufhören, sonst kommen wir zu spät.*

## 5 Unter welcher Bedingung? – Variationen

Schreiben Sie für die folgenden Bedingungssätze zwei Varianten im Verbalstil. Manchmal muss ein Modalverb ergänzt oder ein positiver Satzteil in einen negativen (oder umgekehrt) umgewandelt werden.

1. Bei guter Zusammenarbeit wird das Projekt ein Erfolg.
   **a.** falls   **b.** andernfalls
2. Im Falle von Fehlern müssen wir gemeinsam eine neue Lösung suchen.
   **a.** gesetzt den Fall   **b.** ansonsten
3. Bei Nicht-Einhalten der Frist wird es große Probleme geben.
   **a.** angenommen,   **b.** andernfalls

*1. a. Falls wir gut zusammenarbeiten, wird das Projekt ein Erfolg.*
*b. Wir müssen gut zusammenarbeiten, andernfalls wird das Projekt kein Erfolg.*

## 6 Bedingungen in der Wirtschaftssprache

Formulieren Sie die Sätze um, indem Sie „es sei denn (, dass)" verwenden. Bedenken Sie, dass positive Satzteile dann negativ werden und umgekehrt.

1. Nur wenn Sie den Vertrag unterschrieben haben, ist er gültig.
2. Nur wenn Sie rechtzeitig kündigen, verlängert sich der Vertrag nicht.
3. Nur wenn Sie eine Anzahlung leisten, machen wir eine Einzelbestellung.
4. Nur wenn Sie Rückporto beilegen, benachrichtigen wir Sie schriftlich.
5. Nur wenn der Paragraph deutlich ausgestrichen ist, gilt er nicht.

*1. Der Vertrag ist nicht gültig, es sei denn, Sie haben ihn unterschrieben. / Der Vertrag ist nicht gültig, es sei denn, dass Sie ihn unterschrieben haben.*
*2. Der Vertrag verlängert sich, es sei denn, Sie kündigen rechtzeitig. / ...*

## 7 Regeln für eine Bergtour in der Gruppe

**Formulieren Sie die Bedingungen kürzer, indem Sie die Nebensätze in präpositionale Ausdrücke mit „bei“, „ohne“, „im Falle + G“ umwandeln.**

1. Wenn Sie vorher nicht ausreichend trainieren, sollten Sie sich nicht anmelden.
   → *Ohne ausreichendes vorheriges Training* sollten Sie sich nicht anmelden.
2. Unter der Bedingung, dass Sie ausreichend fit sind, können Sie an der Tour teilnehmen.
   → ______________________ können Sie an der Tour teilnehmen.
3. Falls Sie nicht passend gekleidet sind, werden Sie Probleme haben.
   → ______________________ werden Sie Probleme haben.
4. Vorausgesetzt, dass das Wetter gut ist, starten wir jeweils um 6 Uhr morgens.
   → ______________________ starten wir jeweils um 6 Uhr morgens.
5. Sofern Sie mit den Regeln einverstanden sind, unterschreiben Sie den Vertrag.
   → ______________________ unterschreiben Sie den Vertrag.

## 8 Sollten Sie nicht zustimmen ...

*Bedingungen können auch – vor allem schriftlich – ohne Subjunktion ausgedrückt werden. Das Verb bzw. das Modalverb „sollen“ im Konjunktiv II steht dann auf Position 1.*

**Formulieren Sie die Bedingungen wie im Beispiel.**

1. Falls die Partner dem Vertrag nicht zustimmen, können sie nicht an der Tour teilnehmen.
2. Wenn Sie wiederholt zu spät kommen, wird das als Vertragsbruch betrachtet.
3. Falls die Partner den Anordnungen des Bergführers nicht folgen, tragen sie alle Konsequenzen.

1. *Sollten die Partner dem Vertrag nicht zustimmen, können sie nicht an der Tour teilnehmen. / Stimmen die Partner dem Vertrag nicht zu, können sie nicht ...*

## 9 Aus einem Eheratgeber

LB / AB Lek. 5
Kapitel 4.10 Konjunktiv II

**Lesen Sie die Aussagen. Welche Bedingungen sind real (r), welche irreal (i)?**

1. Wenn beide Partner tolerant sind und sich respektieren, wird die Ehe gelingen. ~~r~~ X i
2. Sofern Sie sich absichern wollen, schließen Sie einen Ehevertrag. r i
3. Wenn Sie Kinder hätten, wäre Ihre Ehe glücklicher. r i
4. Würden Sie beide nur halbtags arbeiten, hätten Sie mehr Zeit füreinander. r i
5. Falls Sie sich beide Mühe geben, wird alles besser. r i

## 3.8 Konzessive Nebensätze (obwohl, ...) und Angaben (trotzdem, ...)

## 1 Was ist aus ihnen geworden? – Vera berichtet vom Klassentreffen

LB / AB Lek. 11

**a** **Lesen Sie den Dialog. Notieren Sie die Wörter, die gegen die Erwartung sprechen, also Gegengründe einleiten oder auf sie verweisen.**

**Vera:** Weißt du noch, wie schlecht Tina in Biologie war. Sie ist trotzdem Ärztin geworden.
**Katja:** Nee also, das hätte ich nie erwartet. Und was macht Philipp, unser Mathe-Ass?
**Vera:** Stell dir vor: Er hat zwar Mathematik studiert, aber jetzt leitet er eine Werbeagentur.
**Katja:** Ach, ich hätte gedacht, dass er Mathe-Professor wird.
**Vera:** Und jetzt kommt das Beste. Beate ist die Pressereferentin des Ministerpräsidenten.
**Katja:** Was, trotz ihrer Schüchternheit hat sie das geschafft? Kaum zu glauben. Und was ist aus Conrad, unserem Klassenbesten, geworden?
**Vera:** Ja ja, der Beste in der Klasse. Trotzdem ist aus ihm nichts geworden. Er studiert noch.
**Katja:** Nicht möglich! Und wir beide? Wir waren ja damals nicht gerade die Fleißigsten.
**Vera:** Haha, obwohl uns das damals niemand zugetraut hätte, sind wir heute beim Fernsehen.

**b** Lesen Sie die Sätze in Übungsteil 1a noch einmal. Erklären Sie, trotz welcher Umstände und gegen welche Erwartung Tina, Philipp und die anderen zu dem wurden, was sie heute sind. Die Tabelle kann Ihnen helfen.

- Wie waren die Umstände?
- Was hätte man aufgrund dieser Umstände erwarten können?
- Was ist entgegen dieser Erwartung passiert?

| Umstände (konzessiver Nebensatz bzw. Angabe) | Begründete Erwartung (in Konzessivsätzen nur implizit) | Ereignis entgegen der Erwartung (Hauptsatz) |
|---|---|---|
| *Tina: war schlecht in Biologie. Das war eine Tatsache.* | *(Aufgrund dieser Tatsache entstand die Erwartung: Ein Medizinstudium wird sie nicht schaffen.)* | *Entgegen der begründeten Erwartung trat genau das Gegenteil ein: Tina ist Ärztin geworden.* |
| *Philipp:...* | | |

**c** Welche Bedeutung haben konzessive Nebensätze und Angaben? Ergänzen Sie die Regeln und besprechen Sie die Ergebnisse ggf. im Kurs.

!

1. Konzessive Angaben wie z. B. „trotzdem" geben an, dass etwas entgegen einer begründeten (impliziten) ________ passiert.
2. Im konzessiven Nebensatz (z. B. eingeleitet mit „obwohl") werden zunächst die Umstände präsentiert, die eine bestimmte Erwartung entstehen lassen („Obwohl er krank ist, geht er zur Arbeit."). Im ________ geschieht dann aber eine Handlung entgegen dieser begründeten Erwartung.

## 2 So steht es in der Mitteilung – So klingt es im Gespräch

**a** Lesen Sie die Pressemeldung, und ergänzen Sie den Text mit den Elementen aus dem Schüttelkasten. Manchmal sind mehrere Lösungen möglich.

| obschon | indessen | gleichwohl | ungeachtet +G | ~~dennoch~~ |
|---|---|---|---|---|

**Immer mehr Frauen planen Existenzgründung: Aus einer Meldung der Arbeitsagentur**
Immer mehr Frauen planen den Sprung in die Selbstständigkeit. [1] *Dennoch* möchten sie Familie und Beruf miteinander vereinbaren. [2] ________ die meisten Frauen eine Teilzeitgründung (Existenzgründung mit Teilzeitarbeit) planen, verfolgen sie konsequent ihre Pläne. Auch eine Vollzeitgründung (Existenzgründung mit Vollzeitarbeit) könnten sich immer mehr Frauen vorstellen. [3] ________ ist dies für viele wegen der Kinder nicht möglich. Nur jede zweite Neugründung ist auf Dauer erfolgreich. [4] ________ dieses Wissens wagen vor allem junge Frauen den Sprung ins kalte Wasser. Viele Gründerinnen scheitern [5] ________ an fehlenden betriebswirtschaftlichen Kenntnissen.

**b** Ein Beratungsgespräch mit einer Existenzgründerin. Lesen Sie die Sätze und ergänzen Sie sie.

1. Ich habe vor, mich selbstständig zu machen.
   *Trotzdem möchte ich Familie und Beruf miteinander verbinden.*
2. Ich verfolge konsequent meine Ziele, auch wenn ich ________
3. Obwohl ________, ist das wegen der Kinder nicht möglich.
4. Ich weiß, dass nur jede zweite Neugründung erfolgreich ist.
   Trotzdem ________
5. Viele Existenzgründerinnen sind zuversichtlich, obwohl ________

## 3 Alles auf einen Blick

**a** Lesen Sie alle Übungen noch einmal. Tragen Sie dann die finalen Konnektoren und präpositionalen Ausdrücke in die Tabelle ein.

| Nebensatz (Subjunktion) | Hauptsatz (Konjunktion) | Verbindungsadverb (Pos. 1 oder Mittelfeld) | Präposition + Nomen |
|---|---|---|---|
| *Zwar...aber, ...* | | *Trotzdem, ...* | *Trotz +G (s), ...* |

**b** Kennzeichnen Sie in der Tabelle die Konjunktionen und präpositionalen Ausdrücke, die überwiegend schriftlich bzw. in der gehobenen Sprache verwendet werden, mithilfe von (s).

*Die Konjunktionen „obschon" und „wenngleich" sind veraltet und aus dem aktiven Sprachgebrauch verschwunden. Man findet sie aber stellenweise noch in älteren schriftlichen Texten oder in der Sprache der Administration.*

## 4 Trotzdem geschafft?

**a** Lesen Sie die folgende Liste und ergänzen Sie sie mit eigenen Ideen.

| Was haben Sie entgegen der allgemeinen Erwartung geschafft? | Welche Umstände sprachen dagegen? | Sprachliche Mittel |
|---|---|---|
| – ein gutes Abitur gemacht<br>– ein Auslandsstipendium erhalten<br>– nicht arbeitslos geworden<br>... | – ziemlich faul in der Schule<br>– viele Mitbewerber<br>– hohe Arbeitslosigkeit in der Branche<br>... | Obwohl ungeachtet<br>selbst wenn wenn ...<br>auch zwar ... aber<br>trotzdem trotz |

**b** Formulieren Sie nun Konzessivsätze in allen Ihnen bekannten Variationen.

*Obwohl ich ziemlich faul in der Schule war, habe ich ein gutes Abitur gemacht. ...*

## 3.9 Konsekutive Nebensätze (so ... dass, ...) und Angaben (also, ...)

## 1 Was hat das wohl zur Folge? – Konsekutive Verbindungsadverbien

LB / AB Lek. 11

**a** Carmen aus Spanien sucht Arbeit in Deutschland. Welche Konsequenzen (Folgen) werden ihre Aktivitäten für die Arbeitssuche haben? Ordnen Sie zu.

| | Aktivität | | Folge | | |
|---|---|---|---|---|---|
| 1. | guter Master-Abschluss | A | spricht fließend Englisch | 1. | *E* |
| 2. | Praktika in großen Unternehmen | B | kann sich gut in Deutschland verständigen | 2. | ☐ |
| 3. | Engagement für Menschen in Not | C | ist es gewohnt, im Team zu arbeiten | 3. | ☐ |
| 4. | intensives Studium in Oxford | D | kann gut mit Menschen umgehen | 4. | ☐ |
| 5. | Geigerin in einem Laienorchester | E | besitzt fundierte Fachkenntnisse | 5. | ☐ |
| 6. | Teilnahme an einem Deutschkurs | F | hat Erfahrungen in der Wirtschaft gesammelt | 6. | ☐ |

**b** Bilden Sie mit den Stichworten aus Übungsteil a Konsekutivsätze, indem Sie sie nun ausformulieren und durch das vorgegebene Verbindungsadverb verbinden. Variieren Sie auch dessen Stellung im Satz.

1. folglich
2. infolgedessen
3. also
4. demzufolge
5. demnach
6. somit

*1. Carmen hat einen guten Master-Abschluss. Folglich besitzt sie fundierte Fachkenntnisse. / Sie besitzt folglich fundierte Fachkenntnisse.*

## 2 Was ist die Folge?

**a** Formulieren Sie die Sätze aus Übung 1a um, indem Sie „sodass“ bzw. „so … dass“ benutzen. Überlegen Sie, ob man nur „sodass“ oder beide Subjunktionen verwenden kann.

1. *Carmen hat einen guten Master-Abschluss, sodass sie qualifizierte Fachkenntnisse besitzt. / Carmen hat einen so guten Master-Abschluss, dass sie qualifizierte…*

**b** Lesen Sie die Sätze aus Übungsteil a und ergänzen Sie dann die Regeln.

!

1. „sodass“ leitet einen ______________ ein, in dem die ______________ des im Hauptsatz formulierten Sachverhaltes genannt wird.
2. „so … dass“ kann dagegen nur in Verbindung mit einem ______________ oder Adverb verwendet werden. „So“ benennt die Ausprägung eines Sachverhalts und verweist auf eine ______________, die dann im Nebensatz genannt wird.

## 3 Aus einem internen Arbeitspapier

Schreiben Sie die Sätze neu. Benutzen Sie „sodass“ und „infolgedessen“.

1. Infolge des Umbaus unseres Verwaltungsgebäudes muss das nächste Assessment-Center im Park-Hotel stattfinden. (Unser Verwaltungsgebäude wird umgebaut.)
2. Infolge einer Kündigung muss eine Stelle neu besetzt werden. (Es gab eine Kündigung.)
3. Infolge der Renovierung ist die Kantine geschlossen. (Sie wird renoviert.)
4. Infolge des Warnstreiks bleibt unser Büro geschlossen. (Es gibt einen Warnstreik.)

1. *Unser Verwaltungsgebäude wird umgebaut, sodass das nächste Assessment-Center im Park-Hotel stattfinden muss. / Unser Verwaltungsgebäude wird umgebaut. Infolgedessen muss das nächste Assessment-Center im Park-Hotel stattfinden.*

## 4 Gibt es eine Formel für Erfolg? – Konsekutive Konnektoren

Ergänzen Sie den Text. Manchmal gibt es mehrere Lösungen.

also ~~folglich~~ somit so …, dass derartig …, dass
sodass also demzufolge infolge

Yanxia hat einen IQ von 135. [1] *Folglich* fiel ihr das Lernen schon immer leicht. [2] ______________ machte ihr auch das Lernen Spaß. „Ich habe meinen Eltern [3a] ______________ schwierige Fragen gestellt, [3b] ______________ sie oft überfordert waren“, sagt Yanxia. „Du bist [4a] ______________ neugierig, [4b] ______________ du bald zur Schule gehen musst“, sagten meine Eltern. Das Erlernen der chinesischen Schriftzeichen ist sehr schwer, [5] ______________ man lange braucht, um sie zu beherrschen. Schon im frühen Alter beginnen die Kinder mit dem Malen der Schriftzeichen. Es bleibt [6] ______________ zum Spielen wenig Zeit. [7] ______________ ihrer großen Ausdauer konnte Yanxia nach nur drei Jahren alle chinesischen Schriftzeichen mühelos lesen und schreiben. „Fleiß und Ausdauer sind sehr wichtig“, meint sie. „[8] ______________ also wichtiger als Intelligenz?“ „Ja, da bin ich sicher“, sagt Yanxia, „Durch Ausdauer und Fleiß kann man vieles erreichen.“ Intelligenz allein reicht [9] ______________ nicht. Das meinen auch Experten.

## 5 Alles auf einen Blick

Tragen Sie die konsekutiven Konnektoren aus den Übungen in die Tabelle ein.

| Nebensatz | Verbindungsadverb | Präposition + Nomen |
|---|---|---|
| *so … dass,* | *somit, …* | *infolge von +D, infolge + G* |

## 3.10 Modale Nebensätze (indem, ohne dass, …) und Angaben (so, durch, …)

### 1 Wie kann ich mich auf die Prüfung vorbereiten? – Tipps unter Freunden

LB / AB Lek. 2

**a** Lesen Sie die folgenden Tipps und sammeln Sie alle Wörter, die die Art und Weise bezeichnen, wie man etwas macht.

Luka aus Odessa bereitet sich auf die B2-Prüfung vor. Marie hat die Prüfung ohne Probleme bestanden. Luka will wissen, wie sie das geschafft hat:
**Luka:** Wie kann ich nur meine Angst vor der Prüfung verlieren?
**Marie:** Am besten, indem du früh genug anfängst, dich vorzubereiten. Und dadurch, dass du sehr konzentriert arbeitest.
**Luka:** Du hast so einen großen Wortschatz, Marie. Wie hast du das geschafft?
**Marie:** Ich habe regelmäßig mit dem einsprachigen Wörterbuch gearbeitet. Damit habe ich meinen Wortschatz ganz systematisch vergrößert. Ich lerne Wörter auch nie nach Wortlisten, sondern vernetze sie zu einer Mindmap. So kann ich Wörter viel besser lernen und behalten.
**Luka:** Ich habe vor allem Probleme mit dem Hörverstehen. Wie kann ich das üben?
**Marie:** Ich habe das dadurch gelernt, dass ich regelmäßig Radio gehört habe. Und natürlich wird das Hören auch besser, indem du mal in die Kneipe gehst. Auf diese Weise verbesserst du nicht nur dein Hörverstehen, sondern du musst auch mit den Leuten Deutsch sprechen. Dadurch wirst du bestimmt viel sicherer beim Sprechen.
**Luka:** Danke für die Tipps. Ich habe alles notiert: Angst abbauen durch rechtzeitige Vorbereitung und durch konzentriertes Arbeiten, Wortschatz vergrößern mit dem einsprachigen Wörterbuch, Hörverstehen verbessern durch … Hm, jetzt kann ich hoffentlich meine Prüfung ohne Angst machen. Jetzt geht wohl alles wie von selbst.

**b** Ordnen Sie alle markierten Wörter an der richtigen Stelle in die Tabelle ein.

| Nebensatz | Verbindungsadverb | Präposition + Nomen |
|---|---|---|
| *indem, …* | | *ohne + A, …* |

### 2 Lerntipps zur Wortschatzarbeit

Lesen Sie die folgenden Tipps und formulieren Sie sie wie im Beispiel um. Achten Sie dabei auf die Stellung von „dadurch, dass" im Satz.

Du kannst deinen Wortschatz vergrößern, indem du …

1. eine Vokabelkartei anlegst.
2. Wörter nach Wortfamilien zusammenstellst.
3. Wörter zu Wortfeldern vernetzt.
4. im Wörterbuch nach Synonymen suchst.

1. *Dadurch, dass du eine Vokabelkartei anlegst, kannst du den Wortschatz vergrößern. / Du kannst den Wortschatz dadurch vergrößern, dass du eine Vokabelkartei anlegst. / Du kannst dadurch, dass du eine Vokabelkartei anlegst, den Wortschatz vergrößern.*

### 3 So klappt es nie: „ohne dass", „ohne zu" und „ohne"

LB / AB Lek. 10

**a** Lesen Sie den Text und ergänzen Sie „ohne dass", „ohne zu" und „ohne".

1. *Ohne zu* suchen, werden Sie keine passende Arbeitsstelle finden.
2. Kein Arbeitgeber stellt Sie ein, ________ Sie dem Qualifikationsprofil genau entsprechen.
3. ________ perfekte Bewerbungsunterlagen wird Ihre Bewerbung keinen Erfolg haben.
4. ________ ein Bewerbungstraining sollten Sie nicht zu einem Job-Interview gehen.
5. Sie sollten nicht zu einem wichtigen Bewerbungsgespräch gehen, ________ vorher ein paar Rollenspiele gemacht ________ haben.
6. In diesen Probegesprächen dürfen Sie scheitern, ________ enttäuscht ________ sein.

**b** Tragen Sie die Ergebnisse aus Übungsteil a in die Tabelle in Übung 1b ein.

*Wie bei anderen Infinitivkonstruktionen kann man „ohne...zu" nur benutzen, wenn das Subjekt im Hauptsatz und das logische Subjekt im Satz mit „ohne...zu" gleich sind.*

**c** Formulieren Sie Sätze wie im Beispiel. Verwenden Sie dabei „ohne zu" und überlegen Sie, wo „zu" im Satz stehen muss.

1. Sie werden keine passende Arbeitsstelle finden, …
   **a.** (suchen) **b.** (längere Zeit suchen) **c.** (längere Zeit suchen müssen)
2. Sie sollten Ihre Bewerbungsunterlagen nicht abgeben, …
   **a.** (sie auf Fehler prüfen) **b.** (sie noch einmal überprüfen) **c.** (sie von einem Freund überprüfen lassen)
3. Sie sollten nicht zu einem Job-Interview gehen, …
   **a.** (gründliche Vorbereitungen treffen) **b.** (sich gut darauf vorbereiten) **c.** (vorbereitet sein)

*a. Sie werden keine passende Arbeitsstelle finden, ohne zu suchen.*
*b. Sie werden keine passende Arbeitsstelle finden, ohne längere Zeit zu suchen.*
*c. Sie werden keine passende Arbeitsstelle finden, ohne längere Zeit suchen zu müssen.*

## 4 Modale und instrumentale Angaben: Wie? Womit?

**a** Lesen Sie die Sätze. Markieren Sie die Elemente, die ausdrücken, auf welche Art und Weise oder mit welchem Mittel etwas passiert bzw. nicht passiert.

1. Durch Fleiß und Ausdauer kann man im Leben viel erreichen.
2. Wichtige Dokumente unterschreibe ich immer mit dem Füller.
3. Private Briefe schreibe ich immer noch von Hand (d.h. handschriftlich).
4. Ohne PC kann man heute nicht mehr studieren.
5. Fachbücher lese ich mit großem Vergnügen.
6. Der Arbeitsprozess wird schneller durch den Einsatz von technischen Hilfsmitteln.

**b** Ergänzen Sie die Tabelle in Übungsteil 1b mit den oben verwendeten Präpositionen.

**c** Lesen Sie den folgenden Text und fügen sie die Präpositionen aus dem Schüttelkasten in die Lücken ein.

| mit | durch | mit | von | ~~ohne~~ | von |
|---|---|---|---|---|---|

1. Oh nein, mein Drucker ist kaputt. *Ohne* Drucker kriege ich die Arbeit nicht fertig.
2. Ein perfektes Druckbild kann man nur ________ den Einsatz neuester Technik erreichen.
3. Dieses alte Buch ist ________ Hand geschrieben.
4. Mein Tagebuch schreibe ich auch ________ der Hand.
5. Meine Eltern haben ________ großer Freude auf mein gutes Examen reagiert.
6. Früher war die Note nicht so wichtig, aber heute ist sie ________ großer Bedeutung.

## 5 Beim nächsten Mal läuft es noch besser

Beschreiben Sie, wie Sie sich auf Ihre letzte Sprachprüfung vorbereitet haben. Nutzen Sie die Ideen aus dem Schüttelkasten. Machen Sie eigene Vorschläge.

| | | |
|---|---|---|
| mit einem Lernpartner arbeiten | Notizen machen | laut lesen |
| genug Schlaf | Entspannungsübungen machen | … |

*Ich habe mich auf das Hörverstehen gut vorbereitet, indem ich mit einem Lernpartner gearbeitet habe. Ich habe mich auf das Leseverstehen vorbereitet, dadurch dass …*

## 3.11 Alternative Nebensätze (statt dass) und Angaben (stattdessen)

### 1 Probleme in der WG: Karinas Mitbewohnerinnen machen ihr Vorwürfe

LB / AB Lek. 3

**a** Bilden Sie aus den Infinitiven in Klammern alternative Sätze nach dem vorgegebenen Muster und verbinden Sie sie mit „statt … zu" bzw. „anstatt … zu".

1. das Bad putzen – seelenruhig Musik hören
2. den Tisch abräumen – deinen Krimi in aller Ruhe zu Ende lesen
3. den Müll runterbringen – stundenlang telefonieren
4. mit dem Hund spazieren gehen – mit deinem Freund ins Kino gehen
5. dich an die Regeln halten – wie üblich deinen eigenen Kopf durchsetzen
6. deine Pflichten in der WG erfüllen – wieder eine dumme Ausrede haben

1. *Statt/Anstatt das Bad zu putzen, hörst du seelenruhig Musik.*

**b** Variieren Sie jetzt die Stellung der Nebensätze im Satzgefüge.

1. *Du hörst stundenlang Musik, anstatt das Bad zu putzen. / Du hörst, anstatt das Bad zu putzen, stundenlang Musik.*

### 2 Nicola beschwert sich wieder über Karina

**a** Formulieren Sie die Alternativen aus Übungsteil a mit zwei Hauptsätzen. Verwenden Sie das Verbindungsadverb „stattdessen".

1. *Du hast das Bad wieder nicht geputzt. Stattdessen hast du seelenruhig Musik gehört.*

**b** Vergleichen Sie die Sätze in den Übungsteilen 1a und 2a. Welche Regeln können Sie ableiten?

anstatt zu    stattdessen    statt zu

!
1. ______ bzw. ______ leiten die Handlung ein, die man erwartet.
2. ______ leitet dagegen die Handlung ein, die alternativ zur / entgegen der Erwartung dann wirklich ausgeführt wird.

### 3 „Wieder müssen andere für dich arbeiten!" – Beschwerden über Beschwerden

**a** Ergänzen Sie die Nebensätze mit „(an)statt, dass" mit den Tätigkeiten aus Übung 1a, die Karina eigentlich erledigen sollte.

1. *Statt dass du das Bad putzt*, müssen die anderen das für dich erledigen.
2. ______, muss Nicola das wieder mal machen.
3. ______, muss ich das an deiner Stelle erledigen.
4. ______, hat Anna das machen müssen.
5. ______, sind dir die Regeln egal.
6. Wir müssen für dich arbeiten, ______.

**b** Worin unterscheiden sich die Sätze in den Übungsteilen 1a / b und 3a?

!
1. Die Infinitivkonstruktion ist nur möglich, wenn das Subjekt im Hauptsatz und das logische Subjekt in der Infinitivkonstruktion ______.
2. Der Nebensatz mit „(an)statt dass" wird nötig, wenn ______.

## 4 Nicola hat für die WG falsch eingekauft: Karina beschwert sich

Formulieren Sie Sätze wie im Beispiel und verwenden sie dabei die Präpositionen „statt" oder „anstelle".

1. große Packung Waschpulver / kleine Tube Fleckenentferner / kaufen
2. Zahnpasta im Sonderangebot / teure Markenzahnpasta / mitbringen
3. grüne Trauben / blaue Trauben / einpacken
4. das gute Schwarzbrot / weiches Weißbrot / einkaufen
5. Käse am Stück / Käse in Scheiben / aussuchen

*1. Statt / Anstelle einer großen Packung Waschpulver hast du eine kleine Tube Fleckenentferner gekauft.*

## 5 Alternative Konnektoren im Überblick

Sammeln Sie aus den Übungen 1 bis 4 alle Ausdrücke, die Alternativen ausdrücken, und ordnen Sie sie in die Tabelle ein.

| Nebensatz (Subjunktion / Infinitivkonstruktion) | Verbindungsadverb (Position 1 oder Mittelfeld) | Präposition + Nomen |
|---|---|---|
| | | *anstelle von + D, ...* |

## 6 Wichtige Anschaffungen für die erste gemeinsame Wohnung

Sie wollen mit einem Freund / einer Freundin eine Wohnung mieten. Sie müssen vieles kaufen, doch Ihr Budget ist begrenzt. Überlegen Sie, was sie unbedingt brauchen und worauf sie verzichten können.

| unnötige Dinge | das Nötigste | Alternative Konnektoren |
|---|---|---|
| neuer Küchentisch neue Gläser teures Geschirr Mikrowelle neuen Teppichboden ... | Tisch aus Gebrauchtwarenkaufhaus ... | statt zu ... + Infinitiv statt dass ... stattdessen statt + G anstelle + G anstelle von + D |

*Statt vieler unnötiger Dinge sollten wir nur das Nötigste kaufen. Statt einen neuen Küchentisch zu kaufen, sollten wir einen Tisch aus dem Gebrauchtwarenkaufhaus....*

# 3.12 Adversative Nebensätze (während) und Angaben (jedoch, ...)

## 1 Nachbarschaft: Früher und heute

LB / AB Lek. 3

**a** Kombinieren Sie jeweils die Hauptsätze, die inhaltlich einen Gegensatz bilden.

**Früher ...**
1. wohnten viele Generationen unter einem Dach.
2. kannte jeder jeden im Dorf.
3. gab es täglich Gelegenheiten für ein Gespräch mit den Nachbarn
4. unsere Vorfahren wohnten ihr Leben lang an einem Ort.

**Heute ...**
A kennen die Menschen ihre Nachbarn oft gar nicht.
B müssen wir mobil sein und im Leben oft umziehen.
C leben wir nicht mehr mit Eltern und Großeltern zusammen.
D haben wir kaum noch Zeit für intensive Nachbarschaftskontakte.

1. C
2. ☐
3. ☐
4. ☐

**b** Verbinden Sie nun die beiden passenden Hauptsätze mit der Konjunktion „während" und formulieren Sie Sätze wie im Beispiel.

1. Während früher viele Generationen unter einem Dach wohnten, leben wir heute nicht mehr mit Eltern und Großeltern zusammen. / Während wir heute nicht mehr mit Eltern und Großeltern zusammen leben, wohnten früher viele Generationen unter einem Dach.

**c** Drücken Sie die Gegensätze aus Übungsteil 1a mit „im Gegensatz zu" aus.

1. Im Gegensatz zu heute wohnten früher viele Generationen unter einem Dach. / Im Gegensatz zu früher leben wir heute nicht mehr mit Eltern und Großeltern zusammen.

## 2 Die Kuhns und die Stolls

Formulieren Sie die Sätze um, indem Sie zwei Hauptsätze bilden und diese mit den Verbindungsadverbien „hingegen" oder „dagegen" verbinden. Variieren Sie dabei auch deren Stellung im Satz wie im Beispiel.

1. Während Kuhns in einer großen Wohnung leben, wohnen Stolls in einem kleinen Haus.
2. Während Kuhns kinderlos sind, haben Stolls drei Kinder.
3. Während bei Kuhns noch die alte Tante wohnt, vermieten Stolls ein Zimmer an Studenten.
4. Während die Kuhns zurückgezogen leben, kümmern sich die Stolls sehr um die Nachbarn.
5. Während viele Nachbarn Konflikte haben, verstehen sich die Kuhns und die Stolls gut.

1. Die Kuhns leben in einer großen Wohnung. Dagegen wohnen die Stolls in einem kleinen Haus. / Die Stolls wohnen dagegen in einem kleinen Haus.

## 3 Auf gute Nachbarschaft

Formulieren Sie die Sätze um, indem Sie zwei Hauptsätze bilden und diese mit dem Verbindungsadverb in Klammern verbinden. Variieren Sie dabei auch dessen Stellung im Satz wie im Beispiel.

Soll der Gegensatz besonders hervorgehoben werden, so steht das Verbindungsadverb hinter dem betonten Satzteil, und zwar mit diesem zusammen auf Position 1. (siehe Beispielsatz)

1. Während sich die Stolls um gute Beziehungen zu den Nachbarn bemühen, ist den Kuhns eine gute Nachbarschaft nicht sehr wichtig. (jedoch)
2. Während die Stolls viele Partys feiern, schätzen die Kuhns ihre Ruhe. (dagegen)
3. Während die Stolls die Schlüssel aller Nachbarn haben, möchten die Kuhns ihre Schlüssel niemanden anvertrauen. (allerdings)
4. Während die Stolls mit ihren Nachbarn auch über ihre Sorgen sprechen, interessieren sich die Kuhns nicht besonders für die Probleme der Nachbarn. (hingegen)
5. Während die Kuhns noch auf der Suche nach einem effektiven Netzwerk sind, haben die Stolls schon längst ein gutes Netzwerk gefunden: ihre Nachbarn. (jedoch)

1. Die Stolls bemühen sich um gute Beziehungen zu den Nachbarn. Den Kuhns jedoch ist eine gute Nachbarschaft nicht sehr wichtig. / Den Kuhns ist jedoch eine gute...

## 4 Adversative Konnektoren und präpositionale Ausdrücke

Ergänzen Sie alle adversativen Konnektoren und präpositionalen Ausdrücke aus den Übungen 1/2.

| Nebensatz | Hauptsatz | Verbindungsadverb | Präposition + Nomen |
|---|---|---|---|
| | | | im Gegensatz zu + D |

## 5 Einsam oder gemeinsam? – Beides, aber mit Einschränkungen

**a** Formulieren Sie Sätze mit „zwar … aber" nach dem vorgegebenen Muster und achten Sie dabei auf die Position beider Teile der Konjunktion im Satz.

1. Menschen heute: unabhängig leben – dieses Leben auch Nachteile haben
2. in Hochhäusern: viele Menschen leben auf engem Raum – einander oft nicht kennen
3. ältere Menschen: oft einsam und allein sein – nicht ins Altenheim wollen
4. Mehr-Generationen-Häuser: eine Alternative zum Altenheim sein – sich noch nicht durchgesetzt haben

a. Zwar leben die Menschen heute unabhängig, aber dieses Leben hat auch Nachteile.
b. Die Menschen leben zwar heute unabhängig, aber dieses Leben hat auch Nachteile.
c. Die Menschen leben heute zwar unabhängig, dieses Leben hat aber auch Nachteile.

**b** Vergleichen Sie Ihr Ergebnis ggf. im Kurs und ergänzen Sie dann die Regeln.

!
1. „Zwar" kann sowohl auf Position ________ als auch im ________ stehen. Im Mittelfeld (Beispielsätze b und c) kann man „zwar" auch weglassen.
2. „Aber" kann sowohl auf Position ________, als auch im ________ stehen.

**c** Ergänzen Sie nun die Tabelle in Übung 4 und tragen Sie „zwar … aber" an der richtigen Stelle ein.

## 6 Allein oder bei den Eltern? – Beides, aber mit Einschränkungen

**a** Verbinden Sie die Sätze mithilfe der Konjunktionen „doch" oder „sondern".

1. Die meisten 18-Jährigen leben noch bei ihren Eltern. Viele würden gern ausziehen.
2. Sie möchten nicht mehr mit ihren Familien leben. Sie wollen ihr eigenes Leben führen.
3. Viele Studierende hätten gern eine eigene Wohnung. Die meisten von ihnen können sich nur ein Zimmer im Studentenheim leisten.
4. Manche Studierende gründen eine WG. Sie hätten lieber eine Wohnung für sich allein.
5. Andere Jugendliche ziehen nicht von zuhause aus. Sie wohnen weiterhin im Elternhaus.
6. Sie möchten nicht auf die Bequemlichkeiten im „Hotel Mama" verzichten. Sie genießen es, weiter verwöhnt zu werden.

Kapitel 3.2
uptsatz – Hauptsatz

1. Die meisten 18-Jährigen leben noch bei ihren Eltern, doch viele würden gern ausziehen.
2. Sie möchten nicht mehr mit ihren Familien leben, sondern (sie) wollen ihr eigenes Leben führen.

**b** Vergleichen Sie Ihr Ergebnis ggf. im Kurs und überlegen Sie, wann man „doch", wann „sondern" benutzt. Ergänzen Sie dann die folgenden Regeln.

!
1. „Doch" – manchmal auch „jedoch" – schränkt eine ________ Aussage ein.
2. „Sondern" bewirkt eine Korrektur der ________ Aussage. Im ersten Satz muss daher „nicht" stehen.
3. Beide Konjunktionen stehen auf ________.

**c** Ergänzen Sie nun die Tabelle in Übung 4, indem Sie „doch" und „ sondern" an der richtigen Stelle eintragen.

## 7 Eine WG für das Alter? – Unterschiedliche Meinungen

Lesen Sie den Text und füllen Sie die Lücken mit den Elementen aus dem Schüttelkasten.

| hingegen | ~~während~~ | sondern | doch | während | entgegen |
|---|---|---|---|---|---|

Anne und Jochen Kuhn aus Wuppertal und ihre Nachbarn Jutta und Markus Stoll haben unterschiedliche Vorstellungen vom Leben im Alter. [1] *Während* die Kuhns über eine kleinere Wohnung nachdenken, gehen die Stolls den umgekehrten Weg. [2] ________ den Erwartungen ihrer Freunde planen die beiden 65-Jährigen den Bau eines größeren Hauses. [3] ________ das Haus soll kein normales Haus werden. Sie wollen dort nicht allein leben, [4] ________ sie möchten mit ihrer Tochter und deren Familie sowie mit zwei Freundinnen ein Mehr-Generationen-Haus gründen. Das Ehepaar Kuhn [5] ________ will seine Eigentumswohnung am Stadtrand verkaufen und eine kleine Wohnung in der Innenstadt erwerben. „Wir möchten das kulturelle Angebot in unserer Stadt noch einmal voll ausnutzen, [6] ________ wir früher lieber im Grünen gelebt haben", so die Kuhns.

## 8 Wie wohnen die Menschen in Ihrer Heimat?

Wie ist das Verhältnis zu ihren Nachbarn? Wie haben sie früher gelebt, wie leben sie heute? Was ist anders als in Deutschland? Machen Sie zunächst eine Stichwortsammlung und schreiben Sie dann.

*Während früher … / Während die Menschen in Deutschland …*

## 3.13 Vergleichssätze (so … wie, als ob, …)

## 1 Erwartung und Wirklichkeit: Wie eine neue Mitarbeiterin sein sollte

LB / AB Lek. 5

**a** Stimmt die Erwartung mit der Realität überein (ü) oder nicht (n)? Notieren Sie.

1. Die neue Mitarbeiterin ist jünger, als ich gedacht habe. *n*
2. Sie ist aber so kompetent, wie wir gehofft haben. ☐
3. Sie ist sogar noch kompetenter, als ich es erwartet habe. ☐
4. Außerdem ist sie so flexibel, wie wir es brauchen. ☐
5. Und so teamfähig, wie wir es uns erhofft haben, ist sie auch. ☐
6. Der frühere Mitarbeiter dagegen war deutlich schlechter, als wir vermutet hatten. ☐

**b** Wann beginnt ein realer Vergleichssatz mit „wie", wann mit „als"?

> **!**
> 1. Der Nebensatz beginnt mit ________, wenn eine Tatsache und die vorherige Annahme darüber ________.
> 2. Der Nebensatz beginnt mit ________, wenn eine Tatsache und die vorherige Annahme darüber ________ übereinstimmen. Im Hauptsatz steht dann der Komparativ.

**c** Formulieren Sie aus den Elementen einen Dialog mit „als" und „wie".

1. die neue Vorstandssekretärin / arbeiten / schnell / ihre Kolleginnen
2. Sie / sogar / qualifiziert sein / unser Abteilungsleiter.
3. sie / einen hohen IQ / haben / ihr Chef
4. sie / ja auch / alt / sein / und / viel Erfahrung / haben / er
5. vor allem / sie / gut / mit Menschen umgehen / können / er

*1. ▶ Die neue Vorstandssekretärin arbeitet schneller als ihre Kolleginnen.*
*▷ Nein, ihre Kolleginnen arbeiten genauso schnell (wie sie).*

## 2 Der neue Abteilungsleiter – Irreale Vergleiche mit „als" und „als ob"

Kapitel 4.10
Konjunktiv II

**a** Markieren Sie zunächst den irrealen Vergleich. Besprechen Sie die Ergebnisse im Kurs oder schauen Sie im Lösungsschlüssel nach.

*Bei irrealen Vergleichssätzen steht das Verb im Nebensatz im Konjunktiv II. Beispiel: „Er behandelt uns, als ob wir kleine Kinder wären."*

1. Er behandelt uns, als ob wir kleine Kinder wären. (erwachsen sein)
2. Er spricht mit uns, als ob wir Versager wären. (gute Arbeit leisten)
3. Er führt sich auf, als ob er ein Alleskönner wäre. (auch Fehler machen)
4. Er benimmt sich, als ob er der Firmenchef persönlich wäre. (nur Abteilungsleiter sein)

**b** Was bedeutet der irreale Vergleich? Erklären Sie die Sätze aus Übungsteil a, indem Sie mithilfe der Angaben in Klammern Entsprechungen formulieren.

1. *Der neue Abteilungsleiter behandelt uns wie kleine Kinder. – Dabei sind wir keine kleinen Kinder, sondern erwachsen.*

**c** Formulieren Sie die irrealen Vergleichssätze aus Übungsteil a nun mit „ als" statt mit „als ob". Achten Sie dabei auf die Stellung des Verbs.

1. *Er behandelt uns, als wären wir kleine Kinder.*

**d** Vergleichen Sie Ihre Ergebnisse im Kurs und formulieren Sie dann die Regeln.

!
1. Irreale Vergleichssätze stehen im ______. Sie machen deutlich, dass der Vergleich nicht der Wirklichkeit entspricht.
2. Irreale Vergleichssätze sind ______, wenn sie mit „als ob" gebildet werden. Das Verb steht dann am Satzende.
3. Irreale Vergleichssätze haben Hauptsatzstellung, wenn sie mit „als" eingeleitet werden. Das Verb steht dann auf ______.

## 3 Welchen Eindruck vermittelt der neue Chef? – Klagen der Mitarbeiter

Die Mitarbeiter fühlen sich von ihrem neuen Vorgesetzten schlecht behandelt. Bilden Sie irreale Vergleichssätze wie im Beispiel.

*Irreale Vergleichssätze stehen häufig nach Verben des persönlichen Empfindens bzw. der persönlichen Wahrnehmung. Zusammen mit dem Konjunktiv II im Nebensatz machen sie die Subjektivität der Aussage deutlich.*

1. Herr Fischer fühlt sich, (er / wieder / ein kleiner Schuljunge / wäre)
2. Frau Meier ist zumute, (jeden Augenblick / in Tränen / ausbrechen müsste)
3. Frau Ribeiro hat das Gefühl, (sie / plötzlich / in einer ganz anderen Firma / arbeiten würde)
4. Frau Meierhold wirkt so ruhig, (ihr / der Stress / nichts / ausmachen würde)
5. Der neue Chef macht den Eindruck, (Kooperation / für ihn / ein Fremdwort / wäre)
6. Der neue Chef tritt vor Vorgesetzen auf, (seine Karriere / auf Kosten seiner Mitarbeiter / planen würde)

1. *Herr Fischer fühlt sich, als ob er wieder ein kleiner Schuljunge wäre. / Herr Fischer fühlt sich, als wäre er wieder ein kleiner Schuljunge.*

## 4 Nichts läuft wie geplant

Drücken Sie Vergleiche mit einem Partizip aus und variieren Sie die Wortstellung wie im Beispiel.

1. Wir haben den Plan geändert, wie letzte Woche verabredet.
2. Unsere Konferenz findet am schon Montag statt, anders als besprochen.
3. Wieder können nicht alle an der Konferenz teilnehmen, wie schon vorhergesehen.

*Aus stilistischen Gründen, z.B. wegen des Textzusammenhangs oder zur Betonung, kann man verkürzte Vergleichssätze auch ins Nachfeld bzw. Vorfeld stellen. Beispiel: „Das Problem ist gelöst, anders als erwartet." / „Anders als erwartet, ist das Problem gelöst." Der verkürzte Vergleichssatz kann aber auch im Mittelfeld als Einschub stehen: „Das Problem ist, anders als erwartet, sehr gut gelöst."*

*1. Wir haben den Plan, wie letzte Woche verabredet, geändert. / Wie letzte Woche verabredet, haben wir den Plan geändert.*

## 5 Ratschläge der Betriebspsychologin – Vergleichssätze mit zwei Komparativen

**a** Bilden Sie Vergleichssätze mit „je …, desto" bzw. „je …, umso".

1. Sie schieben das Gespräch mit Herrn Pohlmann lange auf. – Es wird unangenehm für Sie.
2. Sie sind beide kompromissbereit. – Die Chance für eine Zusammenarbeit ist groß.
3. Sie arbeiten häufig zusammen. – Sie werden viele Gemeinsamkeiten finden.
4. Sie kommen gut mit Herrn Pohlmann zurecht. – Sie können viele eigene Ideen realisieren.

*1. Je länger Sie das Gespräch mit Herrn Pohlmann aufschieben, desto unangenehmer wird es für Sie.*

**b** Vergleichen Sie Ihre Ergebnisse ggf. im Kurs. Ergänzen Sie dann die folgenden Regeln.

!

1. Sätze mit „je …, desto" bzw. „je …, umso" sind Vergleichssätze mit __________ Komparativen.
2. „Je" steht immer im __________ Satz. Das Verb steht hier immer am Ende.
3. „Desto" bzw. „umso" leitet den Hauptsatz ein, der nach dem Komma folgt. Das Verb steht dort auf __________. Das Subjekt des Satzes folgt unmittelbar nach dem Verb.

## 6 Vergleichssätze auf einen Blick

Tragen Sie alle Möglichkeiten, Vergleiche auszudrücken, in die Tabelle ein.

| Nebensatz | Partizip |
|---|---|
| real: | *verkürzte Vergleiche* |
| irreal: | |

## 3.14 Indirekte Fragesätze (ob; wo, wohin, wie, worüber, …)

## 1 Im Sportgeschäft

AB Lek. 8

**a** Kreuzen Sie an, welche der Fragen direkt (d), welche indirekt (i) sind.

1. Könnten Sie mir erklären, wie diese Pulsuhr funktioniert? d ~~i~~ (X)
2. Wann haben Sie die Yogamatten wieder vorrätig? d i
3. Wissen Sie vielleicht, ob man diese Sporttasche in die Waschmaschine stecken kann? d i
4. Wären Sie so nett, mir zu zeigen, wie man den Heimtrainer programmiert? d i
5. Haben Sie auch 1,5kg-Chromhanteln? d i

**b** Markieren Sie die Sätze in Übungsteil a, die höflicher klingen.

**c** Was unterscheidet direkte von indirekten Fragen? Ergänzen Sie den Text mithilfe der Informationen aus Übungsteil a und b.

> !
> 1. Indirekte Fragesätze sind Nebensätze, die durch bestimmte Formulierungen eingeleitet werden, wie z. B. „Wissen Sie vielleicht, …", ______________ oder ______________.
> 2. Das konjugierte Verb steht im indirekten Fragesatz am ______________. Indirekte Fragen sind ______________ als direkte.

## 2 Könnten Sie mir sagen, warum … ?

Fragen Sie höflicher, indem Sie die direkten in indirekte Fragen umformulieren. Verwenden Sie dabei die Redemittel im Schüttelkasten.

| | |
|---|---|
| ~~Wissen Sie, …~~ | Können Sie mir sagen, … |
| Ich hätte gern gewusst, … | Darf ich fragen, … |
| Könnten Sie mir erklären, … | |
| Mir ist leider nicht klar, … | |
| Außerdem würde ich gern wissen, … | |

1. Wo ist das Sportgeschäft Scheffler? → *Wissen Sie, wo das Sportgeschäft Scheffler ist?*
2. Kann ich die Sporthose auch bei 60° waschen? → ______________
3. Haben Sie die Hose auch in rot? → ______________
4. Wie bedient man den Heimtrainer? → ______________
5. Warum steht in der Beschreibung nichts über die Garantie? → ______________
6. Ist die Massage-Lotion auch für Allergiker geeignet? → ______________
7. Sie wissen wirklich gut Bescheid. Wie lange arbeiten Sie schon hier? → ______________

## 3 Hast du eine Ahnung? – Fragen an einen Freund / eine Freundin

Stellen Sie Fragen, indem Sie die Elemente in Klammern benutzen.

1. Hast du eine Ahnung, *wie spät es ist?* (spät / sein / wie / es)
2. Kannst du mir sagen, ______________ (das Sportgeschäft / wie lange / öffnen)
3. Verstehst du, ______________ (hier / so teuer / alles / sein / warum)
4. Ich frage mich, ______________ (woanders / hingehen / wir / sollten / nicht / ob)
5. Hast du im Kopf, ______________ (nächstes Spiel / wir / haben / wann / unser)
6. Weißt du, ______________ (Training / ob / wir / nächste Woche / überhaupt / haben)

## 4 Zeit gewinnen – nachfragen üben

**a** Arbeiten Sie, wenn möglich zu zweit. Notieren Sie sich zehn Fragen, die Sie Ihrem Gesprächspartner / Ihrer Gesprächspartnerin stellen wollen.

**b** Stellen Sie sich nun gegenseitig Ihre Fragen. Beim Beantworten der Fragen möchten Sie Zeit gewinnen, um zu überlegen. Wiederholen Sie dafür die Fragen Ihres Gesprächspartners / Ihrer Gesprächspartnerin wie im Beispiel.

1. ▸ Hast du den Termin vergessen? ▹ *Ob ich den Termin vergessen habe? Nein, …*
2. ▸ Warum bist du nicht gekommen? ▹ *Warum ich nicht gekommen bin? Weil…*

## 3.15 Relativsätze (der, die, das, dem, . . . ; was, wo, worauf, . . .)

LB / AB Lek. 4

### 1 Erfinder und Erfindungen

**a** Wovon hängt die Form des Relativpronomens ab? Markieren Sie wie im Beispiel.

1. Es gibt viele Erfindungen, die unseren Alltag erleichtern.
2. Der Fernseher, den Manfred von Ardenne 1930 erfand.
3. Der Kühlschrank, der von Carl von Linde stammt.
4. Der Strom, mit dem wir den Fernseher und viele andere Geräte betreiben.

DIE RELATIVPRONOMEN

| | m | n | f | Pl. |
|---|---|---|---|---|
| N | der | das | die | die |
| A | den | das | die | die |
| D | dem | dem | der | denen |
| G | dessen | dessen | derer / deren | derer / deren |

Das Relativpronomen „derer" wird sehr selten im gehobenen Stil gebraucht, z. B.: Erfindungen, derer man sich kaum bewusst ist.

**b** Ergänzen Sie nun die Regeln mit den Elementen aus dem Schüttelkasten.

Dativ Nominativ ~~Nomen~~ Akkusativ Numerus

!
1. Das Genus (der, die, das) und der ____________ (Singular, Plural) des Relativpronomens richten sich nach dem *Nomen* ____________, auf das es sich bezieht.
2. Der Kasus (Nominativ, Akkusativ, Dativ) richtet sich
   - nach dem Verb im Relativsatz → „erfinden" + ____________, „stammen" + ____________
   - nach der Präposition → „mit" + ____________.

**c** Ordnen Sie den Dingen und Personen die passende Beschreibung zu.

1. der Schlüssel,
2. der Computer,
3. Sportschuhe,
4. der Apotheker aus Dresden,
5. Handys,
6. die Hausfrau Melitta Bentz,
7. das Rad,
8. Marie Curie,

A dem wir die Erfindung der Zahnpasta verdanken.
B ohne das wir zu Fuß gehen müssten.
C der piepst, wenn man ihn verliert.
D der 1911 der Nobelpreis für Chemie verliehen wurde.
E den wir bei der Arbeit und in der Freizeit nutzen.
F mit denen man auch fernsehen kann.
G die bei Sonnenlicht ihre Farbe ändern.
H die mit der Erfindung des Melitta-Kaffeefilters zur erfolgreichen Unternehmerin wurde.

1. *C*
2. ☐
3. ☐
4. ☐
5. ☐
6. ☐
7. ☐
8. ☐

### 2 Computer und andere nützliche Dinge

**a** Bilden Sie Hauptsätze und markieren Sie den bestimmten Artikel.

1. Der Computer, den ich heute gekauft habe. → *Ich habe den Computer heute gekauft.*
2. Der Computer, dessen Ausstattung ich toll finde. → *Ich finde die Ausstattung des ...*
3. Das Modell, auf das ich lange gespart habe. → *Ich habe lange auf ...*
4. Der Freund, dem ich eine E-Mail geschickt habe. → ____________
5. Die E-Mail, derer ich mich nicht mehr entsinne. → ____________
6. Die Antwort, mit der ich nicht mehr gerechnet habe. → ____________
7. Die Antwort, deren Inhalt ich witzig finde. → ____________
8. Die Eltern, denen ich die Antwort zeige. → ____________

**b** Ergänzen Sie die Regel mithilfe der Beispiele aus Übungsteil a.

!
Die folgenden Relativpronomen unterscheiden sich von den bestimmten Artikeln:
Dativ Plural: ____________ und Genitiv: *dessen* ____________, ____________, ____________.

**c** Ergänzen Sie das Relativpronomen im Genitiv.

1. Für ältere Menschen gibt es jetzt auch Handys, deren Tasten nicht zu klein sind.
2. Oft haben Neuwagen ein Navigationsgerät, mit ________ Hilfe man den Weg leichter findet.
3. Man entwickelt Lebensmittel, ________ Haltbarkeit unbegrenzt ist.
4. Immer mehr Menschen kaufen Bioprodukte, für ________ Herstellung strenge Gesetze gelten.
5. Eine wichtige Erfindung ist das Aspirin, ________ Wirkstoffe Schmerzen lindern.

**d** Verbinden Sie die Sätze mit einem Relativpronomen im Genitiv.

1. Ich suche nach einem Computer. Der Energieverbrauch des Computers ist gering.
2. Trend sind jetzt große Fernseher. Die Bildschirme der Fernseher werden immer flacher.
3. Ich kaufe technische Geräte nur beim Fachhändler. Seine Beratung ist mir wichtig.
4. In Braunschweig steht die Atomuhr. Ihre Funksignale erreichen ganz Mitteleuropa.
5. Viele Sportler tragen Sportkleidung. Das Material der Sportkleidung ist atmungsaktiv.

1. Ich suche nach einem Computer, dessen Energieverbrauch gering ist.

## 3 Alles unter einem Dach

**a** Ergänzen Sie das passende Relativpronomen mit Präposition.

| ~~auf die~~ | innerhalb derer | gegen den | in dem | in denen | mit der |
|---|---|---|---|---|---|

1. Heute ist die Eröffnung des neuen Einkaufszentrums, auf die ich schon lange warte.
2. Eine neue S-Bahn-Linie wurde gebaut, ________ man das Einkaufszentrum schnell erreicht.
3. Der Baulärm, ________ viele Anwohner protestiert haben, hat endlich ein Ende.
4. Es gab nämlich eine Zeitspanne, ________ der Lärm kaum noch auszuhalten war.
5. Das Einkaufszentrum, ________ man alles unter einem Dach findet, bereichert den Stadtteil.
6. Tatsächlich gibt es dort genau die Geschäfte, ________ ich am liebsten einkaufe.

**b** Nach Ortsangaben kann man „wo" statt Präposition + Relativpronomen verwenden. Notieren Sie einen weiteren Satz aus Übungsteil a.

Nach Städte- oder Ländernamen kann nur „wo" verwendet werden.
Beispiel: „In Hamburg, wo ich seit acht Jahren lebe, fühle ich mich sehr wohl."

5. Das Einkaufzentrum, wo man alles unter einem Dach findet, bereichert den Stadtteil. ...

**c** Formulieren Sie Fragen, indem Sie einen Relativsatz mit Präposition + Relativpronomen und / oder mit „wo" anschließen.

1. Fällt dir ein Land ein, in dem / wo immer die Sonne scheint (immer die Sonne scheinen)?
2. Wie heißt die Stadt, ________________ (du / geboren sein)?
3. Kommst du mit nach Berlin, ________________ (wir / meine Tante besuchen können)?
4. Warst du schon in Norddeutschland, ________________ (es gibt / viele Inseln)?

## 4 Bio-Produkte werden immer beliebter

**a** Markieren Sie die Relativsätze. Worauf beziehen sie sich jeweils?

1. Ich kaufe nur Lebensmittel, auf denen das Bio-Siegel abgedruckt ist.
2. Ich habe nur Lebensmittel gekauft, auf denen das Bio-Siegel abgedruckt ist.
3. Lebensmittel, auf denen das Bio-Siegel abgedruckt ist, sind aus ökologischem Landbau.
4. Lebensmittel aus ökologischem Landbau, die inzwischen auch im Supermarkt erhältlich sind, erkennt man am Bio-Siegel.

**b** Wo steht der Relativsatz? Ergänzen Sie die Nummern der entsprechenden Sätze aus Übungsteil a.

> **!**
> 1. Der Relativsatz steht in der Regel direkt hinter dem Nomen, auf das er sich bezieht. → Sätze _1_____ und ______.
> 2. Dies gilt oft nicht, wenn der Relativsatz Satzteile, die eng zusammengehören, trennen würde. → Sätze ______ und ______.
> 3. Der Relativsatz kann den Hauptsatz auch teilen. → Sätze ______ und ______.

**c** Formulieren Sie jeweils den zweiten Satz als Relativsatz und verbinden Sie ihn mit dem Hauptsatz. Achten Sie auf die Wortstellung.

1. Die Landwirte stellen auf Bio-Produkte um. Die Landwirte haben den Trend erkannt.
2. Einmal pro Jahr gibt es eine Kontrolle. Die Kontrolle wird vorher angekündigt.
3. Es gibt Regelungen für das Futter der Tiere. Das Futter darf keine Antibiotika enthalten.
4. Bio-Produkte haben eine höhere Qualität. Bio-Produkte enthalten wenige Schadstoffe.
5. Die gesundheitlichen Vorteile von Bio-Produkten sind allerdings bisher nicht bewiesen. Die Vorteile erhoffen sich viele Käufer.
6. Zum Nutzen für die Gesundheit gibt es kaum sichere Ergebnisse. Es bedarf der Ergebnisse jedoch dringend.

*1. Die Landwirte, die den Trend erkannt haben, stellen auf Bio-Produkte um.*

## 5 Eine kleine Geschichte der Zahnpasta

**a** Der Text besteht nur aus Hauptsätzen und enthält viele Wiederholungen. Schreiben Sie den Text neu, indem Sie möglichst viele Relativsätze verwenden.

> Die Geschichte der Zahnpasta ist uralt. Die Zahnpasta wird vielerorts auch Zahncreme genannt. Bereits die alten Ägypter verwendeten Zahnpflegeprodukte. Sie wurden aus Bimsstein und Weinessig hergestellt. Die Römer hingegen pflegten ihre Zähne mit Urin. Seine antibakterielle Wirkung war schon damals bekannt. Später verwendeten die Menschen Zahnpulver oder spülten mit Mundwasser. 1907 erfand der Apotheker Ottomar Heinsius von Mayenburg die Zahncreme, wie wir sie heute kennen. Sie entwickelte jedoch noch nicht den Schaum. Heute sind wir ihn gewohnt. Von Mayenburg füllte die Creme in Metalltuben ab. Er versah sie mit Pfefferminzgeschmack. Die Zahncreme erhielt den Namen Chlorodont. Unter diesem Namen wurde sie weltberühmt.

*Die Geschichte der Zahnpasta, die vielerorts auch Zahncreme genannt wird, ist uralt. Bereits die alten Ägypter ...*

**b** Vergleichen Sie Ihren Text ggf. im Kurs. Gibt es Unterschiede? Welche?

## 6 Die Tricks der Verkaufspsychologie: Verführerische Werbesprache

LB / AB
Lek. 4, 12

**a** Ergänzen Sie die passenden Relativpronomen „was" oder „wo(r)-".

| ~~wovon~~ | womit | was | worüber | was | worauf |
|---|---|---|---|---|---|

1. Dieses Handy bietet alles, _wovon_ Sie schon immer geträumt haben.
2. Auf der Herbstmesse erwartet Sie das Neueste, __________ die Modewelt zu bieten hat.
3. Unsere Mitarbeiter sind immer für Sie da, __________ Sie sich verlassen können.
4. Vieles, __________ das Herz begehrt, ist unerreichbar. Aber nicht bei uns!
5. Die Natur schützen. Wir tun das, __________ andere nur reden.
6. Glanzfit-Politur – Das Beste, __________ Sie Ihr Auto pflegen können.

**b** Analysieren Sie die Sätze aus Übungsteil a und ergänzen Sie die entsprechenden Nummern.

> **!**
> 1. Der Relativsatz mit „was" oder „wo(r)-" bezieht sich auf einen ganzen Satz → Sätze *4* ______ und ______.
> 2. Der Relativsatz mit „was" oder „wo(r)-" steht
>    - nach einem Superlativ → Sätze *2* ______ und ______;
>    - nach dem Demonstrativpronomen „das" → Satz ______;
>    - nach einem Indefinitpronomen → Sätze ______ und ______.

## 7 Für jeden das richtige Produkt

LB / AB
Lek. 12

**a** Ergänzen Sie die Sätze mit den Wörtern aus dem Schüttelkasten.

| ~~wer~~ wem wer was ~~der~~ der dem der das wen |
|---|

1. *Wer* ______ das Außergewöhnliche sucht, *der* ______ wird es bei uns finden.
2. ______ das Fernweh packt, ______ findet in unserem Reisebüro das Richtige.
3. ______ Sie erwartet, ______ ist ein Geschmackserlebnis ohnegleichen.
4. ______ Frische und Qualität wichtig sind, ______ muss nicht länger suchen.
5. ______ bis zum 31.10. bestellt, ______ wird ein Rabatt von 15 Prozent gewährt.

**b** Wie lauten die Regeln? Ergänzen Sie.

> **!**
> 1. Der verkürzte Relativsatz mit *„wer"* ______, ______, ______ oder ______ steht meist vor dem Hauptsatz und bezieht sich verallgemeinernd auf unbestimmte Personen bzw. Dinge oder Ereignisse.
> 2. Der Hauptsatz beginnt oft mit dem Demonstrativpronomen der, ______, ______ oder ______. Das Demonstrativpronomen kann entfallen, wenn es denselben Kasus wie das Relativpronomen hat: „Wer wagt, (der) gewinnt."

## 8 Alles, was Sie jetzt können

LB / AB
Lek. 4, 12

**a** Bilden Sie Relativsätze.

1. Besonders wichtig ist mir mein Talisman. Ich habe ihn immer bei mir.
2. Er kaufte eine neue Waschmaschine. Ihre Bedienungsanleitung verstand er nicht.
3. Das Sonderangebot der Woche war schon ausverkauft. Darüber ärgerte sie sich sehr.
4. Sie kündigte ihren Arbeitsplatz. Damit hatte niemand gerechnet.
5. Wir müssen noch einiges besprechen. Das hat mit dem Projekt zu tun.
6. Bei eBay hat er eine Eisenbahn ersteigert. Von ihr hatte er schon als Kind geträumt.
7. Mein arbeitsloser Freund hat sich einen Ferrari gekauft. Das überraschte mich.
8. Kinofilme sind ihre große Leidenschaft. In den Filmen ist Brad Pitt zu sehen.
9. Endlich wurde die neue Küche geliefert. Sie hatten lange auf die Küche gespart.

*1. Besonders wichtig ist mir mein Talisman, den ich immer bei mir habe.*

**b** Beenden Sie die Sätze und besprechen Sie dann Ihre Antworten ggf. im Kurs.

1. Etwas, was meine Freundin interessiert, …
2. Alles, woran sie sich erinnert, …
3. Nichts, was mein Vater gesagt hat, …
4. Das Einzige, worüber du dich freust, …
5. Das Schlimmste, was mir passiert ist, …
6. Vieles, wovon er träumt, …

*1. Etwas, was meine Freundin interessiert, ist Psychologie.*

## 3.16 Verbindungsadverbien der Aufzählung und Ergänzung (außerdem, ...)

### 1 Streit mit dem Nachbarn: juristische Schritte vermeiden

AB Lek. 3

**a** Lesen Sie den Text. Ersetzen Sie das jeweilige „und" in der Aufzählung durch die Verbindungsadverbien „zweitens", „außerdem", „darüber hinaus". Achten Sie auch auf die Wortstellung.

> „Mein Streit mit dem Nachbarn ist so eskaliert, dass ich einen Anwalt kontaktiert habe. Er hat mir zu einem weiteren Gespräch geraten. Dafür hat er folgende Gründe aufgezählt: Erstens ist es immer besser, das Gespräch zu suchen. Und es ist preiswerter. Und Sie müssen doch weiter mit Ihrem Nachbarn auskommen. Und ein Rechtsstreit dauert lange. Also, sprechen Sie am besten noch einmal mit Ihrem Nachbarn."

**b** Kann man die Reihenfolge der Verbindungsadverbien ändern? Wenn ja, wie?

### 2 Schon wieder Ärger mit den Nachbarn

**a** Herr Jäger will einen Beschwerdebrief an seinen Nachbarn schreiben und hat sich dazu Stichpunkte gemacht. Formulieren Sie nun ganze Sätze.

1. letzte Nacht – bis 3 Uhr morgens – laut gefeiert
2. und noch bis nach 3 Uhr – laute Musik gemacht
3. auf dem Balkon – ein Feuerwerk veranstaltet
4. vom Grillen auf Ihrem Balkon – stinkende Rauchwolken – in unser Schlafzimmer gezogen
5. beim Weggehen – Ihre Gäste – im Treppenhaus laut gesungen
6. Sie selbst – mit ziemlichem Krach – gegen 4 Uhr – Müll runtergetragen

**b** Schreiben Sie nun den Beschwerdebrief, indem Sie die Sätze 2–6 von Übungsteil a mit den folgenden Verbindungsadverbien verbinden.

| ~~außerdem~~ | darüber hinaus | schließlich | überdies | weiterhin | ferner |
|---|---|---|---|---|---|

> Sehr geehrter Herr Schulte,
> leider muss ich mich nun zum wiederholten Male bei Ihnen wegen unerfreulicher Ereignisse beschweren, die ich im Folgenden kurz aufzählen möchte: *Sie haben letzte Nacht bis 3 Uhr morgens laut gefeiert. Außerdem ...*
> Sollte sich so etwas wiederholen, werde ich mich an meinen Anwalt wenden.
> Mit freundlichen Grüßen
> Heinz Jäger

## 3.17 Zweiteilige Konnektoren (zwar – aber, entweder – oder, ...)

### 1 Eigentums- oder Mietwohnung?

AB Lek. 3
LB / AB Lek. 5

**a** Formulieren Sie die Sätze um. Verwenden Sie dabei jeweils einen zweiteiligen Konnektor.

| ~~entweder ... oder~~ | zwar ... aber | nicht nur ... sondern auch |
|---|---|---|

1. Wir haben zwei Möglichkeiten: eine Wohnung kaufen oder eine mieten.
2. Wir überlegen schon sehr lange und können uns einfach nicht entschließen.
3. Es gibt zwei Gründe dafür: die Nachteile einer Eigentumswohnung und der Bankkredit.

> *1. Wir haben zwei Möglichkeiten: Entweder wir kaufen eine Wohnung oder wir mieten eine.*

**b** Formulieren Sie die Sätze aus Übungsteil a um, indem Sie den ersten Teil der Konnektoren auf Position 1 stellen.

1. *Entweder ...* ____________________

**c** Überlegen Sie, in welchem Satz durch die Umstellung des Konnektors ein Satzteil besonders betont wird, und ergänzen Sie die folgende Regel.

> **!**
> **1.** „Zwar" und „entweder" können im *Mittelfeld* und auf Position _____ stehen.
> **2.** „Nicht nur" steht in der Regel im __________, es steht nur dann auf Position _______, wenn der folgende Satzteil besonders betont wird.

## 2 Hauskauf: Überlegungen nach der Besichtigung

Verbinden Sie die Sätze, indem Sie die Konnektoren aus Übungsteil 1a verwenden.

1. Das Haus ist alt. Und es ist sehr teuer.
2. Der Keller ist feucht. Er ist sehr niedrig.
3. Das Wohnzimmer ist sehr groß. Die Kinderzimmer sind winzig.
4. Der Verkäufer reduziert den Kaufpreis. Wir kaufen das Haus nicht.

1. *Das Haus ist nicht nur alt, sondern auch sehr teuer.*

## 3 Das hängt davon ab ...

Kapitel 3.13 Vergleichssätze

Bilden Sie aus den Stichwörtern Sätze mit „je ... desto / umso". Achten Sie dabei auch auf die Steigerungsformen der Adjektive.

1. kleines Haus – wenig Geld brauchen → *Je kleiner das Haus ist, desto / umso weniger Geld braucht man.*
2. Kaufpreis hoch – viel Provision zahlen müssen → ____________________
3. viele Wohnungen besichtigen – gut Bescheid wissen → ____________________
4. lange nachdenken – Entscheidung schwierig werden → ____________________

## 4 Stimmt beides oder ist keins von beiden richtig? – Ein Quiz

**a** Beantworten Sie die Quizfragen und benutzen Sie dabei „sowohl ... als auch" bzw. „weder ... noch". Erfinden Sie weitere Quizfragen.

1. Welche Stadt ist eine Stadt und gleichzeitig ein Bundesland? (Kiel / Hamburg)
2. Welcher deutsche Dichter hat das Drama „Faust" geschrieben? (Schiller / Brentano)
3. Welcher Fluss mündet in die Ostsee? (der Rhein / die Donau)
4. Was ist ein Stadtbewohner und etwas zum Essen? (Hamburger / Münchener)

1. *Hamburg ist sowohl eine Stadt als auch ein Bundesland.*

**b** Verbinden Sie die Sätze mit „weder ... noch". Achten Sie auf die Wortstellung.

1. Svenja sieht keine Quizshows im Fernsehen an. Sie würde auch an keiner teilnehmen.
2. Herr May wusste keine Antwort auf Frage 1. Er konnte auch Frage 2 nicht beantworten.
3. Frau Hein konnte ihren Kollegen nicht helfen. Auch ihr Chef wusste keine Antwort.
4. Die Quizsendung war nicht interessant. Sie war auch nicht gut gemacht.

1. *Svenja sieht weder Quizshows im Fernsehen an, noch würde sie an einer teilnehmen.*

## 3.18 Infinitivsätze nach Nomen, Verben oder Adjektiven

KOMMA BEI INFINITIVSÄTZEN

Vor oder nach Infinitivsätzen kann ein Komma stehen, um die Gliederung des Satzes zu verdeutlichen oder das Verständnis des Satzes zu erleichtern. Wenn sie durch ein hinweisendes Wort eingeleitet werden, muss ein Komma stehen: „Ich freue mich darauf, in Urlaub zu fahren."

### 1 Schöne, schreckliche und wichtige Ereignisse

AB Lek. 5

**a** Bilden Sie Infinitivsätze aus den Angaben in Klammern und beginnen Sie – je nach Inhalt – mit „es ist schön", „es ist schrecklich", „es ist wichtig".

1. (euch wiedersehen) → Es ist schön, euch wiederzusehen.
2. (ein Problem mit den Nachbarn besprechen) → ______
3. (einen guten Anwalt haben) → ______
4. (eine Schlägerei auf der Straße miterleben) → ______
5. (vor einer Verhandlung Smalltalk machen) → ______
6. (bei einem Seminar mit netten Leute in Kontakt kommen) → ______

**b** Bilden Sie Infinitivsätze wie im Beispiel. Beginnen Sie immer mit „Es ist …".

1. (laut werden / während der Mediation / verboten) → Es ist verboten, während der Mediation laut zu werden.
2. (haben / eine harmonische Beziehung / wichtig) → ______
3. (Konflikte / offen / ansprechen / nicht leicht) → ______
4. (Verständnis haben für / immer / den Partner / schwierig) → ______
5. (immer wieder / wiederholen / dasselbe / anstrengend) → ______
6. (beauftragen / zur Streitschlichtung / einen Mediator / möglich) → ______

**c** Schreiben Sie jetzt die Sätze aus Übungsteil b noch einmal und beginnen Sie dabei mit dem Infinitivsatz.

1. Während einer Mediation laut zu werden, ist verboten.

Wenn man mit dem Infinitivsatz beginnt, fällt das „es" weg. „Es ist schwierig, einen langen Streit zu schlichten." → „Einen langen Streit zu schlichten, ist schwierig."

### 2 Er hat immer Angst davor, kritisiert zu werden – Infinitivsätze im Passiv

Ergänzen Sie die Sätze und verwenden Sie die Elemente in Klammern.

1. Viele Menschen haben Angst davor, kritisiert zu werden. (kritisieren)
2. Aber ist es nicht noch schlimmer, ______? (nicht beachten)
3. Kritik beinhaltet auch die Möglichkeit, auf neue Ideen ______. (bringen)
4. Natürlich macht es mehr Freude, ______. (loben)
5. Aber es gibt auch das Problem, dabei ______. (belügen)

### 3 Sehr verehrter Geschäftspartner! Ich bedaure, Sie nicht gewarnt zu haben …

Formulieren Sie für einen formellen Geschäftsbrief die „dass"-Sätze in Infinitivsätze im Perfekt um.

1. Ich bedaure, dass ich Sie neulich nicht angetroffen habe. → Ich bedaure, Sie neulich nicht angetroffen zu haben.
2. Ich habe das Gefühl, dass ich Sie missverstanden habe. → ______
3. Unser Problem besteht darin, dass wir nicht rechtzeitig fertig geworden sind. → ______
4. Es war falsch, dass wir Sie nicht früher informiert haben. → ______
5. Unser Partner behauptet, dass er krank gewesen ist. → ______
6. Wir bedauern, dass wir ihm vertraut haben. → ______

## 4 Bei der Vernehmung: Man kann viel behaupten

Bilden Sie Infinitivsätze im Passiv der Vergangenheit wie im Beispiel.

1. Er ist nicht überfallen worden. Er behauptet aber, *überfallen worden zu sein*.
2. Er wurde nicht verletzt. Er besteht aber darauf, ________.
3. Er wurde im Krankenhaus untersucht. Er hat aber ausgesagt, ________.
4. Er wurde dort fotografiert. Er wiederholt aber immer wieder, ________.
5. Er wurde nicht zu einer Aussage gezwungen. Aber er gibt vor, ________.
6. Er wurde dann zu einem Polizeipsychologen geschickt. Er behauptet aber, ________.

## 5 Gemeinsamkeiten

Schauen Sie sich die Sätze der Übungen 2 bis 4 noch einmal an. Welche Gemeinsamkeiten in Bezug auf die Stellung des Infinitivs im Satz haben sie?

! *Der Infinitiv steht* ________

## 6 Ich habe ihn gebeten, mich anzurufen ...

**a** Notieren Sie, wer im Einleitungs- und Infinitivsatz etwas tut. Kreuzen Sie dann an, in welchen Sätzen sich das Subjekt bzw. die Ergänzung im Einleitungssatz und das logische Subjekt im Infinitivsatz auf dieselbe Person beziehen.

*„Ich freue mich, dich zu sehen."*
*Ich freue mich → ich = Subjekt im Einleitungssatz.*
*dich zu sehen → (ich) sehe dich = Subjekt wird nicht genannt, es ist das logische Subjekt im Infinitivsatz.*

| | Wer tut etwas? | Subjekt + log. Subjekt gleich | Ergänzung + log. Subjekt gleich |
|---|---|---|---|
| 1. Mein Bruder hat vor, ein Haus zu bauen. | *er/er* | *x* | |
| 2. Ich habe ihm geraten, viele Angebote einzuholen. | *ihm/er* | | *x* |
| 3. Er hat mich gebeten, ihm dabei zu helfen. | | | |
| 4. Ich habe ihm auch angeboten, Firmen anzurufen. | | | |
| 5. Er hat sich sehr gefreut, das zu hören. | | | |

**b** In welchen Fällen kann man Infinitivsätze bilden? Ergänzen Sie die Regel.

! Man kann nach bestimmten Verben Infinitivsätze bilden, wenn das ________ im Einleitungs- und das logische ________ im Infinitivsatz gleich sind oder wenn ________ im Einleitungssatz und das ________ ________ im Infinitivsatz sich auf dieselbe Person beziehen.

## 7 Frau Ring sinniert nach ihrem 80. Geburtstag über ihr Leben

**a** Bilden Sie Infinitivsätze und achten Sie dabei auf die jeweils passenden Infinitivformen (Infinitiv Präsens oder Perfekt, Aktiv und Passiv).

1. (schreiben / ihre Memoiren) → Frau Ring denkt daran, *ihre Memoiren zu schreiben*.
2. (in China / nie / sein) → Sie bedauert, ________.
3. (sich anmelden / zu einem Gymnastikkurs / demnächst) → Sie hat vor, ________.
4. (von den Enkelkindern / besucht werden) → Sie genießt es, ________.
5. (laufen / sehr gut / können / noch) → Sie ist froh, ________.
6. (viele Leute / zum Geburtstag / einladen) → Sie freut sich noch nachträglich, ________.

**b** Überlegen Sie, was Sie in Ihrem Leben bedauern, versäumt haben, vorhaben, ... und notieren Sie einige Sätze. Befragen Sie sich dann gegenseitig.

# 4 Das Verb

## 4.1 Modalverben – objektiver Gebrauch

### 1 Können Kinder das? – Bedeutung der Modalverben

LB / AB
Lek. 6, 8

**a** Ordnen Sie den Sätzen 1–5 die passenden Umschreibungen zu.

| | | |
|---|---|---|
| **1.** Kinder finden selbst Lösungen. | **A** Sie haben den Wunsch, das zu machen. | **1.** D |
| **2.** Kinder können selbst Lösungen finden. | **B** Man fordert sie auf, es allein zu machen. | **2.** ☐ |
| **3.** Kinder sollen selbst Lösungen finden. | **C** Sie sind fähig dazu, dass allein zu machen. | **3.** ☐ |
| **4.** Kinder dürfen selbst Lösungen finden. | **D** Sie machen das allein. | **4.** ☐ |
| **5.** Kinder wollen selbst Lösungen finden. | **E** Sie haben die Erlaubnis, das zu machen. | **5.** ☐ |

**b** Können oder dürfen? Wählen Sie den Satz mit synonymer Bedeutung.

**1.** Herr Müller hat sich das Bein gebrochen. Darum ist er nicht in der Lage zu gehen.
**a.** Herr Müller kann nicht gehen. **b.** Herr Müller darf nicht gehen.
**2.** Der Arzt sagt: „Wegen der Operation muss das Frühstück morgen ausfallen."
**a.** Er kann nichts frühstücken. **b.** Er darf nichts frühstücken.
**3.** Drei Wochen später sagt der Arzt: „Ja, ich gebe Ihnen die Erlaubnis, ohne Krücken zu gehen."
**a.** Er kann ohne Krücken gehen. **b.** Er darf ohne Krücken gehen.
**4.** Nach sechs Wochen ist er fast wieder der Alte. Er ist jetzt fähig, wieder ganz normal zu gehen.
**a.** Er kann wieder normal gehen. **b.** Er darf wieder normal gehen.

**c** Mögen, möcht- oder wollen? Setzen Sie die Modalverben aus dem Schüttelkasten ein. An manchen Stellen sind verschiedene Varianten möglich.

~~Möchtest~~ willst will
möchte mag wollte

1. „mögen + Nomen" –> etwas gern haben: „Christa mag tropische Blumen." / „Christa mochte tropische Blumen schon immer."
2. „möcht-" → höflicher oder vorsichtiger Wunsch: „Ich möchte einen Kaffee, bitte."
„wollen" wird für einen starken Wunsch benutzt: „Ich will auf jeden Fall heute noch fertig werden."
In der Vergangenheit wird nur „wollen" benutzt: Sie möchte / will ein Pferd haben. → „Sie wollte schon immer ein Pferd haben."

[1] Möchtest du noch einen Kaffee? – Nein, danke. Weißt du, ich [2] ________ deinen Kaffee eigentlich sehr, aber zuviel Kaffee ist nicht gut für mich. Früher habe ich viel Kaffee getrunken und wurde dann immer so hektisch und nervös. Und das [3] ________ ich eines Tages nicht mehr, seitdem trinke ich nur noch eine Tasse Kaffee am Tag. – Ach so! Na, ich kann dir auch einen Tee machen, wenn du [4] ________. – Nein, ich [5] ________ lieber etwas Kaltes trinken. Ich [6] ________ nämlich heute Nacht auf jeden Fall gut schlafen – morgen ist ein anstrengender Tag.

**d** Was passt: müssen oder sollen? - Kreuzen Sie die passende Variante an.

**1.** **a.** Man muss Medizin studieren, um Arzt zu werden.
**b.** Man soll Medizin studieren, um Arzt zu werden.
**2.** **a.** Medizinstudenten müssen täglich zwei Stunden lernen – zumindest raten das Professoren.
**b.** Medizinstudenten sollten täglich zwei Stunden lernen – zumindest raten das Professoren.
**3.** **a.** Ein Arzt muss gut mit Menschen umgehen können, sonst kommen die Patienten nicht zu ihm.
**b.** Ein Arzt soll gut mit Menschen umgehen können, sonst kommen die Patienten nicht zu ihm.
**4.** **a.** Bei manchen Erkrankungen muss man Medikamente nehmen, sonst wird man nicht gesund.
**b.** Bei manchen Erkrankungen soll man Medikamente nehmen, sonst wird man nicht gesund.
**5.** **a.** Trotzdem müssen Patienten von einem Arztbesuch keine Wunder erwarten.
**b.** Trotzdem sollten Patienten von einem Arztbesuch keine Wunder erwarten.

**e** Welche verschiedenen Bedeutungen drücken die Modalverben aus? Ordnen Sie zu. Die Übungsteile a-d können Ihnen helfen.

Absicht Aufforderung Autorität (schreibt es vor) Rat
Erlaubnis Erlaubnis ~~Fähigkeit~~ gern haben Möglichkeit
Notwendigkeit Verbot Wunsch Wunsch (höflich)

| wollen | sollen | müssen | dürfen / nicht dürfen | können | mögen |
|---|---|---|---|---|---|
| | | | | *Fähigkeit* | |

## 2 Darf man das nicht oder muss man das nicht? – Besonderheiten der Negation

**a** Tipps für Diäten. Streichen Sie die falsche Variante durch.

1. Wenn man eine Diät macht, ~~darf~~ / muss man geduldig und diszipliniert sein.
2. Um abzunehmen, darf / muss man nicht unbedingt weniger essen – denn auch Bewegung hilft!
3. Normalerweise darf / muss man keine Süßigkeiten essen.
4. Bier darf / muss man auch nicht trinken, denn es ist sehr kalorienreich.
5. Aber auf seinen Morgenkaffee darf / muss man nicht verzichten.

**b** Welche Bedeutung haben die Modalverben? Notieren Sie, ob sie ein Verbot (V) bzw. eine Empfehlung (E) beinhalten oder ausdrücken, ob etwas nicht notwendig ist (n).

1. In Restaurants darf man nicht rauchen. *V*
2. Den Mantel muss man nicht an der Garderobe abgeben. ______
3. Man sollte nicht früher als die anderen zu essen beginnen. ______
4. Man darf nicht gehen, ohne zu bezahlen. ______
5. Beim Bezahlen sollte man das Trinkgeld nicht vergessen. ______

**c** Formulieren Sie die Sätze um und verwenden Sie „nicht müssen" bzw. „nicht brauchen zu", „nicht dürfen" und „nicht sollen".

*Statt „nicht müssen + Infinitiv" kann man auch „nicht brauchen + zu + Infinitiv" verwenden. Beispiel: „Du musst dich nicht beeilen." = „Du brauchst dich nicht zu beeilen." Und in der gesprochenen Sprache / Umgangssprache hört man oft: brauchen + Infinitiv (ohne zu). Beispiel: „Du brauchst dich nicht beeilen."*

1. Um gut gelaunt zu sein, ist es nicht nötig, Alkohol zu trinken.
→ *Um gut gelaunt zu sein, braucht man keinen Alkohol zu trinken.*
2. Bei einer privaten Einladung ist es nicht immer nötig, ein Geschenk mitzubringen.
→ ______.
3. Für Jugendliche unter 16 Jahren ist es verboten, Alkohol zu trinken.
→ ______.
4. Es ist nicht ratsam, in den Räumen zu rauchen, ohne um Erlaubnis zu fragen.
→ ______.
5. Für Gäste ist es nicht notwendig, die Schuhe auszuziehen.
→ ______.
6. Es ist nicht empfehlenswert, die Essensgewohnheiten der Gäste zu übergehen.
→ ______.

*Mit Modalverben klingen Bitten und Wünsche freundlicher, mit dem Konjunktiv II noch höflicher.*
*In Fragen mit „Soll ich...?" erkundigt man sich danach, ob der andere möchte, dass man etwas tut.*

## 3 Höfliche Bitten und Wünsche

Kapitel 4.10 Konjunktiv II

**a** Formulieren Sie die Bitten höflicher, indem Sie Modalverben – auch im Konjunktiv II – verwenden.

1. Brauchst du Hilfe? *Kann ich dir helfen?*
2. Kommst du bitte zu mir? *Könntest du ...*
3. Gib mir bitte die Butter! ______
4. Rufst du bitte im Geschäft zurück? ______

**b** Sie erkundigen sich danach, was jemand möchte. Verkürzen Sie die Sätze mit „sollen".

1. Möchtest du, dass ich in der Firma anrufe? *Soll ich in der Firma anrufen?*
2. Möchtest du, dass ich etwas zum Essen mitbringe? ______
3. Möchten Sie, dass ich den Chef frage? ______
4. Möchtest du, dass ich das mache? ______

## 4 Können Sie das anders sagen?

Formulieren Sie die Sätze um und verwenden Sie dabei das passende Modalverb.

1. Ich habe vor, mich auf eine andere Stelle zu bewerben.
   → *Ich will mich auf eine andere Stelle bewerben.*
2. Alle raten mir, selber ein Stellengesuch in einer Zeitung zu inserieren.
   → *Ich sollte*
3. Ich habe auch die Möglichkeit, Blindbewerbungen an Firmen zu schicken.
   → *Ich ...*
4. Außerdem ist es notwendig, die Bewerbungsunterlagen perfekt zu gestalten.
   → *Man ...*
5. Ich weiß nicht, ob ich in der Lage bin, ein Anschreiben zu verfassen.
   → *Ich weiß nicht, ob ich ...*
6. Meine Freundin hat mir gesagt: „Bitte einen Bewerbungsprofi um Hilfe."
   → *Ich ...*
7. Es wäre außerdem ratsam, die Bewerbungsfotos in einem Studio machen zu lassen.
   → *Man ...*

## 5 Modalverben ohne Infinitiv

Wo können die Modalverben allein stehen? Streichen Sie das Verb im Infinitiv, wo es möglich ist.

1. Du musst heute ganz früh zur Schule ~~gehen~~.
2. Aber ich mag heute nicht in die Schule gehen.
3. Wir möchten im Unterricht nicht so viel arbeiten.
4. Wir müssen noch ein neues Lied lernen.
5. Nur sie kann gut Spanisch sprechen.
6. Ich kann heute kommen.
7. Er will heute zum Sport fahren.
8. Sie muss noch üben.
9. Ich kann das Stück nicht spielen.
10. Sie möchten einen anderen Lehrer haben.

*Modalverben können oft auch allein stehen. Der Infinitiv fällt weg, die Bedeutung bleibt implizit vorhanden.*
*Beispiel: „Sie will einen neuen Job (haben)." / „Ich kann Englisch (sprechen)."*
*Das geschieht, wenn die Bedeutung auch ohne Verb aus dem Kontext klar wird, wie bei Beispielen mit „fahren", „gehen" oder „kommen": „Er will heute noch in die Stadt."*

## 4.2 Modalverben – subjektiver Gebrauch

Die Modalverben „sollen" und „wollen" machen deutlich, dass der Sprecher nur etwas Gehörtes/Gelesen wiedergibt. Bei „sollen" gibt der Sprecher ein Gerücht weiter, bei „wollen" die Behauptungen von jemandem.

### 1 Susanas Ehering ist verschwunden und ihr Mann spekuliert

LB / AB Lek. 7, 9

Kapitel 4.10 Konjunktiv II

**a** Ordnen Sie zu, welche Bedeutung die Modalverben in den folgenden Sätzen haben.

| | | | | |
|---|---|---|---|---|
| **1.** Gestern soll sie den Ring noch gehabt haben – zumindest sagt Evelyn das. | **A** | Sprecher/in ist überzeugt, dass es nicht möglich ist. | **1.** | E |
| **2.** Susana will allein im Kino gewesen sein. | **B** | Sprecher/in hält es für vorstellbar. | **2.** | ☐ |
| **3.** Evelyn muss irgendetwas wissen, sie war als einzige nicht überrascht. | **C** | Sprecher/in hält es für wahrscheinlich. | **3.** | ☐ |
| **4.** Carmen hat sie lange nicht getroffen, also kann sie es nicht gewesen sein. | **D** | Sprecher/in nimmt es stark an. | **4.** | ☐ |
| **5.** So wie ich Susana kenne, dürfte sie wieder den Unschuldsengel spielen. | **E** | Sprecher/in hat ein Gerücht gehört und gibt es weiter. | **5.** | ☐ |
| **6.** Das mag ja alles stimmen, aber wo ist ihr Ehering? | **F** | Behauptung, die Sprecher/in nicht glaubt. | **6.** | ☐ |
| **7.** Der Ring mag so um 1000 Euro wert sein. | **G** | Sprecher/in hält es für möglich, ist aber anderer Meinung. | **7.** | ☐ |
| **8.** Sie könnte den Ring auch verloren haben. | **H** | Sprecher/in schätzt etwas. | **8.** | ☐ |

**b** Setzen Sie das jeweils passende Modalverb aus dem Schüttelkasten ein.

dürfte kann mag muss muss soll soll ~~will~~ will

**Peter:** Gestern hat mir Thomas etwas Unglaubliches erzählt. Stell dir vor, er [1] *will* letztes Jahr einen Bankräuber gefangen haben.
**Carlos:** Was? Das [2] ______ nicht wahr sein! Thomas fürchtet sich doch schon vor einer Maus.
**Peter:** Ja, vielleicht. Aber diese Geschichte [3] ______ stimmen, denn lügen konnte er noch nie.
**Carlos:** Ich bin beeindruckt – dann [4] ______ er ja mutiger sein, als wir glauben!
**Peter:** Ja, das [5] ______ schon sein – trotzdem bleibt er ein Angsthase. Susi kannte den Vorfall schon und hat mir am Abend erzählt, wie die Geschichte in der Zeitung stand. Der Räuber [6] ______ nämlich ein alter Mann ohne Waffe gewesen sein. Thomas [7] ______ zwar nicht gemerkt haben, dass er keine Waffe hatte, aber Susi meint, dass er das schon gesehen haben [8] ______. Außerdem [9] ______ die Polizei schon da gewesen sein.
**Carlos:** Na, dann ist ja alles klar. Unter diesen Bedingungen kann Thomas ja auch mutig sein!

### 2 Anders gesagt

**Subjektive Einschätzungen kann man auch anders ausdrücken. Kreuzen Sie die richtige Entsprechung an.**

„werden" kann wie ein Modalverb gebraucht werden und hat dann immer eine subjektive Bedeutung. Der Sprecher vermutet oder schlussfolgert etwas. Beispiel: „Er wird die Aufgaben wohl noch machen oder er wird sie schon gemacht haben."

1. Peter Bichsel dürfte ein guter Menschenkenner sein.
   - ~~a.~~ Er ist wahrscheinlich ein guter Menschenkenner.
   - **b.** Er ist vielleicht ein guter Menschenkenner.
2. Er muss ein bekannter Schriftsteller sein.
   - **a.** Er ist vermutlich ein bekannter Schriftsteller.
   - **b.** Er ist bestimmt ein bekannter Schriftsteller.
3. Bichsel wird nicht nur Schweizer Leser haben.
   - **a.** Er hat sicher nicht nur Schweizer Leser.
   - **b.** Er hat wahrscheinlich nicht nur Schweizer Leser.
4. Seine Bücher können auch zum Schulkanon gehören.
   - **a.** Sie gehören möglicherweise zum Schulkanon.
   - **b.** Sie gehören bestimmt zum Schulkanon.

## 3 (Un)glückliche Beziehungen – Perfekt der Modalverben

**a** Lesen Sie den Forumsbeitrag und markieren Sie die Perfektformen der Modalverben. Unterscheiden Sie dabei zwischen objektivem und subjektivem Gebrauch, indem Sie mit zwei Farben markieren.

*Neunmalklug | 4.10 | 15:08*

… Irgendwie kann meine Tante nichts gewusst haben, sonst wäre sie nicht so misstrauisch gewesen. Ihr Mann Karl war auch schon früher oft ausgegangen, weil sie sich das zum Glück haben leisten können. Manchmal hat sie früher auch mitgehen dürfen (dürfen! – ihr habt schon richtig gelesen, er war sehr dominant in der Beziehung), doch seit einiger Zeit hat Karl sie nicht mehr mitgenommen. Sein Verhalten ist immer eigenartiger geworden. Eines Tages hat sie es nicht mehr aushalten können – und folgte ihm, obwohl es für sie eine schwere Entscheidung gewesen sein dürfte, die sie zum Glück nicht bereuen musste. Denn es stellte sich heraus, dass seine Firma Probleme hatte, von denen er ihr nicht hatte erzählen wollen. Seit Monaten arbeitete er abends noch bei einem Freund, um Geld für seine Familie zu verdienen! Jetzt waren sie zwar arm, aber endlich wieder glücklich! „Das kann doch nicht alles gewesen sein!", werdet ihr sicher denken. Nun, war es auch nicht – aber wie es weitergegangen ist, berichte ich euch nächste Woche …

**b** Tragen Sie die markierten Elemente in die Tabelle ein. Unterscheiden Sie dabei nach Modalverben im objektiven und subjektiven Gebrauch und nach der Verwendung im Haupt- oder Nebensatz.

| **HS objektiver Gebrauch:** | **HS subjektiver Gebrauch:** |
|---|---|
| | *kann … gewusst haben, …* |
| **NS objektiver Gebrauch:** | **NS subjektiver Gebrauch:** |
| *… sich … haben leisten können, …* | |

**c** Formulieren Sie die Sätze im Perfekt. Achten Sie darauf, ob das Modalverb subjektive oder objektive Bedeutung hat.

1. Lars und Monica müssen vieles durchmachen.
2. Monica kann Lars nicht mehr vertrauen.
3. Seine Liebeserklärungen dürften ihre Zweifel nicht ausräumen.
4. Monica kann aber auch nicht ganz unschuldig sein.
5. Bei so einer Beziehungskrise müssen beide beteiligt sein.
6. Und einen Ausweg können sie auch nur zusammen finden.

*1. Lars und Monica haben vieles durchmachen müssen.*

## 4 Modalverben-Mix

Ben Brinkmann erzählt Marie von seinem erfolgreichen Leben. Marie glaubt ihm nicht und erzählt einer Freundin von Bens Schilderung. Sie drückt ihre Zweifel mit „sollen" und „wollen" aus. Ergänzen Sie Maries Erzählung.

Ben Brinkmann: „Schon als Jugendlicher war ich ein erfolgreicher Sportler. Mit 12 Jahren habe ich mein erstes Turnier gewonnen – damals gab es nicht viele Segler in meinem Alter. Der Konkurrenzkampf ist in den letzten Jahren sehr hart geworden, trotzdem gewinne ich noch immer die meisten Turniere. Mit meiner Firma für Segelkleidung bin ich reich geworden, deswegen spende ich das Preisgeld der Turniere. Arme Familien mit Kindern bekommen die Spenden, damit auch sie sich Sport leisten können. Neulich stand ein Artikel über mich in der Zeitung."

*Marie: „Also, ich glaube, Ben hat ordentlich übertrieben! Er will schon als Jugendlicher ein erfolgreicher Sportler gewesen sein. Mit 12 Jahren …*

## 5 Wie ist Ihre Einschätzung?

**Kommentieren Sie die Thesen und verwenden Sie dazu Modalverben in subjektiver Bedeutung. Begründen Sie Ihre Kommentierung mit den Angaben in Klammern oder finden Sie eigene Begründungen.**

1. Wenn man älter als 20 ist, lernt man keine Fremdsprache mehr gut. (viele Gegenbeispiele)
2. Für Holländer ist es relativ leicht, Deutsch zu lernen. (Holländisch ähnlich)
3. Mit Fremdsprachenkenntnissen hat man beruflich bessere Chancen. (Globalisierung)
4. In der Schule lernen Kinder viel Nutzloses. (aber auch viel Nützliches)
5. Heute sind die Lehrer viel toleranter als früher. (Schulpädagogik hat sich stark geändert)
6. Die ersten Schuljahre prägen einen Menschen für das ganze Leben. (wichtige Lernphase)

1. *Das dürfte nicht stimmen, denn ich kenne viele Gegenbeispiele. Es mag ja zutreffen, dass man nicht so schnell Fremdsprachen lernt, aber lernen kann man sie in jedem Alter.*

## 4.3 Verben mit einfachem Infinitiv (Ich höre sie singen.)

## 1 Er sah die Sonne aufgehen ...

AB Lek. 8

**a** **Lesen Sie den Text. Achten Sie auf die grammatische Struktur der markierten Verben im Satz – was haben sie gemeinsam?**

Als er früh am Morgen aufwachte, hörte er die Vögel singen und sah die Sonne aufgehen. Er blieb noch zehn Minuten liegen und dachte über den kommenden Tag nach: Zuerst würde er arbeiten gehen, dann am Nachmittag einkaufen fahren und am Abend würde er sich von seiner Mutter bekochen lassen. Aber bei den Gedanken an diese Routine spürte er Langweile in sich aufkommen. War dies das Leben, von dem er immer geträumt hatte? Nein, bestimmt nicht. „Ab heute wird alles anders", sagte er laut zu sich selbst – und beschloss, sich endlich selbstständig zu machen. Er kündigte seine Arbeit. Sein Chef hatte dies schon lange kommen sehen. In den nächsten Wochen hat er sich eine Werkstatt einrichten lassen und sich dann ganz auf seine Erfindungen konzentriert. Schon nach zwei Monaten meldete er sein erstes Patent an – auch wenn er dabei zuerst einmal die Bürokratie fürchten gelernt hat.

**b** **Ergänzen Sie die Regeln für Verben mit einfachem Infinitiv.**

!
1. Einige Verben können einen einfachen Infinitiv nach sich haben, z. B. die Verben der sinnlichen Wahrnehmung, wie z. B. ______, ______, ______ und das Verb „lassen". Das ______ hat dann einen doppelten Infinitiv wie bei den Modalverben.
2. Bei den Verben „bleiben"/„gehen"/„fahren"/„lernen" verwendet man ebenfalls einen einfachen Infinitiv. Aber das Perfekt wird mit dem ______ gebildet.

**c** **Naturwahrnehmung. Ergänzen Sie die Sätze mit den Verben aus dem Schüttelkasten.**

brüllen hupen klettern kommen sammeln ~~trinken~~ wachsen zittern

1. Auf der Exkursion sehen die Biologen viele Tiere am Fluss *trinken*.
2. Sie sehen auch Affen auf die Bäume ______.
3. Plötzlich spüren sie den Boden ______.
4. Sie fühlen eine Elefantenherde näher ______.
5. Schließlich hören sie auch mehrere Löwen ______.
6. Da spüren sie die Angst in sich ______.
7. Dann hören sie endlich die Jeeps ______.
8. Wenn sie das nächste Mal Material ______ fahren, dann bleiben sie bei den Jeeps!

## 2 Eine Fernbeziehung

Schreiben Sie aus den Elementen Sätze im Perfekt.

1. fahren / arbeiten / Bettina / nach Italien
2. hören / sprechen / sie / alle / den ganzen Tag / Italienisch
3. lernen / übersetzen / und / dolmetschen / sie / sogar
4. sehen / kommen / ihr Freund / die Probleme einer Fernbeziehung
5. spüren / wachsen / beide / den Wunsch nach einer gemeinsamen Zukunft
6. lassen / sich versetzen / er / im Sommer / nach Rom

1. *Bettina ist nach Italien arbeiten gefahren.*

## 3 Das lasse ich lieber machen

**a** Was machen Sie selbst? Was lassen Sie machen?

1. Auto reparieren
2. Wände streichen
3. Menü für Freunde kochen
4. Reise planen
5. Rede schreiben
6. Frühjahrsputz machen

1. *Mein Auto lasse ich in der Werkstatt reparieren. / Mein Auto repariere ich selbst.*

**b** Formulieren Sie die Sätze aus Übungsteil a im Perfekt. Nennen Sie fünf weitere Dinge.

1. *Das Auto habe ich schon reparieren lassen. / Mein Auto habe ich selbst repariert.*

## 4.4 Präsens

## 1 Erfolgreicher Unternehmer

AB Lek. 11

**a** Lesen Sie den Text und markieren Sie alle Verben im Präsens.

Harun H. ist stolz – sein Geschäft für Elektroartikel schreibt schon nach vier Monaten schwarze Zahlen. Derzeit arbeiten drei Angestellte für ihn, im nächsten Monat fängt eine weitere Verkäuferin an. Schon jetzt gilt er als cleverer Geschäftsmann, den so mancher beneidet. Er staunt noch selbst darüber, wie es zu diesem großen Erfolg kam. „Vielleicht war es einfach nur der richtige Ort und die richtige Zeit. Am Tag der Eröffnung kamen viele Freunde und schon unsere erste Verkaufsaktion überzeugte viele Interessenten. Mittlerweile habe ich viele Stammkunden, die wiederum in ihrem Bekanntenkreis Werbung machen. Mit unseren nächsten Aktionen gewinnen wir sicher noch mehr Kunden. Der Laden läuft – und das finde ich großartig!"

**b** Für welche Zeiten wird das Präsens verwendet? Tragen Sie die Verben aus Übungsteil a ein.

| Gegenwart: | *ist, ...* | Zukunft: | *fängt ... an, ...* |
|---|---|---|---|

**c** Legen Sie eine Tabelle wie im Beispiel an. Ergänzen Sie sie mit den Verben aus Übungsteil a.

| | regelmäßig | Verbstamm auf d/t | Verbstamm auf -el | Vokalwechsel e-ie/i | Vokalwechsel a-ä/au-äu; | unregelmäßig |
|---|---|---|---|---|---|---|
| **Infinitiv** | *kommen,...* | *warten,...* | | | | |
| **ich** | komme | warte | sammle | lese | fahre | bin |
| **du** | | | | | | |
| **er / sie / es** | | | | | | ist |
| **ihr** | | | | | | |
| **wir / sie** | | | | | | |

**d** Ordnen Sie die Verben aus dem Schüttelkasten in die Tabelle 1c ein.

bitten   bleiben   essen   geben   gefallen   halten   laden   nehmen   raten   rechnen
hoppeln   sprechen   stehen   senden   treffen   tun   waschen   zappeln   ziehen

## 2 Ich kann nicht – ich bin am Essen

In der gesprochenen Sprache verwendet man häufiger die Konstruktion „am + Infinitiv", um auszudrücken: Diese Aktivität führe ich gerade aus. Beispiel: „Ich bin am Essen." = „Ich esse gerade."

Niemand kann oder will Vater helfen. Ergänzen Sie die Antworten der Personen.

1. Seine Mutter: Ich kann nicht, ich (kochen) bin gerade am Kochen.
2. Seine Frau: Ich kann nicht, ich (telefonieren) ______________________.
3. Seine Tochter: Tut mir leid, ich (lernen) ______________________.
4. Sein Sohn: Ich kann auch nicht, ich (arbeiten) ______________________.
5. Die Jüngste: Und ich will nicht. Ich (spielen) ______________________.

## 3 Modalverben im Präsens

Ergänzen Sie den folgenden Satz.

**!** Wenn Sie das Präsens der Modalverben üben möchten, ______________ Sie in Kapitel 4.1 und 4.2 nachschauen.

## 4 Trennbar oder nicht?

Bei trennbaren Verben ist das Präfix betont, bei nicht-trennbaren Verben ist das Präfix unbetont.

**a** Ordnen Sie die Verben mit Präfixen aus dem Schüttelkasten in die Tabelle ein.

~~absagen~~   reinfahren   entlaufen   aussuchen   ~~bedenken~~   einfallen
empfehlen   aufpassen   zerreißen   rauskommen   hingehen   losfahren
wegwerfen   zurückkehren   herkommen   anfangen   verkaufen
vorbereiten   misslingen   erlauben   zustimmen   mitnehmen

| Verben mit trennbaren Präfixen | Verben mit nicht-trennbaren Präfixen |
|---|---|
| absagen, ... | bedenken, ... |

**b** Bilden Sie Sätze im Präsens aus den angegebenen Elementen. Achten Sie dabei darauf, ob es sich um trennbare oder nicht-trennbaren Verben handelt.

1. der sentimentale Herr Kurz / Fotos / aus seiner Kindheit / oft / sich ansehen
2. er / an alle Personen / immer noch / sich erinnern
3. seine Eltern / bei seinen Träumereien / gern / mitmachen
4. seine Schwester / seine Gefühle / nicht / verstehen / aber
5. sie / die Erinnerungen / als reine Nostalgie / empfinden
6. sie / deswegen / Gespräche über die Vergangenheit / ablehnen
7. Herrn Kurz / dagegen / viele schöne Momente / immer wieder / einfallen
8. er / bei seinen Eltern / für seine glückliche Kindheit / sich bedanken

1. Der sentimentalte Herr Kurz sieht sich oft die Fotos aus seiner Kindheit an.

## 4.5 Perfekt

### 1 Und was hast du gemacht?

AB Lek. 11

Lesen Sie die drei Texte. Ergänzen Sie dann die Regeln zum Gebrauch des Perfekts.

**Anna:** Und, was hast du gestern gemacht?
**Andi:** Ach, ich bin gestern vier Stunden Fahrrad gefahren und habe dann Freunde im Biergarten getroffen.

**Benzin noch teurer**
Die Benzinpreise sind erneut gestiegen. Der hohe Ölpreis hat auch zu einer Verteuerung des Heizöls geführt.

An: Julia.Sonntag@d-online.de
Betreff: Jugendliebe
Hallo Julia, stell dir mal vor, wen ich gestern gesehen habe: deine alte Jugendliebe René ...

!
1. Das Perfekt wird vor allem mündlich für Ereignisse in der ____________ benutzt, die noch nicht lange zurückliegen bzw. in die Gegenwart hineinreichen.
2. Das Perfekt wird auch in Diskussionen, ____________ und Analysen, sowie persönlichen Texten, wie z. B. Briefen oder ____________ benutzt.
3. Das Perfekt wird mit einer konjugierten Form von ____________ oder „sein" und dem ____________ gebildet.

### 2 René hat heute frei – Regelmäßige und unregelmäßige Partizipien

**a** Lesen Sie, was René an seinem freien Tag plant, und markieren Sie alle Verben.

René: „Ich gehe heute nicht zur Arbeit. Ich schlafe bis 11 Uhr, dann frühstücke ich lang und lese die ganze Zeitung. Mittags esse ich im besten Restaurant der Stadt und trinke Champagner. Nach dem Mittagessen fahre ich mit dem Fahrrad zum See und schwimme dort in aller Ruhe. Am Nachmittag miete ich mir noch ein Ruderboot und rudere zum Café auf der anderen Seite. Dort esse ich ein Stück Torte und kaufe ein Brötchen, das ich den Enten gebe. Ich radle zurück in die Stadt und sehe abends einen Klassiker im Kino. Danach spaziere ich durch die Altstadt und mache es mir schließlich zu Hause mit einem Buch gemütlich."

**b** René erzählt von seinem freien Tag. Geben Sie den Text aus Übungsteil a im Perfekt wieder.

*„Also, gestern habe ich mich mal so richtig erholt: Ich bin nicht zur Arbeit gegangen ... .*

**c** Ordnen Sie die Partizipien der Verben aus Übungsteil 2a in die Tabelle ein.

| Regelmäßige Verben | Unregelmäßige Verben |
|---|---|
| -ge + Verbstamm + t („gemacht")<br>-ge + V mit Endung d/t + et („gearbeitet") | -ge + V (oft Vokalwechsel) + en („geholfen")<br>-bei Verben auf -ieren: V + t („funktioniert") |
| | *gehen – gegangen, ...* |

**d** Lesen Sie die E-Mail und ergänzen Sie die Partizipien.

bekommen erinnern ~~erkennen~~
erzählen zukommen hochsteigen
umziehen verlieben zunehmen

*Bei Verben mit trennbarem Präfix wird das Perfekt mit -ge- + der Partizipendung -t/-et oder -en (eingekauft, abgewartet, angekommen) gebildet.*
*Die Verben mit nicht-trennbaren Präfix bilden das Partizip ohne ge-(erzählt, bekommen).*

Hallo Julia,
stell dir mal vor, wen ich gestern gesehen habe: deine alte Jugendliebe René. Ich habe ihn fast nicht [1] *erkannt*, denn er hat ziemlich [2] ________. Aber er ist auf mich [3] ________ und hat mir viel über sich [4] ________: Nach der Schule ist er nach Bremen [5] ________, um Architektur zu studieren. Dort hat er sich in eine Finnin [6] ________ und sie haben geheiratet. Sie haben fünf Kinder [7] ________ und er ist die Karriereleiter [8] ________ – er leitet jetzt sein eigenes Architekturbüro! An dich hat er sich auch noch [9] ________ und lässt dir viele Grüße ausrichten.... Bis bald, Barbara

## 3 Perfekt mit „haben“ oder „sein“

René mailt seiner Jugendliebe Julia. Ergänzen Sie in der folgenden Mail die entsprechende Form von „haben“ oder „sein“.

*Das Perfekt mit „sein“ bilden: Verben der Ortsveränderung, der Zustandsveränderung oder des Geschehens; außerdem: „sein“ und „bleiben“ („ich bin gewesen / geblieben“).*

Liebe Julia,
du bist sicher überrascht, von mir eine Mail zu bekommen! Ich [1] *habe* letzte Woche zufällig Barbara getroffen und sie [2] ________ mir deine E-Mail-Adresse gegeben. Vielleicht [3] ________ sie dir schon davon erzählt. Ich wollte mich eigentlich immer bei dir melden, aber daraus [4] ________ irgendwie nie etwas geworden: Studium, Arbeit, Familie … Hier ein kurzes „Update“ für dich: Wie du dich vielleicht erinnern kannst, [5] ________ ich für mein Studium nach Bremen gezogen – und da [6] ________ sich dann vieles für mich verändert. Ich [7] ________ meine heutige Frau, Riikka, kennengelernt. Wir [8] ________ geheiratet und fünf Kinder bekommen. In meinem Job [9] ________ ich auch viel erreicht: Vor einem Jahr [10] ________ ich hier in Bremen mein eigener Chef geworden. Ich [11] ________ nämlich ein eigenes Architekturbüro aufgemacht. Ich bin sehr glücklich, denn es [12] ________ viel Schönes passiert in meinem Leben. Ich würde mich sehr freuen, etwas von dir zu hören.
René

### 4.6 Präteritum

## 1 Vergangenheitsformen

AB Lek. 11

**a** Markieren Sie in beiden Texten die Perfekt- und Präteritumformen.

**Text 1: Maria erzählt einer Kollegin:**
„Am Wochenende war ich bei einer Freundin zu Besuch. Ich bin mit dem Zug gefahren und auf der Hinfahrt hat auch alles gut geklappt. Aber auf der Rückfahrt hatten wir dann Glück im Unglück. Der Zug hat plötzlich gebremst und ist auf freier Strecke stehen geblieben. Ein anderer Zug kam uns entgegen – es hätte ein Riesenunglück geben können. Aber zum Glück haben die Zugführer schnell reagiert und so sind wir alle mit einem Schrecken davongekommen. Wir mussten dann zwar noch umsteigen, aber das hat keinen gestört.“

**Text 2: Bericht**
Gestern um 18.15 fuhr auf der Strecke Bonn-Koblenz der IC 64 Richtung Süden. Auf dem einspurigen Abschnitt ca. 50 km vor Koblenz kam ihm der IC 63 aus München entgegen. Grund für diese Situation war ein defektes Signal in Koblenz. Die Zentrale bemerkte den Defekt rechtzeitig und warnte die Zugführer durch einen Notruf. Beide bremsten umgehend und kamen rechtzeitig zum Stehen. So konnte ein größeres Unglück verhindert werden.

**b** Lesen Sie die Texte noch einmal und ergänzen Sie dann die Regeln.

!
1. Das Perfekt verwendet man vor allem ________ für Ereignisse in der Vergangenheit, das Präteritum ________. (In Mittel- und Norddeutschland und in offizielleren Situationen wird das Präteritum auch häufig bei mündlichen Erzählungen verwendet.)
2. Einige frequente Verben (z. B. „sein“, „haben“, „kommen“, „denken“, Modalverben) werden auch mündlich überwiegend im ________ benutzt.
3. Das Präteritum der Modalverben wird regelmäßig gebildet. Bei „können“, „müssen“, „dürfen“ und „mögen“ wird die Präteritumform ________ Umlaut gebildet.

**c** Ordnen Sie die Verben im Präteritum aus Übungsteil a in die Tabelle ein. Notieren Sie den Infinitiv und die Präteritumform.

| regelmäßige Verben | unregelmäßige Verben | Verben mit trennbarem Präfix | Verben mit nicht-trennbarem Präfix | Modalverben |
|---|---|---|---|---|
| | *sein – war* | | | |

## 2 Die Ameisen und der Grashüpfer

**a** Präteritum oder Infinitiv? Notieren Sie für die angegebenen Verben die fehlende Form.

| | | |
|---|---|---|
| **1.** antworten – *antwortete* | **8.** sitzen – ____ | **15.** zuschauen– ____ |
| **2.** ____ – arbeitete | **9.** ____ – sang | **16.** sammeln – ____ |
| **3.** ____ – bettelte | **10.** kommen – ____ | **17.** haben – ____ |
| **4.** fragen – ____ | **11.** trocknen – ____ | **18.** wünschen – ____ |
| **5.** ____ – war | **12.** ____ – trug | **19.** ____ – ging zurück |
| **6.** ____ – legte | **13.** kriechen – ____ | **20.** sagen – ____ |
| **7.** bauen – ____ | **14.** abgeben – ____ | **21.** auslachen – ____ |

**b** Ergänzen Sie nun den Text der Fabel „Die Ameisen und der Grashüpfer" mit den Verben aus Übungsteil a. Verwenden Sie dabei jeweils die entsprechende Form im Präteritum.

Den ganzen Sommer über [1] *waren* die Ameisen fleißig. Sie [2] ____ den ganzen Tag bis zum Sonnenuntergang. Sie [3] ____ ihre Nester, [4] ____ ihre Eier und [5] ____ Vorräte für den Winter. Den ganzen Sommer über [6] ____ ein Grashüpfer im Gras. Er [7] ____ ganz lange viele Lieder vor sich hin und [8a] ____ den fleißigen Ameisen bei der Arbeit [8b] ____. Dann [9] ____ der Herbst. Die Ameisen [10] ____ all die Samen, die sie im Sommer gesammelt hatten, und [11] ____ sie zu ihrem Nest. Dann kam der Winter. Ganz schwach vor Hunger [12] ____ der Grashüpfer zu den Ameisen und [13] ____: „Gebt doch einem armen Grashüpfer ein bisschen von eurem Essen ab!" Die Ameisen aber [14] ____ den Grashüpfer: „Warum hast du im Sommer nicht selbst Vorräte für den Winter angelegt?" Der Grashüpfer [15] ____: „Ich [16] ____ doch gar keine Zeit, ich musste doch singen." Aber die Ameisen [17a] ____ ihn [17b] ____ und [18a] ____ ihm nichts von ihren Vorräten [18b] ____. Sie [19] ____: „Wer im Sommer nur Lieder singt, statt Vorräte zu sammeln, der muss im Winter hungern, statt zu essen." Sie [20] ____ ihm noch einen schönen Tag und [21a] ____ wieder [21b] ____ an die Arbeit.

## 3 Eine beeindruckende Persönlichkeit

**a** Lesen Sie den Text über Karlheinz Böhm und markieren Sie die Verbformen.

Karlheinz Böhm wurde als Schauspieler durch die 1955 bis 1957 gedrehten „Sissi"-Filme weltweit berühmt. Er spielte in 45 Kinofilmen mit und machte sich auch auf der Theaterbühne einen Namen.

Zu einer Wende in seinem Leben kommt es 1981 durch eine Wette. Bei der populären Familienshow „Wetten, dass …?" wettet er, dass weniger als jeder dritte Zuschauer eine Mark für Menschen in der afrikanischen Sahelzone spenden würde. Karlheinz Böhm gewinnt die Wette und fliegt trotzdem mit 1,2 Mio. DM im Oktober 1981 nach Äthiopien. Mit dem Geld leistete er dort Entwicklungshilfe und half den Einheimischen direkt. Am 13. November 1981 gründete er dann in Deutschland die Hilfsorganisation „Menschen für Menschen", die sich seitdem für die Verbesserung der Lebensverhältnisse in Äthiopien einsetzt.

**b** Schauen Sie sich die Sätze, in denen das Präsens verwendet wird, genauer an. Was fällt Ihnen auf? Besprechen Sie die Ergebnisse ggf. im Kurs oder schauen Sie im Lösungsschlüssel nach.

## 4.7 Plusquamperfekt

### 1 Was passierte davor?

LB Lek. 6
AB Lek. 11

**a** Lesen Sie die Sätze und unterstreichen Sie die Handlung, die vor einer anderen Handlung stattgefunden hat.

1. Paul Wünsch zog mit 30 nach Berlin. Vorher hatte er in Göttingen Physik studiert.
2. Er hatte seine Dissertation gerade fertig gestellt, als er eine Stelle an der Uni bekam.
3. Mit 40 wurde er Professor in Regensburg. Davor hatte er schon oft die Stelle gewechselt.
4. 10 Jahre später bekam er eine Stelle, von der er oft geträumt hatte.
5. Als er mit 65 Jahren emeritiert wurde, war er zufrieden – er hatte beruflich viel erreicht.
6. Nun konnte er sich seinen Hobbys widmen, für die er früher keine Zeit gehabt hatte.

**b** Lesen Sie die Sätze noch einmal und schauen Sie sich die Verbformen an. Ergänzen Sie dann die Regeln.

!
1. Das Plusquamperfekt wird mit einer Form von „haben" oder „sein" im ______________ („hatte"/„war") + ______________ gebildet.
2. Das Plusquamperfekt wird benutzt, wenn ein Ereignis __________ einem anderen Ereignis in der ______________ stattfindet.

**c** Ergänzen Sie die Sätze. Verwenden Sie dabei das Plusquamperfekt.

1. Als der Deutschkurs zu Ende war, (viel Neues / lernen) *hatte ich viel Neues gelernt*.
2. Als ich ins Büro kam, (mein Chef / mich / suchen / schon) ______________.
3. Als ich aus dem Fenster blickte, (der Regen / aufgehört) ______________.
4. (Bus / abfahren / gerade) ______________, als ich zur Haltestelle kam.
5. Ich war abends sehr müde, weil (so viel arbeiten) ______________.
6. Aber es ging mir gut, weil (zu Fuß / nach Hause / laufen / ich) ______________.

### 2 Vorher – nachher

Kapitel 3.5
Temporale Nebensätze und Angaben

Lesen Sie die Sätze und überlegen Sie, was vorher und was danach passiert ist. Verbinden Sie nun die Sätze und verwenden Sie „nachdem" oder „als". Formulieren Sie die Sätze, die die Vorzeitigkeit ausdrücken, im Plusquamperfekt.

*„Nachdem" und „als" können als temporale Konnektoren zum Ausdruck von Vorzeitigkeit verwendet werden. Sie leiten einen Nebensatz ein. Der Nebensatz drückt das „vorzeitige", frühere Geschehen aus, der Hauptsatz das „nachzeitige", spätere Geschehen. Das spiegelt sich auch in den Zeitformen der Verben: NS Plusquamperfekt – HS Präteritum oder Perfekt oder NS Perfekt – HS Präsens oder Futur.*
*„Als" wird außerdem zum Ausdruck von Gleichzeitigkeit („Als sie kam, telefonierte er gerade.") und Nachzeitigkeit („Er war gerade weggegangen, als sie bei ihm läutete.") verwendet.*

1. Die Zuschauer jubelten begeistert. Der junge Fußballstar schoss ein Tor.
2. Die Mannschaft verlor die letzten acht Spiele. Jetzt waren sie wieder erfolgreich.
3. Die Spieler spielten bis zur Pause hervorragend. Sie hatten keine Kraft mehr.
4. Die ganze Mannschaft kehrte in die Heimatstadt zurück. Die Fans versammelten sich.
5. Der Bürgermeister empfing sie im Rathaus. Die Pressekonferenz fand statt.

1. *Die Zuschauer jubelten begeistert, nachdem der junge Fußballstar ein Tor geschossen hatte. / Nachdem der junge Fußballstar ein Tor geschossen hatte, jubelten die Zuschauer begeistert. / Als der junge Fußballstar ein Tor geschossen hatte, jubelten die Zuschauer begeistert. / Die Zuschauer jubelten begeistert, als der junge Fußballstar …*

## 3 Zeitleiste

Gehen Sie nochmals die Kapitel 4.4 bis 4.7 durch und überlegen Sie, wie Sie den Gebrauch der Zeiten grafisch darstellen könnten. Vergleichen Sie Ihre Entwürfe ggf. im Kurs. Wenn Sie allein arbeiten, dann schauen Sie im Lösungsschlüssel nach.

## 4.8 Passiv und Ersatzformen

### 1 Passiv in allen Varianten

LB / AB
Lek. 6, 7

**a** Lesen Sie die Beispielsätze und ordnen Sie ihnen die passende Passivform zu.

| **Beispielsatz** | **Passivform** | |
|---|---|---|
| **1.** Der Firmensprecher sagte, mit dem neuen Medikament werde vielen Patienten geholfen. | **A** Passiv Präsens | **1.** I |
| **2.** Viele Untersuchungen haben für die Zulassung durchgeführt werden müssen. | **B** Passiv Präteritum | **2.** ☐ |
| **3.** Das alte Medikament war wegen Nebenwirkungen vom Markt genommen worden. | **C** Passiv Perfekt | **3.** ☐ |
| **4.** Das neue Produkt wurde bisher nur in Europa eingeführt. | **D** Passiv Plusquamperfekt | **4.** ☐ |
| **5.** Auf der heutigen Konferenz werden aktuelle Verkaufszahlen präsentiert. | **E** Passiv Präsens mit Modalverb | **5.** ☐ |
| **6.** Auf dem deutschen Markt ist es gut aufgenommen worden. | **F** Passiv Präteritum mit Modalverb | **6.** ☐ |
| **7.** Der Verkauf konnte deutlich erhöht werden. | **G** Passiv Perfekt mit Modalverb | **7.** ☐ |
| **8.** Der Profit soll durch einen weltweiten Verkauf gesteigert werden. | **H** Passiv mit Modalverb im Konjunktiv II Gegenwart | **8.** ☐ |
| **9.** Aber dafür müssten überall Lizenzen erteilt werden. | **I** Passiv im Konjunktiv I Gegenwart | **9.** ☐ |

**b** Markieren Sie die Passivformen in Übungsteil a und ergänzen Sie die Tabelle.

| Passivform | Bildung | Beispiel |
|---|---|---|
| **1.** Passiv Präsens | werden + Partizip II | *werden ... präsentiert* |
| **2.** Passiv Präteritum | | wurde … eingeführt |
| **3.** Passiv Perfekt | Form von sein im Präsens + Partizip II + worden | |
| **4.** Passiv Plusquamperfekt | | war … genommen worden |
| **5.** Passiv Präsens mit Modalverb | Modalverb im Präsens + Partizip II + werden | |
| **6.** Passiv Präteritum mit Modalverb | | konnte … erhöht werden |
| **7.** Passiv Perfekt mit Modalverb | hat + Partizip II + werden + Modalverb im Infinitiv | |
| **8.** Passiv mit Konjunktiv I Gegenwart | | werde … geholfen |
| **9.** Passiv mit Modalverben im Konjunktiv II Gegenwart | Modalverb im Konjunktiv II + Partizip II + werden | |

## 2 Feste in Deutschland – Aktiv und Passiv

Aktiv oder Passiv – was passt jeweils besser? Kreuzen Sie an und begründen Sie Ihre Entscheidung.

1. **a.** Weihnachten wird meist in der Familie gefeiert.
   **b.** Man feiert Weihnachten meist in der Familie.
2. **a.** Der Christbaum wird von den Eltern geschmückt.
   **b.** Die Eltern schmücken den Christbaum.
3. **a.** An Silvester wird mit Freunden gefeiert.
   **b.** An Silvester feiert man mit Freunden.
4. **a.** Zu Ostern werden von den Kindern Ostereier gesucht.
   **b.** Zu Ostern suchen die Kinder Ostereier.

1. *a. Passiv passt hier besser, weil Weihnachten im Vordergrund steht und man schon durch „in der Familie" weiß, wer Weihnachten feiert.*

## 3 Wer tat was?

**a** Lesen Sie die Sätze und schauen Sie sich die Markierungen an. Was drücken die markierten Satzteile aus? Gibt es Gemeinsamkeiten oder Unterschiede? Schauen Sie im Lösungsschlüssel nach oder besprechen Sie die Ergebnisse ggf. im Kurs .

1. Bis zum 19. Jahrhundert wurden die Kranken von den Ärzten mit Heilkräutern behandelt.
2. Die heimischen Kräuter wurden bereits im 16. Jahrhundert von Paracelsus systematisch erfasst.
3. Die Herstellung der Medikamente ist durch die chemische Industrie verbessert worden.
4. Durch den Einsatz von Naturheilmitteln kann eine Vielzahl von Erkrankungen geheilt werden.

**b** Formen Sie die Sätze aus Übungsteil a zunächst in Aktivsätze um. Ergänzen Sie dann die Grammatikregel.

> **!** Im Passivsatz können ________________ durch „von" + Dativ ausgedrückt werden, anonyme Institutionen und Umstände auch mit ________________.

**c** Geben Sie die folgenden Sätze im Passiv wieder. Nennen Sie, wo es möglich und sinnvoll ist, auch den Handelnden des Aktiv-Satzes.

1. Krankheiten behandelte man schon immer mit Heilpflanzen.
2. Schon im 16. Jahrhundert entwickelte man Methoden zur Extraktion von Wirkstoffen.
3. Viele Pharmakonzerne stellen heute auch pflanzliche Medikamente her.
4. Forscher gewinnen Wirkstoffe aus den unterschiedlichsten Pflanzen.
5. Die Medikamente setzt man gegen sehr unterschiedliche Erkrankungen ein.
6. Die Kunden stellen heute hohe Anforderungen an pflanzliche Medikamente.

1. *Krankheiten wurden schon immer mit Heilpflanzen behandelt.*

## 4 Das muss erledigt werden! – Passiv mit Modalverben

**a** Ihr Chef ist verreist und hinterlässt Ihnen eine Liste mit Aufträgen, die Sie an Ihre Kollegen weiterleiten sollen. Formulieren Sie im Passiv Präsens mit Modalverben.

1. Brief an Firma Nöll schreiben. (müssen)
2. Bestellung abschicken (müssen)
3. Adresslisten aktualisieren (sollen)
4. Ablage neu sortieren (sollen)
5. Rechnungen bezahlen (müssen)
6. Innerhalb einer Woche alles erledigen (sollen)

1. *An die Firma Nöll muss ein Brief geschrieben werden.*

**b** Formulieren Sie die Aufträge aus Übungsteil a im Konjunktiv II wie im Beispiel.

1. Ein Brief hätte an die Firma Nöll geschrieben werden müssen.

## 5 Schon fertig? – Zustandspassiv

Kapitel 4.10 Konjunktiv II

Klaras Familie war sehr fleißig und antwortet auf jede ihrer Fragen im Zustandspassiv.

1. Habt ihr die Wäsche gewaschen?
2. Habt ihr den Boden gewischt?
3. Habt ihr das Wohnzimmer gesaugt?
4. Habt ihr eure Zimmer aufgeräumt?
5. Habt ihr die Blumen gegossen?
6. Habt ihr das Abendessen vorbereitet?

1. Ja, die Wäsche ist gewaschen.

## 6 Ein Tagungsbericht – Unpersönliches Passiv

Formulieren Sie die folgenden Sätze in Passivssätze um, überlegen Sie jeweils, ob Sie den Satz besser mit oder ohne „es" formulieren.

„Es" als Element steht auf Position 1 bei subjektlosen Passivsätzen, wenn Position 1 nicht durch andere Elemente belegt ist. Es dient als Platzhalter für das Subjekt.

1. Zum Thema „Organisationsentwicklungt" haben wir eine Tagung abgehalten.
   → Zum Thema „Organisationsentwicklung" ist eine Tagung abgehalten worden.
2. Wir haben vier Arbeitsgruppen gebildet. → Es wurden vier Arbeitsgruppen gebildet.
3. In den Arbeitsgruppen haben wir viel diskutiert. → __________.
4. Wir haben viele Vorschläge gemacht. → __________.
5. Wir haben ein Konzept erarbeitet. → __________.
6. Für die nächste Konferenz haben wir schon Themen festgelegt. → __________.

## 7 Ersatzformen des Passiv

**a** Markieren Sie in dem Zeitungsartikel alle Ausdrücke, die durch Passiv ersetzt werden können.

### Bio-Diesel – ein Ausweg aus der Rohstoffkrise?

Bio-Diesel ist ein Kraftstoff aus Pflanzen, auf den die Wirtschaft einige Hoffnung setzt. Durch die Verwendung von Bio-Diesel ließe sich die Abhängigkeit von Rohstoffen reduzieren. Außerdem ist Bio-Diesel schon bei der Produktion umweltfreundlicher. Denn dabei entstehen keine Abfallprodukte – alle Nebenprodukte sind weiterzuverwenden. Das entstandene Glycerin z. B. lässt sich zur Herstellung von Kosmetik verwenden. Aber dem Einsatz sind auch Grenzen gesetzt: Mit deutschem Bio-Diesel lassen sich nur 5 Prozent des Verbrauchs ersetzen. Dadurch sind zwar immerhin bis zu vier Prozent der Treibhaus-Emissionen vermeidbar, aber es gibt auch Nachteile zu bedenken: Bio-Diesel besitzt andere Eigenschaften als normales Diesel. Deswegen lassen sich nicht alle Autos mit Bio-Diesel betanken. Gerade bei älteren Modellen sind Defekte auf Grund des Bio-Diesels nachweisbar. Diese Modelle sind deswegen alle umzurüsten.

**b** Welche drei Ersatzformen haben Sie gefunden? Ergänzen Sie die Regeln.

**!**

1. Ein Passivsatz mit „können" lässt sich durch die Konstruktionen „sein" + Verbstamm + -„bar", __________ + Infinitiv und __________ + „zu" + Infinitiv ersetzen.
2. Die Konstruktion __________ + „zu" + Infinitiv kann auch für einen Passivsatz mit „müssen" stehen.

**c** Formen Sie alle Ersatzformen des Passivs aus Übungsteil a in eine Passivkonstruktion um.

1. Durch die Verwendung von Biodiesel könnte die Abhängigkeit von Rohstoffen reduziert werden.

## 4.9 Konjunktiv I: Indirekte Rede

### 1 Informationen aus zweiter Hand

LB / AB
Lek. 7

**a** Lesen Sie den Zeitungsartikel und machen Sie sich Gedanken zu folgenden Fragen:

- Woher hat der Autor des Zeitungsartikels seine Informationen?
- Welche Quellen nennt er?
- Unterstreichen Sie die Stellen im Artikel, in denen deutlich wird, dass er die Informationen aus zweiter Hand hat.

Besprechen Sie die Ergebnisse ggf. im Kurs.

**Menschen brauchen bald zweite Erde**

Berlin. Die weltweite Ausnutzung der Natur durch den Menschen steigt immer weiter, wie ein Bericht der Umweltstiftung WWF gerade festgestellt hat. Die Situation werde laut des neuen Berichts in den letzten Jahren immer schlimmer, denn der Verbrauch von natürlichen Ressourcen habe sich beschleunigt. Folglich nehme das Reservoir an natürlichen Rohstoffen kontinuierlich ab. Schon im Jahr 2035 werde die Menschheit deswegen theoretisch zwei Planeten zur Deckung des weltweiten Bedarfs benötigen, wenn sie weiterhin so viel konsumieren würde. Gründe für die ökologische Krise seien laut WWF-Naturschutzdirektor Christoph Heinrich neben dem stark steigenden Ressourcenverbrauch vor allem die weltweite Entwaldung, Klimawandel, Umweltverschmutzung und Überfischung. Die Krise sei besonders dramatisch, denn sie gehe alle an – auch wenn noch nicht jeder über das Ausmaß der möglichen Katastrophe Bescheid wisse. Innerhalb der nächsten zehn Jahre müsse vor allem der Energiesektor umgestellt werden, erläuterte der WWF. Durch den Ausbau regenerativer Energien und anderer Maßnahmen könne man jedoch bis 2050 den weltweiten Energiebedarf decken. Er wolle die öffentliche Diskussion darüber verstärkt anregen.

*Der Konjunktiv I wird nur bei den Hilfsverben, den Modalverben und einer Reihe von frequenten unregelmäßigen Verben verwendet: „sei", „habe", „wolle", „wisse", „nehme" etc.*
*Bei anderen Verben benutzt man den Konjunktiv II: „Er sagte, dass er käme."*
*Bei regelmäßigen Verben und in der mündlichen Rede benutzt man „würde" + Infinitiv: z. B. „würde konsumieren".*

**b** Lesen Sie den Text noch einmal und markieren Sie alle Verbformen der indirekten Rede. Tragen Sie dann die Verben im Konjunktiv I in die Tabelle ein.

| | sein | haben | werden | gehen | wissen | nehmen | müssen | können | wollen |
|---|---|---|---|---|---|---|---|---|---|
| er / sie / es | | | *werde* | | | | | | |

**c** Ergänzen Sie die Regeln für den Konjunktiv I.

!

1. Die indirekte Rede gibt die Aussagen von anderen, z. B. aus Zeitungsartikeln, Berichten und Gesprächen, vor allem in der geschriebenen und formelleren Sprache wieder. Dadurch wird ein gewisser Abstand signalisiert: Ich zitiere jemanden oder etwas, das ist aber ______________ unbedingt meine eigene Meinung.
2. Die Form wird vom ______________ stamm abgeleitet und durch den Anhang von „-e" ergänzt.
3. Wenn die Form des Konjunktivs I gleich ist wie die Präsens-Form, benutzt man den ______________. Es gibt nur eine Vergangenheitsform im Konjunktiv I (bzw. Konjunktiv II) – und zwar „sein": „er sei gekommen" / „sie seien gekommen" und „haben": „er habe gesagt" / „sie hätten gesagt".

## 2 Im Zeugenstand bei Ermittlungen wegen illegaler Müllentsorgung

**a** Ihr Nachbar soll im nahe gelegenen Wald Müll entsorgt haben und ist angezeigt worden. Sie werden als Zeuge befragt und berichten von einem Gespräch mit Ihrem Nachbarn, das ihn entlasten könnte. Geben Sie seine Aussagen in indirekter Rede wieder. Denken Sie an den Perspektivenwechsel.

> Bei der Wiedergabe direkter Rede ist auf den Perspektivenwechsel zu achten, z. B. bei Zeiten („gestern" → „am vorherigen Tag"), Ortsangaben („hier" → „dort") und Pronomen („ich" → „er/sie", „wir" → „sie").

1. Unsere nicht zahlenden Mieter sind zwar endlich ausgezogen, aber in der Wohnung stehen noch jede Menge alte Möbeln, Haushaltsgeräte und Müll herum.
2. Meine Frau geht früh aus dem Haus und kommt spät wieder. Und ich habe auch so viel zu tun.
3. Wir haben einfach keine Zeit, den Müll zu den verschiedenen Entsorgungsorten zu fahren.
4. Gestern habe ich mit meinem Bekannten gesprochen, der öfter Müll in den Wald gekippt hat.
5. Aber leider muss der Müll ja ordnungsgemäß entsorgt werden. Ich weiß das nur zu gut.
6. Mein Bekannter ist nämlich erwischt worden und muss nun ein dickes Bußgeld zahlen.

1. Er hat neulich zu mir gesagt, ihre nicht zahlenden Mieter seien zwar endlich ausgezogen, aber in der Wohnung würden noch alte Möbeln, Haushaltsgeräte und Müll herumstehen.

**b** Sie erzählen einer Freundin von dem Gespräch mit Ihrem Nachbarn. Formulieren Sie die Sätze aus Übungsteil b wie im Beispiel. Die Informationen aus dem Spickzettel können Ihnen helfen.

> In der gesprochenen Sprache wird die indirekte Rede meist mit dem Indikativ wiedergegeben: „Sie hat gesagt, sie kommt gleich."

1. Stell dir vor, er hat gesagt, ihre nicht zahlenden Mieter sind zwar endlich ausgezogen, aber in der Wohnung stehen noch jede Menge alte Möbeln, Haushaltsgeräte und Müll herum.

# 4.10 Konjunktiv II: Bitten, Ratschläge, Vermutungen und Wünsche

## 1 Könnten Sie mir das erklären?

LB / AB Lek. 5, 6

Notieren Sie, ob der Konjunktiv II in den Sätzen eine höfliche Bitte (B), einen Ratschlag (R), eine Vermutung (V), einen Wunsch (W) oder etwas Irreales (I) ausdrückt.

1. Könnten Sie uns etwas über Ihre Hochzeit erzählen? B
2. Wenn ich das alles gewusst hätte, hätte ich nicht geheiratet. ____
3. Wenn ich an Ihrer Stelle wäre, würde ich einen Eheberater suchen. ____
4. Das Leben mit einer temperamentvollen Frau dürfte nicht immer leicht sein. ____
5. Sie sollten sich bemühen, sie besser zu verstehen. ____
6. Wenn das doch nur so einfach wäre! ____

## 2 Formen-Wirrwarr und Formen-Ordnung

**a** Zeichnen Sie eine Tabelle und ergänzen Sie die Verbformen wie im Beispiel.

wisse käme hatte komme dürfe werde lasse
~~wüsste~~ wäre dürfte habe kam sei durfte
hätte wusste wurde ließ würde ließe war

| Infinitiv | Konjunktiv I | Indikativ Präteritum | Konjunktiv II |
|---|---|---|---|
| wissen | | | wüsste |

**b** Tragen Sie jetzt die fehlenden Infinitive in die linke Spalte ein.

## 3 Was der Konjunktiv alles kann ...

**a** Bilden Sie zu den folgenden Äußerungen jeweils zwei höflichere Varianten. Verwenden Sie dabei den Konjunktiv II.

1. Die Speisekarte, bitte! → *Würden Sie mir bitte die Speisekarte bringen? / Könnten Sie... .*
2. Kannst du mich zurückrufen? → ______
3. Komm bitte pünktlich! → ______
4. Deck bitte den Tisch! → ______

**b** Eine Freundin fragt Sie um Rat. Geben Sie ihr Ratschläge. Verwenden Sie eine der Konstruktionen aus dem Schüttelkasten und – wenn möglich – den Konjunktiv II.

| An deiner Stelle ... | Wenn ich du wäre, ... | Du solltest / könntest ... | Wie wäre es (damit) |
|---|---|---|---|

1. Ich möchte sportlicher werden. (in einem Fitnessclub anmelden)
2. Ich möchte gesünder leben. (mehr Obst essen)
3. Ich möchte weniger fernsehen. (häufiger spazieren gehen)
4. Ich möchte schicker aussehen. (einen Stilberater fragen)

1. *An deiner Stelle würde ich mich in einem Fitnessclub anmelden. / Wenn ich du wäre, würde ich mich in einem Fitnessclub anmelden. / Du solltest dich in einem Fitnessclub anmelden. / Wie wäre es, wenn du dich in einem Fitnessclub anmelden würdest?*

**c** Carola hat heute einen schlechten Arbeitstag. Lesen Sie die Situationen und formulieren Sie die Wunschgedanken von Carola. Verwenden Sie die Wörter in Klammern.

*Irreale Wunschsätze können auch ohne die Subjunktion „wenn" gebildet werden. In diesem Fall steht das Verb im Konjunktiv an erster Position („Könnte ich das doch schon!"). Die Modalpartikeln „doch", „nur" und „bloß" machen den Wunsch intensiver.*

1. In Carolas Büro ist der Drucker kaputt. (funktionieren)
2. Ihr Kollegin telefoniert sehr laut. (leiser sprechen)
3. Ihr Chef beschwert sich bei ihr. (bessere Laune haben)
4. Er gibt ihr noch drei dringende Aufträge. (Kollegen machen lassen)
5. Sie hat keine Zeit zum Mittagessen. (essen gehen können)
6. Sie arbeitet bis 20 Uhr. (keine Überstunden machen müssen)

1. *Wenn der Drucker doch nur funktionieren würde! / Würde der Drucker doch nur ...!*

## 4 Wenn das Leben anders wäre ...

*In Sätzen, in denen „mögen" in der Bedeutung von „wollen" verwendet wird, benutzt man im Konjunktiv II nur „wollen". Beispiel: „Ich möchte den Führerschein machen, deshalb muss ich viel sparen." → „Wenn ich nicht den Führerschein machen wollte, müsste ich nicht so viel sparen."*

**a** Schreiben Sie irreale Bedingungssätze in der Gegenwart wie im Beispiel. Achten Sie auf die Veränderungen, z. B. bei Pronomen, Adverbien usw.

1. Wir arbeiten ganztags, deshalb haben wir nicht so viel Zeit für unsere Kinder.
2. Sie gehen in einen guten Kindergarten in unserer Nähe. Darum ist das kein Problem.
3. Sie werden dort gut betreut, deshalb sind wir sehr zufrieden.
4. Wir bekommen ein drittes Kind. Daher werde ich meine Arbeitszeit reduzieren.
5. Wir möchten auch ein Haus bauen. Deshalb müssen wir ziemlich sparsam leben.

1. *Wenn wir nicht ganztags arbeiten würden, hätten wir mehr Zeit für unsere Kinder. / Würden wir nicht ganztags arbeiten, hätten wir mehr Zeit für unsere Kinder.*

**b** Was wäre gewesen, wenn … – Schreiben Sie die Sätze aus Übungsteil a in der Vergangenheit.

1. *Wenn wir nicht ganztags gearbeitet hätten, hätten wir damals mehr Zeit für unsere Kinder gehabt. / Hätten wir nicht ganztags gearbeitet, hätten wir damals mehr …*

## 5 Ein Rundgang durchs Hotel – Passiv mit Konjunktiv und Modalverben

**a** Die Hoteldirektorin entdeckt vieles, was verbessert werden könnte. Formulieren Sie die Sätze im Passiv Konjunktiv II der Gegenwart. Verwenden Sie die Angaben in Klammern.

1. Unordentliche Betten (besser machen)
2. Schlechte Luft in den Zimmern (lüften)
3. Fingerabdrücke auf den Spiegeln (putzen)
4. Leere Minibars (auffüllen)
5. Zeitungen auf einem Stapel (ordnen)
6. Pflanzen vertrocknet (gießen)

1. *Wenn doch die Betten besser gemacht würden!*

**b** Bilden Sie Sätze im Passiv Konjunktiv II der Vergangenheit. Verwenden Sie die Modalverben in Klammern.

1. Betten besser machen (können)
2. Die Zimmer lüften (sollen)
3. Die Spiegel putzen (müssen)
4. Die Minibars auffüllen (müssen)
5. Zeitungen im Foyer ordnen (sollen)
6. Pflanzen in der Halle gießen (können)

1. *Die Betten hätten besser gemacht werden können.*

**c** Die Mitarbeiter schimpfen mit dem neuen Praktikanten. Formulieren Sie die Sätze aus Übungsteil b im Aktiv und mit den Modalverben im Konjunktiv II der Vergangenheit.

1. *Du hättest die Betten besser machen können.*

*Beim Konjunktiv II der Vergangenheit mit Modalverben steht ein doppelter Infinitiv, d.h., nur „haben" wird konjugiert. Stehen die drei Verben im Nebensatz, dann steht „haben" vor den beiden Infinitiven, das Modalverb am Ende: „Sie hätten besser arbeiten sollen." / „Sie schimpfen, weil sie besser hätten arbeiten sollen."*

## 6 Kennen Sie den Konjunktiv?

**a** Lesen Sie die Regeln zum Konjunktiv II. Welche sind richtig (r), welche falsch (f)? Kreuzen Sie an. Schauen Sie sich dafür ggf. noch einmal alle Übungen an.

| | | | |
|---|---|---|---|
| 1. | Für den Konjunktiv II wird sehr häufig „würde" + Partizip Präsens benutzt. | r | ~~f~~ (X) |
| 2. | Die Formen von „haben" und „sein" sind identisch mit der Konjunktiv I-Form. | r | f |
| 3. | Alle regelmäßigen Verben benutzen für den Konjunktiv II „würde" + Infinitiv. | r | f |
| 4. | Die Konjunktiv II-Form leitet sich von der Präsens-Form des Verbs ab. | r | f |
| 5. | Der Konjunktiv II wird benutzt, wenn etwas Irreales ausgedrückt werden soll. | r | f |
| 6. | Durch den Konjunktiv II werden z. B. Bitten und Wünsche direkter. | r | f |

**b** Wie heißen die falschen Regeln richtig? Verbessern Sie.

*Korrektur Satz 1: Für den Konjunktiv II wird sehr häufig „würde" + Infinitiv benutzt.*

## 7 Was wäre gewesen, wenn Ihr Leben anders verlaufen wäre?

Lesen Sie die Fragen und überlegen Sie sich Antworten.

Was wäre z. B. gewesen wenn Sie …

1. als Kind ins Ausland gezogen wären?
2. in der Schule fleißiger gewesen wären?
3. Ihre erste Liebe (nicht) geheiratet hätten?
4. berühmt geworden wären?

# 5 Das Adjektiv

## 5.1 Deklination

### 1 Dreimal großartig

LB / AB
Lek. 2, 4

Worauf bezieht sich „großartig"? Ordnen Sie den Sätzen die passende Erklärung zu.

| Beispielsatz | Erklärung | |
|---|---|---|
| 1. Er ist ein großartiger Schauspieler. | A Das Adjektiv hat keine Endung, wenn es die Ergänzung des Verbs „sein" ist. | 1. ☐ |
| 2. Sein neuer Film ist großartig. | B „Großartig" ist ein Adverb, das beschreibt, wie eine Tätigkeit näher ausgeführt wird. | 2. ☐ |
| 3. Er spielt seine Rolle großartig. | C Vor einem Nomen erhält das Adjektiv eine Endung. | 3. ☐ |

### 2 Schöne kleine Dinge

**a** Lesen Sie die Sätze. Markieren Sie die Artikelwörter und die Adjektivendungen.

1. Für viele von uns haben vor allem die kleinen Dinge einen besonderen Wert. Wir würden das lustige Foto mit den Schulfreunden, den ersten Liebesbrief oder das persönlich signierte Autogramm eines bekannten Stars nie wegwerfen.
2. Kleine Dinge, wie zum Beispiel ein altes Foto, ein bunter Stein oder eine Tierfigur aus farbigem Glas, erinnern uns an ein besonderes Ereignis oder an geliebte Menschen.

**b** Welche Endung hat das Adjektiv? Ergänzen Sie die Regeln zu Übungsteil a.

> ! **Regel 1:** Wenn die Signalendung -r, -s, -e, -n, -m beim Artikelwort ist, hat das Adjektiv die Endung *-e* oder ____________. **Regel 2:** Wenn es kein Artikelwort gibt oder das Artikelwort keine Endung hat, hat das Adjektiv die ____________.

**c** Regel 1 oder 2? Was gilt für Adjektivendungen nach folgenden Artikelwörtern?

1. ▶ Welcher bekannte Star ist für dich ein Vorbild? — ~~1~~ 2
2. ▷ Ich habe kein richtiges Vorbild, aber Madonna finde ich gut. — 1 2
3. ▶ Wirklich? Also mir gefällt dieses arrogante Auftreten bei Konzerten nicht. — 1 2
4. ▷ Aber du musst zugeben, dass jeder einzelne Auftritt ein Riesenerfolg ist. — 1 2
5. ▶ Okay, mancher junge Mensch mag von ihren Songs begeistert sein, aber ich nicht. — 1 2
6. ▷ Und ihr großes Talent? Sie ist Sängerin, Schauspielerin, Kinderbuchautorin … — 1 2

### 3 Alles auf einen Blick

Tragen Sie die jeweilige Signalendung in die Kästchen ein.

| | maskulin: der Stein | neutrum: das Foto | feminin: die Puppe | Plural: die Dinge |
|---|---|---|---|---|
| N | ☐ der bunte<br>ein bunter<br>bunter | ☐ das lustige<br>ein lustiges<br>lustiges | *-e* die alte<br>eine alte<br>alte | ☐ die kleinen<br>meine kleinen<br>kleine |
| A | ☐ den bunten<br>einen bunten<br>bunten | ☐ das lustige<br>ein lustiges<br>lustiges | ☐ die alte<br>eine alte<br>alte | ☐ die kleinen<br>meine kleinen<br>kleine |
| D | ☐ dem bunten<br>einem bunten<br>buntem | ☐ dem lustigen<br>einem lustigen<br>lustigem | ☐ der alten<br>einer alten<br>alter | ☐ den kleinen<br>meinen kleinen<br>kleinen |
| G | ☐ des bunten **-(e)s***<br>eines bunten **-(e)s***<br>bunten* **-(e)s*** | ☐ des lustigen **-s***<br>eines lustigen **-s***<br>lustigen **-s*** | ☐ der alten<br>einer alten<br>alter | ☐ der kleinen<br>meiner kleinen<br>kleiner |

* Das Nomen hat die Signalendung.

LERNTIPP
Bilden Sie Merksätze zu den Adjektivendungen und lernen Sie sie auswendig. Wählen Sie dazu Adjektive, die einen Hinweis auf den Kasus geben, zum Beispiel: „normal" – Nominativ, „alt" – Akkusativ, „dünn" – Dativ und „gut" – Genitiv. Je lustiger oder seltsamer der Merksatz, desto besser werden Sie sich erinnern.

## 4 Merksätze zu den Adjektivendungen

**a** Lesen Sie die Sätze und ergänzen Sie die Endungen.

1. Ein normal*er*___ Computer, ein normal___ Handy und eine normal___ Tasse sind normal___ Dinge.
2. Ich habe einen alt___ Fernseher, ein alt___ Sofa, eine alt___ Lampe und andere alt___ Möbel.
3. Mit dem dünn___ Schal, dem dünn___ Kleid, der dünn___ Mütze und den dünn___ Handschuhen wirst du frieren.
4. Trotz des gut___ Plans, des gut___ Konzepts, der gut___ Vorbereitung und der gut___ Ideen ging alles schief.

**b** Variieren Sie die Merksätze aus Übungsteil a, indem Sie andere Artikelwörter verwenden. Behalten Sie die Reihenfolge maskulin, neutrum, feminin und Plural bei.

- Die Artikelwörter „dieser", „jener", „jeder", „alle", „mancher", „welcher",
- Possessivartikel „mein", „dein", „sein" usw.
- Negationsartikel „kein"

1. *Dieser normale Mann, dieses normale Kind, ...*

**c** Markieren Sie alle Artikelwörter im Plural und die Adjektivendungen. Ergänzen Sie dann den Merksatz. Sehen Sie im Zweifelsfall in der Tabelle in Übung 3 nach.

Einige kürzlich erschienene Zeitschriften berichteten, dass der 18. Geburtstag immer noch groß gefeiert wird. Aber seit ein paar Jahren werden andere Wünsche geäußert. Früher wünschten sich fast alle jungen Menschen den Führerschein zum Geburtstag, doch nun bevorzugen nicht wenige weibliche Geburtstagskinder Geld für eine Schönheitsoperation. Auf die Frage nach ihrem Geburtstagswunsch antworteten viele junge Frauen, dass sie sich gerne die Nase verkleinern lassen würden. Einige hatten sogar schon eine oder zwei kosmetische Operationen hinter sich.

!
1. Nach den Artikelwörtern „einige", ___________, ___________, „mehrere", „beide" und den Zahlen hat das Adjektiv die Endungen wie vor einem artikellosen Nomen.
2. Nach ___________ hat das Adjektiv die Endungen wie nach dem bestimmten Artikel „die".

## 5 Erinnerungen an die Schulzeit

**a** Ergänzen Sie den Text mit den passenden Komparativen und Superlativen.

| | | | | |
|---|---|---|---|---|
| ~~beste~~ | dunklere | schnellste | höheren | teureres |
| heißesten | meisten | jüngerer | hübschere | nächste |

An wen erinnerst du dich besonders, wenn du an die Schulzeit zurückdenkst? Na ja, da war Martin, der Streber. Er wollte immer der [1] *beste*___ Schüler sein, auch im Sport. Trotzdem war nicht er, sondern sein [2] ___________ Bruder der [3] ___________ Läufer. Als er in einer [4] ___________ Klasse war, schaffte er es sogar in die Jugend-Nationalmannschaft. Ich erinnere mich auch an Marion, die überall die „Beste" war. Jemand machte ein teures Geschenk, Marion machte sicher ein noch [5] ___________. Jemand war hübsch, Marion war das noch [6] ___________ Mädchen. Die [7] ___________ Mitschüler, mich eingeschlossen, waren ganz schön genervt von ihr. Eine Zeit lang spielte auch Carsten völlig verrückt. Er trug nach und nach immer [8] ___________ Klamotten, bis er nur noch schwarz trug. Und das in der [9] ___________ Jahreszeit! Irgendwann hatten alle ihr erstes Mofa, seins war natürlich schwarz. Ach ja, ich bin schon sehr gespannt auf das [10] ___________ Klassentreffen …

**b** Ergänzen Sie die fehlenden Formen zu den Komparativen und Superlativen aus Übungsteil a. Markieren Sie die jeweilige Besonderheit.

| | Grundform | Komparativ -er | Superlativ -(e)st | Besonderheit |
|---|---|---|---|---|
| 1. | schnell | ______ | am schnellsten | regelmäßig |
| 2. | ______ | jünger | ______ | regelmäßig mit Umlaut |
| 3. | teuer<br>______ | teurer<br>dunkler | ______<br>______ | Adjektive auf -er und -el: im Komparativ fällt das erste e weg |
| 4. | ______<br>hübsch | ______<br>hübscher | am heißesten<br>______ | Adjektive auf -s, -ß, -st, -sch, -d, -t, -z: Superlativ auf -est |
| 5. | ______<br>______<br>______<br>______ | ______<br>______<br>höher<br>______ | am besten<br>am meisten<br>______<br>am nächsten | unregelmäßig |

## 6 Die Welt der Rekorde

**a** Wie lautet die korrekte Frage? Kreuzen Sie an.

1. Welches ist ☒ das erfolgreichste ☐ am erfolgreichsten ☐ erfolgreich Auktionshaus im Internet?
2. Ist der Nil ☐ der längere Fluss ☐ länger ☐ der längste Fluss als der Rhein?
3. Zwischen welchen zwei Ländern verläuft ☐ die am längsten ☐ die lange ☐ die längste Grenze?
4. Wie heißt die Ballsportart, in der der Ball ☐ schnell ☐ am schnellsten ☐ der schnellere fliegt? Fußball, Tennis oder Badminton?
5. Welches Gebäude ist mit 1,3 Mio. $m^2$ ☐ das große ☐ das größte ☐ das größere der Welt?

**b** Eine der folgenden Aussagen enthält einen Fehler. Korrigieren Sie ihn.

!
1. Vor einem Nomen erhalten Komparative und Superlative die gleichen Endungen wie das Adjektiv.
2. Wenn sich der Superlativ auf das Verb bezieht, benutzt man „am" + Superlativ.
3. Bei Vergleichen mit der Grundform verwendet man „so … wie", bei Vergleichen mit dem Komparativ verwendet man „als" oder „wie".

**c** Ergänzen Sie die Adjektive in der passenden Form (Grundform, Komparativ oder Superlativ). Achten Sie auf die richtige Endung.

häufig ~~langsam~~ teuer attraktiv schnell amerikanisch tief
häufig deutsch klein gut viel hoch günstig teuer privat

1. Die ersten Computer waren noch sehr *langsam*. Jetzt baut man deutlich ______ PCs.
2. Der ______ See der Welt ist der Baikalsee (1.749 Meter Tiefe).
3. Müller und Schmidt sind die Nachnamen, die man ______ im ______ Telefonbuch findet.
4. Das Land mit den ______ Einwohnern pro Quadratkilometer (16.307 / $km^2$) ist Monaco. Damit ist dieses ______ Land das Land mit der ______ Bevölkerungsdichte.
5. Bei eBay werden nicht nur ______ Produkte angeboten, sondern auch viele ______. Der mit Abstand ______ Artikel war ein Flugzeug für 4,9 Millionen US-Dollar.
6. Kein Produkt bei eBay wurde ______ angeklickt als der VW Golf von Kardinal Ratzinger.
7. Im Herbst 2008 wurde ein ______ Schauspieler zum ______ Mann der Welt gewählt, nämlich Johnny Depp.
8. Der Slogan eines ______ Fernsehsenders lautet: Die ______ Filme aller Zeiten.

## 5.2 Partizipien als Adjektive

### 1 Ungeliebte Behördengänge

LB / AB Lek. 10

**a** Was ist der Unterschied zwischen Partizip I und II als Adjektiv? Unterstreichen Sie die Informationen, die für Sie neu sind.

*Weitere Bedeutungen der Partizipien lernen Sie in Mittelpunkt C1 kennen.*

Kapitel 4.5 Perfekt

| **Partizip I** | **Partizip II** |
|---|---|
| Infinitiv + d + Adjektivendung | Partizip II + Adjektivendung |
| einige **fehlende** Dokumente | die **vergessenen** Dokumente |
| = einige Dokumente, die fehlen. | = die Dokumente, die vergessen wurden / worden sind. |
| Andauernde Handlung / andauernder Prozess | Resultat einer Handlung / eines Prozesses |
| → aktive Bedeutung: Relativsatz steht im Aktiv | → passive Bedeutung: Partizip kann bei bestimmten Verben passive Bedeutung haben, dann kann der Relativsatz im Passiv stehen |

**b** Welches Partizip passt in die Lücke? Kreuzen Sie an.

1. das ___ Publikum — ☒ a. wartende — b. gewartete
2. der vor 10 Minuten ___ Schalter — a. öffnende — b. geöffnete
3. die zur Verfügung ___ Formulare — a. stehenden — b. gestandenen
4. ein rechtzeitig ___ Pass — a. verlängernder — b. verlängerter
5. der ___ Angestellte — a. helfende — b. geholfene
6. die seit Mai ___ Visumsbestimmungen — a. geltenden — b. gegoltenen
7. die aus der Heimat ___ Zeugnisse — a. stammenden — b. gestammten
8. ein endlich ___ Antrag — a. genehmigender — b. genehmigter

**c** Erklären Sie die Konstruktionen aus Übungsteil b.

1. *Das Publikum wartet.*
2. *Der Schalter wurde vor 10 Minuten geöffnet / ist vor 10 Minuten geöffnet worden.*

**d** Verkürzen Sie die folgenden Relativsätze, indem Sie ein Partizip I oder II verwenden. Achten Sie auf die Endung.

1. die Fragen, die oft gestellt wurden → *die oft gestellten Fragen*
2. ein Vertrag, der dem Gesetz entspricht → *ein dem Gesetz entsprechender Vertrag*
3. die Probleme, die bestehen → ______
4. eine Prüfung, die erfolgreich bestanden wurde → ______
5. Antworten, die endlich gefunden wurden → ______
6. eine Lösung, die überrascht → ______

### 2 Lernende und Gelerntes

Was sind das für Personen? Was sind das für Sachen? Erklären Sie sie mithilfe eines Relativsatzes.

*Partizipien als Nomen erhalten die gleichen Endungen wie Adjektive, z. B.:*
*der lernende Schüler → der Lernende*
*die lernenden Schüler → die Lernenden*
*das gelernte Wissen → das Gelernte*
*gelerntes Wissen → Gelerntes*

1. die für eine Prüfung Lernenden → *Personen, die für eine Prüfung lernen*
2. das in der Schule Geübte → *das, was in der Schule geübt wurde / worden ist*
3. im Ausland Studierende → ______
4. das gestern Vereinbarte → ______
5. Lehrende an der Uni Bonn → ______

# 6 Das Adverb

## 6.1 Adverbien beim Verb

### 1 Ein Lebenskünstler

**a** Lesen Sie die Sätze. Kreuzen Sie an, ob die markierten Wörter Adjektive oder Adverbien sind und ergänzen Sie dann die Regeln.

| | Adverb | Adjektiv |
|---|---|---|
| 1. Mario geht täglich in eins der vielen Restaurants der Stadt. | ☒ | ☐ |
| 2. Er isst viel und gern. | ☐ | ☐ |
| 3. Er gibt meist ein hohes Trinkgeld. | ☐ | ☐ |
| 4. Und die meisten Kellner freuen sich sehr, wenn er kommt. | ☐ | ☐ |
| 5. Den Nachmittag verbringt er meist im traditionsreichen „Altstadtcafé". | ☐ | ☐ |
| 6. Auch am Abend geht er regelmäßig aus. | ☐ | ☐ |

!
1. Adverbien beim Verb beschreiben, __________ etwas getan wird. Oft liegt ihnen ein Adjektiv zugrunde.
2. Im Gegensatz zu Adjektiven haben sie keine ______________. Beispiel: „Er geht regelmäßig aus." = Adverb – „Sein regelmäßiger Abendspaziergang" = Adjektiv.

**b** Ergänzen Sie die Sätze mit dem Adverb in Klammern. Achten Sie dabei auf die Wortstellung.

1. Heute hat Mario wieder im Restaurant gesessen. (lange)
2. Er hat dort einige Freunde getroffen und sich unterhalten. (gut)
3. Er hat ihnen aus seinem Leben erzählt. (viel)
4. Dabei haben sie gelacht. (sehr laut)
5. Die anderen Gäste haben den Ober gerufen. (wütend)
6. Der hat zwar auf die Beschwerde reagiert, aber weiter nichts unternommen. (höflich)
7. Nur Mario hat die Gäste einfach angeschaut. (freundlich)
8. Und dann hat er sich von seinen Freunden verabschiedet. (laut und herzlich)

1. *Heute hat Mario wieder lange im Restaurant gesessen.*

## 6.2 Adverbien beim Satz

### 1 Manchmal geht er auch ins Kino

**a** Unterstreichen Sie alle Adverbien in den folgenden Sätzen. Welche Regeln zur Wortstellung der Adverbien im Satz können Sie formulieren?

1. Mario geht oft ins Theater, manchmal geht er auch ins Kino.
2. Normalerweise wählt er die Nachmittagsvorstellung, dann kann er sich anschließend mit seinen Freunden in seiner Stammkneipe treffen.
3. Da bleibt er häufig bis nach Mitternacht, denn das Bier dort ist wunderbar.
4. Gestern hat er dort bis 2 Uhr Karten gespielt und oft verloren.
5. Heute ist er deshalb erst um 12 Uhr aufgestanden und war sehr schlecht gelaunt.

!
1. Die Adverbien können auf Position __________ oder im ______________ stehen.
2. Lokaladverbien (Frage „wo?"/„wohin?") können auch direkt __________ dem Nomen stehen, auf das sie sich beziehen.

**b** Bilden Sie Sätze aus den Elementen und variieren Sie dabei die Wortstellung der Adverbien, sodass sich ein gut zusammenhängender Text ergibt.

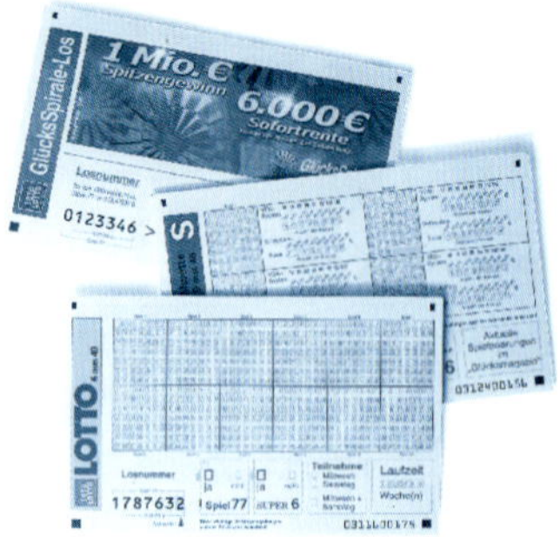

1. Mario / gehen / zur Lottoannahmestelle / freitags
2. er / dort / am liebsten / 10 Lottoscheine / ausfüllen / würde
3. aber / er / normalerweise / dafür / ist / zu vernünftig
4. er / heute / entscheidet / anders / sich / trotzdem
5. sein letzter großer Lottogewinn / bald / nämlich / ausgegeben sein / wird
6. er / dann / wieder / täglich / arbeiten gehen / muss / in einer Putzfirma
7. er / keine Lust / dorthin / zurückzukehren / hat / aber
8. heute / deshalb / er / ausfüllen / 20 Lottoscheine

*1. Mario geht freitags zur Lottoannahmestelle. / Freitags geht Mario zur Lottoannahmestelle.*

**c** Markieren Sie in Übungsteil b die Adverbien und tragen Sie sie dann unter der passenden Kategorie in die Tabelle ein.

*Mit Adverbien kann man z. B. ausdrücken, wie, wann und wo man etwas macht; außerdem können sie Sätze verbinden.*

| wie | wann | wo / wohin | Satzverbindung |
|---|---|---|---|
| | *freitags, ...* | | |

## 2 Darum, deshalb, trotzdem ...

Kapitel 3.1, 3.4 - 3.12 Konnektoren

Verbinden Sie die Sätze mit den folgenden Verbindungsadverbien.

stattdessen ~~vorher~~ deswegen also trotzdem

1. Mario ist heute früh aus dem Haus gegangen. Er hatte sogar schon aufgeräumt.
2. Er sucht einen neuen Job. Er hat sich eine Menge Zeitungen gekauft.
3. Ausnahmsweise geht er nicht zur Lottostelle. Er geht sofort wieder nach Hause zurück.
4. Den ganzen Nachmittag liest er die Stellenanzeigen. Er findet nichts.
5. Schließlich denkt er sich: „Kein Erfolg? Ich muss mir etwas anderes einfallen lassen."

*1. Mario ist früh aus dem Haus gegangen, vorher hatte er sogar schon aufgeräumt. / Er hatte sogar vorher schon aufgeräumt.*

## 6.3 Adverbien der Verstärkung und Fokussierung

## 1 Der Film war super schön!

LB / AB Lek. 2

*Die Adverbien der Verstärkung und Fokussierung werden auch als „Steigerungspartikeln" bezeichnet.*

**a** Welche der markierten Adverbien werden eher umgangssprachlich, welche standardsprachlich gebraucht? Kreuzen Sie an.

| | umgangssprachl. | standardsprachl. |
|---|---|---|
| 1. Die Fete war einfach toll! | ☒ | ☐ |
| 2. Das Konzert war super klasse! | ☐ | ☐ |
| 3. Ich war höchst beeindruckt von der schauspielerischen Leistung. | ☐ | ☐ |
| 4. Das war ein besonders gelungener Abend. | ☐ | ☐ |
| 5. Meine Freundin war auch total begeistert. | ☐ | ☐ |
| 6. Ich möchte mich recht herzlich bei Ihnen bedanken. | ☐ | ☐ |

**b** Entscheiden Sie, welche Erklärung richtig ist. Kreuzen Sie an.

1. Die Fragen waren recht schwer.
   - **a.** Sie waren sehr schwer.
   - **b.** Sie waren ziemlich schwer. ✗
2. Die Prüfung ist einigermaßen gut gelaufen.
   - **a.** Sie ist relativ gut gelaufen.
   - **b.** Sie ist wirklich gut gelaufen.
3. Der Prüfer war absolut fair.
   - **a.** Der Prüfer war vollkommen fair.
   - **b.** Der Prüfer war besonders fair.
4. Die Vorbereitungszeit war etwas kurz.
   - **a.** Sie war zu kurz.
   - **b.** Sie war ein bisschen kurz.
5. Aber von dem Studium bin ich total begeistert.
   - **a.** Ich finde das Studium super.
   - **b.** Ich finde das Studium besonders gut.

## 2 Ein Konzertbesuch: Was hat dir am besten gefallen?

Was hat dem Konzertbesucher am besten, was am wenigsten gut gefallen?
Ordnen Sie die Sätze nach dem Grad des Gefallens, indem Sie die Nummern in die Tabelle eintragen.

1. ▶ Wie hat dir das Konzert gefallen? ▷ Es hat mir relativ gut gefallen.
2. ▶ Wie fandest du den Dirigenten? ▷ Den fand ich leider extrem schlecht.
3. ▶ Und die Sängerin? ▷ Die fand ich wirklich gut.
4. ▶ Wie hat denn der Tenor gesungen? ▷ Der hat recht gut gesungen.
5. ▶ Und wie hat dir der Chor gefallen? ▷ Den fand ich wirklich schlecht.
6. ▶ Wie fandest du die Bühnendekoration? ▷ Die fand ich relativ schlecht gemacht.
7. ▶ Tja! Und wie hat dir die Freikarte gefallen? ▷ Die? Total gut! Danke!!

| sehr, sehr schlecht | sehr schlecht | mehr oder weniger schlecht | mehr oder weniger gut | fast sehr gut | sehr gut | sehr, sehr gut |
|---|---|---|---|---|---|---|
| | | | 1 | | | |

## 3 Und ganz am Ende ...

**a** Wem gefällt das Konzert besser, A oder B?

**A**

**B**

**b** „Ganz" kann eine Aussage abschwächen (↓) oder verstärken (↑). Kreuzen Sie an, welche Bedeutung „ganz" in den folgenden Sätzen hat. Tragen Sie dann einen Pfeil in die entsprechende Spalte ein.

| | sehr / vollkommen (↑) | Einigermaßen (↓) |
|---|---|---|
| **1.** Die Fete war nicht schlecht, wir haben uns ganz gut amüsiert. ↓ | ☐ | ☒ |
| **2.** Der Ausflug war ganz schön! Den machen wir sicher noch mal. ___ | ☐ | ☐ |
| **3.** Maria ist ganz verrückt nach Rap. ___ | ☐ | ☐ |
| **4.** Ich finde Rap zwar ganz gut, aber Soul mag ich lieber. ___ | ☐ | ☐ |
| **5.** Das sehe ich ganz genau so. ___ | ☐ | ☐ |

**c** Lesen Sie die Sätze aus Übungsteil b laut. Markieren Sie wie im Beispiel, was betont wird: „ganz" oder das Adjektiv, auf das sich „ganz" bezieht.

1. Die Fete war nicht schlecht, wir haben uns ganz gut amüsiert.

**d** Ergänzen Sie die Regel.

> **!** Wenn „ganz" das Adjektiv abschwächt, wird __________________ betont;
> wenn „ganz" das Adjektiv verstärkt, wird __________________ betont.

## 4 Nur wegen der Schokolade!

Die Adverbien „nur", „auch" und „sogar" können auch Nomen besonders hervorheben. Ergänzen Sie die Lücken mit dem jeweils passenden der drei Adverbien. Manchmal gibt es mehrere Lösungen.

Das Konzert vom Sonntag hat uns nicht besonders gefallen; [1] auch unsere Nachbarn waren enttäuscht. [2] __________ unser 13-jähriger Sohn war begeistert. [3] __________ die Pause fand er toll, denn da gab es Schokolade. [4] __________ am nächsten Sonntag wird es wieder ein Konzert geben. Vielleicht geht diesmal [5] __________ unsere vierjährige Tochter mit, natürlich [6] __________ wegen der Schokolade. Und [7] __________ ihr 96-jähiger Großvater möchte mit ins Konzert gehen, obwohl er so schlecht hört. Eigentlich kann er klassische Musik nicht ausstehen und hört den ganzen Tag [8] __________ laute Marschmusik. Und warum will er dann unbedingt mit? [9] __________ Großvater liebt gute Schokolade.

## 5 Wie fandest du das?

Befragen Sie sich gegenseitig, wie Sie etwas fanden, z. B. ein Konzert, einen Film, eine Theatervorstellung, eine Reise, den Unterricht, …, und benutzen Sie dabei Adverbien, die Ihre Aussage verstärken oder abschwächen.

Wie fandest du das Schulkonzert? – Das fand ich super.
Mir hat sogar das Solo der Geigerin gefallen. … /
Was sagst du zu … ? / Wie hat dir … gefallen? …

# 7 Artikelwörter und Pronomen

## 7.1 Artikelwörter (der, das, die ...; ein, kein, mein, ...)

### 1 Gründe für ein Praktikum – eine Umfrage

**a** Markieren Sie alle Artikelwörter in den Antworten der Befragten.

1. **Klaus:** In meinem Fachbereich müssen alle Studenten ein Praktikum machen. Ich hatte also keine Wahl.

2. **Marie:** Ich habe keine genaue Vorstellung von dem Beruf eines Produktdesigners. Auf diese Weise kann ich so manche Praxiserfahrung sammeln, die das Studium nicht vermitteln kann.

3. **Lisa:** Mein Professor empfahl mir, in einem Praktikum herauszufinden, welche Tätigkeiten mir leicht fallen. Was für ein kluger Rat!

4. **Tibor:** Bevor ich irgendeine Bewerbung schreibe, wollte ich wissen, ob ich für diesen oder jenen Beruf überhaupt geeignet bin.

5. **Clarissa:** Ein Praktikum bietet die Möglichkeit, seine Stärken kennenzulernen. Meiner Meinung nach kann man dann sicherer in einem Bewerbungsgespräch auftreten.

Signalendungen

| | m | n | f | Pl. |
|---|---|---|---|---|
| N | r | s | e | e |
| A | n | s | e | e |
| D | m | m | r | n |
| G | s | s | r | r |

**b** In drei Fällen haben Artikelwörter keine Signalendung. Notieren Sie die Nummer der Antwort, das Beispiel sowie Kasus und Genus.

1. Antwort Nr. _1_, Beispiel: _ein Praktikum machen_ → _Akkusativ, Neutrum_
2. Antwort Nr. ____, Beispiel: ______________ → ______________
3. Antwort Nr. ____, Beispiel: ______________ → ______________

**c** Artikelwörter und Signalendungen. Ergänzen Sie die Beispiele aus Übungsteil a.

| **immer mit Signalendung:** Definitartikel, Demonstrativartikel, Fragewort, zwei weitere Artikel | **nicht immer mit Signalendung:** Indefinitartikel, negativer Artikel, Fragewort, Possessivartikel |
|---|---|
| *alle, ...* | *meinem, ein, keine, ...* |

### 2 Zwei Studenten im Praktikum

**a** Mit Artikelwörtern lassen sich Anzahl, Menge oder Intensität einer Sache oder Person bezeichnen. Tragen Sie die Angaben in Klammern in der richtigen Reihefolge (negativ bis positiv) ein.

Vor einem artikellosen Nomen im Singular erhalten die Artikelwörter „viel" und „wenig" oft keine Endung: „viel Geld, wenig Zeit".

1. Klaus machte bisher _kein, ein, ..._ Praktikum, das ihm angeboten wurde. (ein, kein, jedes, manches)
2. Lisa lernte ______________ Arbeitskollegen kennen. (einige, alle, wenige, keine, viele, mehrere)
3. Für die großen Probleme fanden sie ______________ Lösung. (eine, manche, keine)
4. Ihre Vorgesetzten hatten ______________ Geduld mit ihnen. (viel, wenig, keine)

**b** Artikelwörter im Plural und im Singular. Geben Sie die unterstrichenen Ausdrücke im Singular wieder.

1. Praktika zu machen, ist für viele Studenten selbstverständlich. → Ein Praktikum
2. Klaus wollte nicht irgendwelche Aushilfsjobs machen. → ____
3. Lisa kam mit allen Kollegen gut zurecht. → ____
4. Was für Chancen hat man heutzutage ohne Praktikum? → ____

## 3 Ein neuer Mitbewohner

**a** Lesen Sie den folgenden Textausschnitt, markieren Sie die Indefinitartikel und Definitartikel in zwei Farben und nummerieren Sie dann die Artikel.

Lisa und Klaus leben in einer (1) studentischen Wohngemeinschaft in Köln. In der (2) WG ist ein Zimmer frei geworden. Sie möchten das Zimmer so bald wie möglich wieder vermieten und suchen einen neuen Mitbewohner. Passende WG-Mitbewohner zu finden, ist immer etwas schwierig. Der sympathischste Bewerber war schließlich Tibor Vas. Er ist ein unternehmungslustiger junger Mann aus Tihany. Tihany ist eine kleine Stadt in Ungarn. Sie liegt an dem bekannten Plattensee. Tibor erzählt gern von seinen Reisen. Er kennt die Philippinen, den Libanon und er war auch schon in Nepal. Dort hätte er gern den Mount Everest bestiegen.

**b** Notieren Sie, in welchen Fällen der Indefinitartikel (I) bzw. der Definitartikel (D) verwendet wird, und tragen Sie die Nummern der Beispiele aus Übungsteil a ein.

1. Eine Person oder eine Sache werden in einem Text neu eingeführt. ☐ I 1, 3, 5
2. Eine Person oder eine Sache sind vorher im Text schon erwähnt. ☐ ____
3. Bezeichnung einer Klasse, zu der eine Sache oder eine Person gehört (z. B. bei Definitionen) ☐ ____
4. allgemein bekannte, oft einmalig vorhandene Personen oder Sachen (z. B. Namen von Persönlichkeiten oder von Gebirgen, Bergen, Flüssen, Seen, Meeren, Bauwerken und Institutionen) ☐ ____
5. vor einem Superlativ ☐ ____
6. Ländernamen im Plural, einige Ländernamen im Singular ☐ ____

**c** Generalisierende Aussagen über Personen oder Sachen können durch verschiedene Artikelwörter ausgedrückt werden. Ergänzen Sie jeweils das Beispiel.

1. Definitartikel, Singular: Der Student braucht ein Dach über dem Kopf.
2. Definitartikel, Plural: Die Studenten ...
3. Indefinitartikel, Singular: ____
4. Indefinitartikel, Plural: ____
5. „Jeder": ____
6. „Alle": ____

**d** Allerlei über Köln. Ergänzen Sie den richtigen Artikel.

1. Köln ist eine Stadt der Kunst und der Kirchen.
2. ____ bekannteste Bauwerk ist sicherlich ____ Kölner Dom.
3. ____ Stadt ist ____ Anziehungspunkt für unzählige Touristen.
4. Viele machen ____ Schifffahrt auf ____ Rhein oder besuchen ____ Schokoladenmuseum.
5. Köln hat ____ namhafte Universität und mehrere Fachhochschulen. Insgesamt studieren zur Zeit an ____ Universität und ____ Fachhochschulen über 80.000 Studenten.
6. ____ Zahl der Studenten ist hoch, und es ist schwierig, ____ bezahlbare Unterkunft zu finden.
7. Deshalb bevorzugen viele ____ günstigeres WG-Zimmer. Außerdem ist ____ Leben in ____ WG nie langweilig.

## 4 Mehr über Tibor

**a** In den folgenden Fällen verwendet man keinen Artikel. Ordnen Sie den Erklärungen die passenden Beispiele zu.

| | | |
|---|---|---|
| **1.** Pluralform des Indefinitartikels | **A** Das ist Herr Vas. | **1.** H |
| **2.** Bezeichnung der Nationalität | **B** Er trinkt gern Rotwein. | **2.** ☐ |
| **3.** Berufs- und Funktionsbezeichnungen | **C** Geld ist ihm nicht so wichtig. | **3.** ☐ |
| **4.** Angabe des Unterrichts- oder Studienfachs | **D** Als Übersetzer arbeitet er nie ohne Wörterbuch. | **4.** ☐ |
| **5.** Namen von Orten, Ländern und Kontinenten. (Ausnahmen: siehe 3b) | **E** Er übersetzt vor allem literarische Texte. | **5.** ☐ |
| **6.** Personennamen, auch bei Anrede („Frau“, „Herr“) oder Titel vor dem Namen | **F** Er kommt aus Tihany. Das liegt in Ungarn. | **6.** ☐ |
| **7.** Gefühle und Eigenschaften | **G** Er arbeitet manchmal Tag und Nacht. | **7.** ☐ |
| **8.** unbestimmte, nicht zählbare Mengen | **H** Er hat Germanistik studiert. | **8.** ☐ |
| **9.** Flüssigkeiten und Stoffnamen | **I** Geduld und Fleiß sind hierbei nötig. | **9.** ☐ |
| **10.** Überschriften, Anzeigen und Buchtitel | **J** Er ist Ungar. | **10.** ☐ |
| **11.** oft nach den Präpositionen „als“, „nach“, „ohne“, „vor“ und „zu“ | **K** Er ist Übersetzer und Mitglied im Literaturverein. | **11.** ☐ |
| **12.** bei bestimmten festen Wendungen | **L** Zimmer in WG gesucht | **12.** ☐ |

**b** Vergleichen Sie die Satzpaare und ergänzen Sie die Regel zum Artikelgebrauch. Wählen Sie dafür die passenden Angaben aus dem Schüttelkasten aus.

1. Tibor ist Übersetzer. Tibor ist ein guter Übersetzer.
2. Er ist Ungar. Er ist der Ungar, der bei Lisa und Klaus wohnt.
3. Er isst gern Gulaschsuppe. Er isst gern die Gulaschsuppe seiner Mutter.

~~Adjektiv~~ Genitiv-Ergänzung Dativ-Ergänzung Adverb Relativsatz

**!** Wenn das Nomen durch *ein Adjektiv*, ________ oder ________ näher bestimmt wird, muss man den Indefinit- oder den Definitartikel verwenden. Zur Frage, welchen der beiden Artikel man benötigt, siehe die Regeln unter 3b.

**c** Indefinitartikel, Definitartikel oder kein Artikel? Ergänzen Sie Tibors Lebenslauf.

Nach [1] *dem* Abitur begann [2] ________ Tibor sein Studium. Zuerst studierte er [3] ________ Übersetzungswissenschaften an [4] ________ Technischen Universität in [5] ________ Budapest. Eigentlich fühlte er sich in [6] ________ ungarischen Hauptstadt recht wohl. Er genoss [7] ________ Leben als [8] ________ Student, und [9] ________ Studium machte ihm [10] ________ Spaß. [11] ________ Ernst des Lebens begann, als [12] ________ Gastprofessor aus [13] ________ Nachbarland Österreich auf [14] ________ guten Leistungen Tibors aufmerksam wurde. [15] ________ Professor Beckmann, [16] ________ bekannter österreichischer Übersetzer, empfahl ihm, sein Studium in [17] ________ Wien fortzusetzen. Das war [18] ________ Angebot, dem Tibor nicht widerstehen konnte. Hinzu kam, dass [19] ________ Stadt nur zwei Autostunden von [20] ________ Zuhause entfernt war, falls er [21] ________ Heimweh bekommen sollte. Um [22] ________ Aufenthalt zu finanzieren, jobbte er als [23] ________ Übersetzer für [24] ________ verschiedene Wiener Firmen. [25] ________meisten Aufträge waren gut bezahlt, aber [26] ________ Geld ist nicht alles. Er suchte nach [27] ________ Abwechslung, nach etwas, wozu er [28] ________ Lust hatte. Nach [29] ________ Abschluss seines Studiums beschloss er, [30] ________ Reisen in [31] ________ fremde Länder zu unternehmen.

## 7.2 Artikelwörter als Pronomen (das ist meins, deins, ...)

### 1 Es allen recht machen wollen

**a** Clarissa spricht mit ihrer Freundin Marie über die geplante Sommerparty in ihrer Firma. Ergänzen Sie die fehlenden Pronomen.

| | | | | | | | | |
|---|---|---|---|---|---|---|---|---|
| ~~allen~~ | die | denen | jeder | manche | den | denen | einer | welche |
| das | meiner | welchen | einen | jedem | der | das | einer | keiner |

**Marie:** Wie läuft denn die Vorbereitung?

**Clarissa:** Na ja, alle meine Kollegen wollen natürlich mitreden, aber man kann es nicht [1] *allen* recht machen. [2] ________ hat andere Vorstellungen. [3] ________ davon finde ich ziemlich unpassend.

**Marie:** [4] ________ denn?

**Clarissa:** Na, die Vorstellung, alles selbst zu machen. Du weißt schon: [5] ________ besorgt die Getränke, [6] ________ macht Salate und so weiter. Aber mir gefällt [7] ________ nicht. Es kommen ja auch Gäste, und [8] ________ muss man doch etwas bieten.

**Marie:** Hm, und was ist dein Vorschlag?

**Clarissa:** [9] ________? Also ich meine, wir sollten einen Lieferdienst für das Buffet beauftragen.

**Marie:** Gute Idee! Ich kenne da [10] ________, [11] ________ ist wirklich gut.

**Clarissa:** [12] ________? [13] ________ mit den leckeren italienischen Vorspeisen?

**Marie:** Genau! Vorspeisen sind immer gut. Mit [14] ________ kannst du nichts falsch machen. [15] ________ schmecken [16] ________.

**Clarissa:** Super Idee! [17] ________ werde ich den Kollegen vorschlagen. Hoffentlich hat [18] ________ was dagegen.

**b** Markieren Sie in Übungsteil a jeweils mit einer anderen Farbe die Definitartikel als Pronomen und alle anderen Artikelwörter, die als Pronomen verwendet werden.

**c** Wie lauten die Regeln für Artikelwörter als Pronomen? Kreuzen Sie an.

> **!**
> 1. Die Definitartikel als Pronomen haben die gleichen Formen wie ☐ Adjektive ☐ Relativpronomen ☐ Indefinitartikel.
> 2. Alle anderen Artikelwörter haben ☐ immer ☐ meistens ☐ nie eine Signalendung.

### 2 Vorbereitungsstress? Es gibt welchen!

**a** Clarissa und ihre Kollegen sind mitten in den Partyvorbereitungen. Alle reden durcheinander. Ergänzen Sie die Antworten mit den passenden Pronomen. Die Angaben in Klammern helfen Ihnen.

1. Hier liegt eine Checkliste herum. Ist das deine oder Toms? (mein) → *Das ist meine.*
2. Haben wir noch Einladungskarten? → *Nein, leider ...*
3. Hat jeder Gast eine Wegbeschreibung bekommen? → *Ja, jeder Gast hat ...*
4. Haben wir Bier? → *Ja, wir ...*
5. Da klingelt ein Handy. Ist das deins oder Sabines? (ihr) → *Das ...*
6. Gibt es auch vegetarische Gerichte? → *Ja, natürlich ...*
7. Haben wir auch einen Diskjockey? → *Nein, leider ...*
8. Gibt es wenigstens eine Stereoanlage? → *Ja, ...*

**b** Ergänzen Sie Clarissas Mail mit den passenden Pronomen. Manchmal passen mehrere.

Hallo Marie,
die Feier war ein echter Erfolg!! Es lief alles rund. Wir haben die Aufgaben aufgeteilt, und [1] alle haben bei den Vorbereitungen geholfen. [2] ______ machte der Vorbereitungsstress richtig Spaß. Der Getränkedienst hat noch rechtzeitig das Bier geliefert. Es gab sogar [3] ______ vom Fass. Ich habe noch ein paar Diskjockeys angerufen, doch [4] ______ hatte einen Termin frei. Für Musik war trotzdem gesorgt. Die meisten Gäste wollten sich zwar nur unterhalten, aber [5] ______ haben auch getanzt. Insgesamt war die Stimmung echt gut. [6] ______ hat sich beschwert, und [7] ______ waren von den italienischen Vorspeisen begeistert. Danke nochmals für den Tipp. Bis bald, Clarissa

## 7.3 Indefinitpronomen (man, jemand, irgendjemand, ...)

### 1 Klischees

LB / AB Lek. 6

**a** Ergänzen Sie „man", „einen" oder „einem".

1. Arbeit muss einem Spaß machen.
2. Das Wichtigste ist, dass ______ Erfolg hat.
3. Erfolg macht ______ glücklich.
4. Was ______ leicht fällt, das macht ______ gut.

**b** „Man", „jemand" oder „irgendwer"? Wählen Sie das passende Indefinitpronomen.

1. ☐ Jemand ☒ Man macht eine Arbeit gern, die ☐ einen ☐ irgendwen nicht langweilt.
2. „Erst die Arbeit, dann das Vergnügen." Das hat mal ☐ irgendwer ☐ man gesagt, doch wer?
3. Lob vom Chef macht ☐ jemanden ☐ einen stolz.
4. Wenn ☐ jemand ☐ irgendjemand seine Stärken kennt, findet er leichter einen Job.

**c** Ergänzen Sie die Regeln mit den passenden Indefinitpronomen.

~~man~~ irgendwen jemandem ~~irgendwer~~ irgendwem einen einem jemand jemanden irgendjemand

!
1. Unbestimmte Allgemeinheit: man, Akkusativ: ______, Dativ: ______.
2. Unbestimmte Person: ______, Akkusativ: ______, Dativ: ______.
   Die Endungen im Akkusativ und Dativ können weggelassen werden.
3. Verstärkung der Unbestimmtheit oder Beliebigkeit: ______ oder irgendwer, Akkusativ: ______, Dativ: ______.

### 2 Irgendwo im Ausland arbeiten

**a** Wie heißt die Negation? Ordnen Sie zu.

| | | | | | |
|---|---|---|---|---|---|
| 1. | jemand / irgendjemand, irgendwer | A | gar nicht, in keiner Weise | 1. | H |
| 2. | etwas / irgendetwas | B | nirgendwoher | 2. | ☐ |
| 3. | irgendwo | C | nichts | 3. | ☐ |
| 4. | irgendwohin | D | keiner | 4. | ☐ |
| 5. | irgendwoher | E | nie / niemals | 5. | ☐ |
| 6. | irgendwann | F | nirgends / nirgendwo | 6. | ☐ |
| 7. | irgendwie | G | nirgendwohin | 7. | ☐ |
| 8. | irgendeiner | H | niemand | 8. | ☐ |

**b** Barkeeper Florian träumt von irgendeinem Job im Ausland. Formulieren Sie allgemeiner und ersetzen Sie die markierten Ausdrücke durch Indefinitpronomen.

1. Ich möchte in der Zukunft einen Job im Ausland haben.
2. Ich bin sicher, dass es an vielen anderen Orten bessere Arbeitsbedingungen gibt als hier.
3. Ich finde vielleicht eine Tätigkeit im Gastronomienbereich.
4. Ich kenne keinen Menschen, der Kontakte hat und mir helfen könnte.
5. Trotzdem: Arbeiten im Ausland – das möchte ich egal auf welche Weise verwirklichen.

1. *Ich möchte irgendwann einen Job im Ausland haben.*

**c** Sein Kollege Max denkt das Gegenteil. Negieren Sie die Sätze aus Übungsteil b.

1. *Ich möchte nie einen Job im Ausland haben.*

## 7.4 Präpositionalpronomen (darauf, dazu, ...; worauf, wozu, ...)

### 1 Präpositionalpronomen und Präpositionen

LB / AB
Lek. 9

Kapitel 8.3
Feste Präpositionen bei Adjektiven, Nomen und Verben

**a** Lesen Sie die folgenden Sätze und erklären Sie, was die Sätze a von den Sätzen b unterscheidet.

1. **a.** An wen erinnert sich Lena gerne? An ihre erste Lehrerin. Lena erinnert sich sehr gern an sie.
   **b.** Woran erinnert sich Lena gut? Lena erinnert sich gut daran, wie sie unterrichtet hat.
2. **a.** Mit wem hat Teresa Probleme? Mit dem Kreditinstitut. Sie hat dauernd Probleme mit ihm.
   **b.** Womit hat Teresa Probleme? Sie hat Probleme damit, dass das Kreditinstitut ihr Konto sperrt.
3. **a.** Für wen interessiert sich Timo? Für Wale. Er interessiert sich seit seiner Kindheit sehr für sie.
   **b.** Wofür interessiert sich Timo? Er interessiert sich seit seiner Kindheit dafür, wie Wale leben.
4. **a.** Um wen kümmert sich Jörg? Um seine Mutter. Er kümmert sich wirklich liebevoll um sie.
   **b.** Worum kümmert sich Jörg? Jörgs Mutter muss ins Krankenhaus. Er kümmert sich darum.
5. **a.** Auf wen wartet Martha? Auf ihren Mann. Sie wartet seit Tagen auf ihn.
   **b.** Worauf wartet Martha? Sie wartet auf seine Rückkehr. Sie wartet schon lange darauf.
6. **a.** An wen denkt Martin? An seine Frau. Er denkt den ganzen Tag nur an sie.
   **b.** Woran denkt Martin? An ihr gemeinsames Haus. Er denkt den ganzen Tag nur daran.

**b** Lesen Sie folgende Aussagen zu den Präpositionalpronomen und entscheiden Sie, welche davon richtig (r) oder falsch (f) sind. Belegen Sie Ihre Entscheidung anhand von Beispielen aus Übungsteil a.

| | | | |
|---|---|---|---|
| 1. | Präpositionalpronomen ersetzen ein Verb mit Präposition, wenn es sich um eine Sache oder Aussage handelt. | r | ~~f~~ (angekreuzt) |
| 2. | Das Präpositionalpronomen wird mit „da(r)" + Präposition gebildet. | r | f |
| 3. | Bei Fragen nach Personen steht „wo(r)" + Präposition | r | f |
| 4. | Die Präposition hängt nicht vom Verb ab. | r | f |
| 5. | Präposition + Pronomen ersetzen ein Nomen mit Präposition, wenn es sich um Personen, Lebewesen und Institutionen handelt. | r | f |
| 6. | Bei Fragen nach Personen, Lebewesen und Institutionen gebraucht man äußerst selten Präposition + Fragewort. | r | f |

**c** Korrigieren Sie die falschen Aussagen aus Übungsteil b.

1. *Präpositionalpronomen ersetzen ein Nomen mit Präposition, wenn es sich um eine Sache oder Aussage handelt.*

**d** Setzen Sie entweder eine Präposition oder ein Präpositionalpronomen ein. Die Angaben in Klammern helfen Ihnen dabei.

1. Ich freue mich schon _darauf_, dass wir uns am Sonntag treffen. (auf)
2. Im Ausland sehnt Martin sich oft ________ seinen Freunden. (nach)
3. Die Kinder leiden ________, dass die Eltern sich häufig streiten. (unter)
4. Sie träumen ________, dass bald alles besser wird. (von)
5. Seit Viktor von einem Hund gebissen wurde, fürchtet er sich ________ Hunden. (vor)
6. Frau Wagner schimpft oft ________ ihre Enkel, weil sie ihr zu wenig helfen. (über)

**e** Ergänzen Sie die Lücken mit Präpositionalpronomen. Die Verben und Präpositionen aus dem Schüttelkasten können Ihnen helfen.

| | | | |
|---|---|---|---|
| sich ärgern über | sich freuen auf | ~~sich freuen über~~ | gratulieren zu |
| dankbar sein für | sich schämen für | sich wundern über | |

1. Die Kollegen unterstützen Michaela in der Probezeit. _Darüber freut_ sie _sich_ sehr.
2. Michaela hatte ihre Probezeit erfolgreich bestanden. ________ ________ ihr das ganze Team.
3. Ihr Vorgesetzter vertraute ihr ein großes Projekt an. ________ ________ sie ihm ________.
4. Ihre Englischkenntnisse waren leider schlecht. ________ ________ sie ________.
5. An Terminen mit englischsprachigen Kollegen nahm sie nicht teil. ________ ________ ________ die Kollegen.
6. Eine Kollegin sprach sie auf das Problem an. Sie ________ ________ zuerst sehr ________.
7. Sie planen gemeinsam eine Sprachreise nach England. ________ ________ sie ________ schon jetzt sehr.

## 2 Daran sollte man auch denken!

**a** Setzen Sie die passende Präposition oder das passende Präpositionalpronomen ein.

1. Sofia musste eine halbe Stunde _auf_ Benedikt warten, als sie zum Kino verabredet waren.
2. Benedikt entschuldigte sich ________ und kaufte ihr eine Portion Popcorn.
3. Im Film ging es ________, dass sich zwei alte Freunde nach vielen Jahren zufällig treffen.
4. Die Freunde freuten sich ________, denn sie waren in ihrer Jugend beste Freunde gewesen.
5. Bald jedoch begannen sie sich ________ zu streiten, wer in seinem Leben mehr erreicht hatte.
6. ________ beide wartete schließlich eine böse Überraschung: Ihre Frauen verließen sie.
7. Sie schämten sich ________, dass sie zu egoistisch gewesen waren.
8. Sie entschuldigten sich bei ihren Frauen ________ ihr Benehmen und am Ende versöhnten sich alle.

*Bei Fragen und in Relativsätze wird „wo(r)" + Präposition anstelle von „was" + Präposition verwendet:*
- *„Worum ging es in dem Film?" – „Um Freundschaft" (gehen um)*
- *„Patrick bestand das Abitur nicht, worüber er sich sehr ärgerte."*

**b** Formulieren Sie Fragen zu den Sätzen aus Übungsteil a und schreiben Sie auch die Antworten noch einmal auf, wenn möglich, in Kurzform.

1. _Auf wen musste Sofia eine halbe Stunde warten? Auf Bendedikt._
2. _Wofür entschuldigte sich Benedikt? Dafür, dass Sofia ..._

## 3 Das Geheimnis liegt darin, dass ..

**a** Bilden Sie aus den Satzteilen den passenden Hauptsatz. Achten Sie dabei auch auf die Präpositionalpronomen.

1. (Frederik / sich entschließen zu / schon nach zwei Monaten), Sabine einen Antrag zu machen.
→ *Frederik entschloss sich schon nach zwei Monaten dazu, Sabine einen Antrag zu machen.*
2. (seine Familie / einverstanden sein mit / nicht / zuerst), dass er sie so schnell heiraten wollte.
→ ______
3. (Sabine / zweifeln an / auch), dass er es ernst mit ihr meinte.
→ ______
4. (sie / wollen / nachdenken über / in Ruhe), ob ihre Gefühle für ihn tief genug waren.
→ ______
5. (Frederik / überzeugen von / sie / nach einem Monat), dass er der richtige Mann für sie war.
→ ______
6. (sie / beginnen mit / gleich), die Hochzeitsfeier zu planen.
→ ______
7. (seine Familie / sich gewöhnen an / auch), dass er eine Familie gründen würde.
→ ______
8. (das Eheglück / abhängen von / nur noch / jetzt), ob ihre Liebe den Alltag überstehen wird.
→ ______

**b** Sehen Sie sich die Nebensätze in Übungsteil a an. Welche Arten von Nebensätzen gibt es?

## 4 So geht es weiter

Ergänzen Sie jeweils passende Nebensätze: Nebensätze mit „dass“, mit „Infinitiv + zu“ und als indirekter Fragesatz.

1. Julia ist immer noch nicht gekommen.
   - **a.** Ich denke schon die ganze Zeit darüber nach, (warum / sie / nicht kommen) *warum sie nicht kommt*.
   - **b.** Ich habe mich so darauf gefreut, (sie / wiedersehen) ______.
   - **c.** Ich ärgere mich darüber, (sie / mich / warten lassen) ______.
2. Frau Mai sucht eine neue Stelle.
   - **a.** Sie träumt davon, (ihr Leben / sich ändern / ganz) ______.
   - **b.** Sie sorgt sich darum, (sie / beruflich / wie / sich verbessern können) ______.
   - **c.** Sie fürchtet sich davor, (den Anschluss / verlieren) ______.
3. Die Filmvorführung wurde kurz vor Schluss abgebrochen.
   - **a.** Das Publikum wunderte sich darüber, (der Film / laufen / warum / nicht) ______.
   - **b.** Der Besitzer entschuldigte sich dafür, (das Gerät / kaputt sein) ______.
   - **c.** Das Publikum bestand darauf, (sein Geld / erstattet bekommen) ______.

## 5 Und woran denken Sie? – Ein Kettenspiel

Arbeiten Sie, wenn möglich, zu zweit. Stellen Sie sich gegenseitig Fragen wie im Beispiel. Diejenige / derjenige, die / der eine Frage beantwortet hat, darf die nächste Frage mit einem Präpositionalpronomen bzw. mit Präposition stellen.

*Und woran denken Sie gerade? – Ich denke daran, dass ich morgen ein Zugticket besorgen muss. Über wen haben Sie sich am meisten geärgert? – Ich habe mich am meisten über meine neugierige Nachbarin geärgert. Und ...*

# 8 Präpositionen

## 8.1 Syntaktisch

### 1 Neulich nachts im Park ... – Lauter Präpositionen

AB Lek. 9

Lesen Sie den Text, sammeln Sie alle Präpositionen und ordnen Sie sie in die Tabelle ein.

Wegen seiner Schlafprobleme geht Marc manchmal nachts spazieren. Nach einer Stunde ist er dann müde und sinkt in einen tiefen Schlaf. Aber vor einigen Tagen hatte er ein komisches Erlebnis: Er hatte sich wie üblich aus dem Haus geschlichen, war durch den Garten auf die Straße gegangen und gleich an der nächsten Kreuzung in den Park abgebogen. Er war gerade am Ufer des Baches angekommen, als ihm zwei junge Männer entgegen kamen. Er spazierte noch bis zum Goethe-Denkmal und machte dann einen Umweg über die Brücke. Auf der anderen Seite der Brücke traf er wieder auf die beiden Männer, die zu ihm herüber sahen und leise flüsterten. Ab diesem Moment beschleunigte er seine Schritte und beschloss, ohne Umwege nach Hause zu gehen. Aber schon hörte er hinter sich schnelle Schritte. In seiner Manteltasche tastete er nach seiner Taschenlampe, um sich gegen die Angreifer wehren zu können. Dann drehte er sich trotz seiner Angst blitzschnell um – und stand genau den beiden Männern gegenüber. Die beiden lächelten freundlich und fragten ihn nach ihrem Schlüssel, den sie am Abend verloren hatten. Da fiel ihm ein Stein vom Herzen und er bot ihnen an, bei der Suche zu helfen. Dank seiner Taschenlampe fanden sie den Schlüssel innerhalb kürzester Zeit und alle drei gingen zufrieden nach Hause.

| Akkusativ und Dativ (Wechselpräpositionen) | Akkusativ | Dativ | Genitiv |
|---|---|---|---|
| _____, _____, _____, neben, _____, unter, _____, vor, zwischen | _____, _____, _____, für, _____, um, entlang *(nach dem Nomen)* | _____, _____, außer, _____, _____, _____, infolge von, mit, _____, seit, _____, wegen, _____ | aufgrund, außerhalb, wegen, infolge, _____, (an)statt, _____, ungeachtet, während, _____, entlang *(vor dem Nomen)* |

### 2 Unverhofftes Wiedersehen – Wechselpräpositionen

**a** Ergänzen Sie die Artikel und Personalpronomen im Dativ oder Akkusativ.

1. Claus lehnte sich bewusst lässig an die (die) Wand. Hinten in der letzten Reihe an _______ (die) Wand hatte er seine Exfrau Gabi entdeckt.
2. Hinter _______ (das) verliebten Pärchen war sie kaum zu sehen. Aber hinter _______ (das) Pärchen wollte er sich nicht setzen. Zu viele Erinnerungen wurden in ihm wach.
3. Früher waren sie nämlich oft zusammen in _______ (das) Kino gegangen. In _______ (dieses) Kino hatten sie viele großartige Filme gesehen und schöne Stunden verbracht.
4. Was würde sie wohl sagen, wenn er sich einfach neben _______ (sie) setzen würde? Aber leider waren alle Plätze neben _______ (sie) nun besetzt.
5. Vielleicht hätte sie sich dann vor _______ (er) gestellt und ihn laut beschimpft. Und wenn sie vor _______ (er) gestanden hätte, dann hätte er ja vor Aufregung nichts sagen können. So drehte er sich schnell um und setzte sich erleichtert in die erste Reihe.

**b** Schauen Sie sich den Übungsteil a noch einmal an. Überlegen Sie, wann man Dativ bzw. Akkusativ gebraucht.

!

1. Wechselpräpositionen sind __________ Präpositionen wie „an", „auf", „hinter", „in", „neben", „über", „unter", „vor", „zwischen".
2. Sie verlangen je nach Kontext (Frage nach dem Ort „wo?") den Dativ oder den Akkusativ (Frage nach der Bewegungsrichtung „__________?").

## 8.2 Semantisch

### 1 Glück online – Die Bedeutung von Präpositionen

Kapitel 3.4-3.12 Nebensätze und alternative Ausdrucksformen

*Falls Sie unsicher sind, schauen Sie in den entsprechenden Abschnitten in Kap. 3 nach.*

**a** Lesen Sie zunächst die Sätze und unterstreichen Sie die Präpositionen. Ordnen Sie die Präpositionen dann ihrer Bedeutung (semantischen Funktion) zu.

1. Trotz eines großen Bekanntenkreises haben viele Leute Probleme, einen Partner zu finden.
2. Viele Menschen pflegen statt persönlicher Kontakte ihre Beziehungen per Mail.
3. Im Internet suchen bereits 90 Prozent aller Singles nach neuen Partnern.
4. Online-Partnerschaftsbörsen sind daher schon seit Jahren sehr gefragt.
5. Immer mehr Menschen finden durch sie einen neuen Partner.
6. Bei Interesse nimmt man Kontakt auf.
7. Es kann schnell zu langen Briefwechseln und dann zum ersten Treffen kommen.
8. Aus Angst vor einer Enttäuschung sollte man nicht lügen oder ein falsches Foto schicken.
9. Wer dies entgegen aller Warnungen tut, wird sicher enttäuscht werden.
10. Infolge dieser einfachen Regeln ist die Partnersuche im Internet oft sehr erfolgreich.

A Angabe einer Alternative (alternative Präposition): ______

B Angabe des Grundes (kausale Präposition): ______

C Angabe der Bedingung (konditionale Präposition): ______

D Angabe des Ortes (lokale Präposition): ______

E Angabe des Ziels / Zwecks / der Absicht (finale Präposition): ______

F Zeitangabe (temporale Präposition): ______

G Angabe des Gegengrundes (konzessive Präposition): *trotz, ungeachtet*

H Angabe der Folge (konsekutive Präposition): ______

I Angabe der Art und Weise (modale Präposition): ______

J Angabe des Gegensatzes (adversative Präposition): ______

1. [G] 2. [ ] 3. [ ] 4. [ ] 5. [ ] 6. [ ] 7. [ ] 8. [ ] 9. [ ] 10. [ ]

**b** Tragen Sie nun in die rechte Spalte ggf. weitere Präpositionen mit der entsprechenden Bedeutung wie im Beispiel ein.

**c** Setzen Sie in die Lücken kausale, konditionale und modale Präpositionen ein.

| aufgrund | dank | bei | mit | mit | nach | ohne | ~~vor~~ |
|---|---|---|---|---|---|---|---|

1. Bei ihrem ersten Treffen kam Kati *vor* Aufregung eine Stunde zu früh.
2. Sie hatte Richard ______ seiner Beschreibung sofort erkannt.
3. ______ Brille sah er sogar noch besser aus als auf dem Foto.
4. Eigentlich wirkte er ______ der Rose in der Hand fast wie ein Held aus einem Liebesfilm.
5. ______ seiner interessanten Briefe wollte Kati ihn nun endlich persönlich kennenlernen.
6. ______ ihrer realistischen Grundeinstellung hatte sie keine Angst vor einer Enttäuschung.
7. ______ einem Glas Wein erzählte er stundenlang aus seinem spannenden Leben.
8. Da spürte Kati ______ Bedauern, dass dieser egozentrische Mann nicht ihr Herz erobern würde.

**d** Ergänzen Sie die Sätze und verwenden Sie dabei die Angaben und Präpositionen (final, konzessiv, konsekutiv und adversativ) in Klammern.

1. Viele Menschen sind bereit, *für die Liebe alles aufzugeben*. (aufgeben / alles / die Liebe / für)
2. Sie glauben immer noch an das große Glück – ______. (schlechte Erfahrung / trotz)
3. (ihre positive Einstellung / infolge) ______, sehen sie vielleicht manches durch eine rosa Brille.
4. (die negativen Kommentare / aber / entgegen) ______ von ihren Bekannten gelingt es ihnen, ihr Glück zu leben.
5. (alle Probleme / denn / ungeachtet) ______ glauben sie an die Kraft ihrer Liebe.

**e** Setzen Sie die passenden Präpositionen aus dem Schüttelkasten in die Sätze ein.

am bei bis in nach ~~seit~~ vor während

1. *Seit* drei Wochen bereitet sich Svenja auf die Prüfung vor.
2. ______ zwei Tagen findet die schriftliche Prüfung statt.
3. ______ Prüfungstag selbst kann sie nichts frühstücken.
4. ______ einer Prüfung hat sie immer große Angst.
5. ______ der Ausgabe der Prüfungsunterlagen hat sie 60 Minuten Zeit zur Bearbeitung.
6. ______ der Prüfung ist sie zum Glück ruhig und konzentriert.
7. ______ der Abgabe der Prüfungsblätter wird sie wieder nervös.
8. ______ zur Bekanntgabe der Ergebnisse schläft sie schlecht.

## 8.3 Feste Präpositionen bei Adjektiven, Nomen und Verben

### 1 Feste Beziehungen

LB / AB Lek. 9

**a** Ordnen Sie die Adjektive in die Tabelle zur jeweils passenden Präposition ein.

~~abhängig~~ arm begeistert bekannt bereit beschäftigt
beteiligt dankbar einverstanden entschlossen enttäuscht
fähig fertig geeignet gewöhnt interessiert nützlich
schuld überzeugt unangenehm unzufrieden verwandt voll

| an | für | mit | von | zu |
|---|---|---|---|---|
| | | | *abhängig* | |

**b** Wählen Sie die Adjektive aus, bei denen Sie nicht sicher waren, und schreiben Sie jeweils einen Beispielsatz.

### 2 Eine lehrreiche Erfahrung

*Eine Liste der Verben mit Präpositionen finden Sie im Anhang.*

Welche Präposition passt zum Verb? Kreuzen Sie an.

**Ein Ehepaar auf Reisen**

1. Vor ihrer Reise erkundigten sie sich ☒ nach ☐ über ☐ um dem Wetter in den Tropen.
2. Aber ihre Neugier siegte ☐ auf ☐ gegen ☐ über ihre Sorgen.
3. Also beschlossen sie, ☐ an ☐ in ☐ auf der zweiwöchigen Rundreise teilzunehmen.
4. Die Mitarbeiterin bemühte sich während der ganzen Reise ☐ um ☐ für ☐ über das Paar.
5. Leider litten die beiden ☐ an ☐ in ☐ unter der Schwüle und der Hitze.
6. Sie entschlossen sich ☐ vor ☐ zu ☐ von einem vorzeitigen Abbruch der Reise.
7. Einige Tage später einigten sie sich ☐ dazu ☐ darauf ☐ dafür, in Zukunft nur noch auf Balkonien Urlaub zu machen.

### 3 Worüber freust du dich?

Fragen Sie ggf. einen Lernpartner oder antworten Sie schriftlich und vergleichen Sie Ihre Ergebnisse mit der Musterlösung im Lösungsschlüssel.

1. Wovon bist du begeistert?
2. Wofür bist du deinen Eltern dankbar?
3. Woran kannst du dich nicht gewöhnen?
4. Womit beschäftigst du dich gern?
5. Auf wen warst du schon einmal wütend?
6. Wovon bist du überzeugt?

*1. Ich bin begeistert von der neuen CD von Rosenstolz.*

# 9 Modalpartikeln

## 1 Modalpartikeln – Was ist das denn?

LB / AB Lek. 9

**a** Lesen Sie den Text zu den Modalpartikeln und unterstreichen Sie die wichtigsten Informationen.

Modalpartikeln machen die Sprache farbiger, sie helfen z. B., Gefühle auszudrücken. Manchmal können diese kleinen Wörter die Bedeutung einer ganzen Aussage in sich tragen. Viele Modalpartikeln haben – je nach Kontext – auch mehrere Bedeutungen:
„Mein Auto ist kaputt. Was soll ich jetzt bloß machen?" = Ich bin ratlos.
„Sag bloß nichts!" = Sonst kann das negative Folgen haben.
„Wenn er bloß bald käme!" = Das ist mein ganz besonderer Wunsch.
„Wie siehst du bloß wieder aus?" = Ich wundere mich darüber. (Bei Fragen, auf die keine Antwort erwartet wird.)

**b** Welche Bedeutung hat „bloß"? Die Informationen aus Übungsteil a helfen Ihnen.

1. ▶ Wo ist denn bloß wieder meine Brille? → *Ich bin ratlos.*
2. ▷ Was ist das bloß wieder für ein Durcheinander? → ______
3. ▶ Wenn du bloß mal Ordnung halten würdest! → ______
4. ▶ Soll ich mal aufräumen? ▷ Bloß nicht! → ______

## 2 Fast gleich, aber doch ganz anders

**a** Ordnen Sie den Sätzen links die passende implizite Bedeutung rechts zu.

| | | |
|---|---|---|
| 1. Sie ist ja krank! | A Sie kann unmöglich heute arbeiten gehen! | 1. *E* |
| 2. Sie ist eigentlich krank. | B Ich vermute, dass sie krank ist. | 2. ☐ |
| 3. Sie ist doch krank. | C Daran kann man nichts ändern! | 3. ☐ |
| 4. Sie ist halt krank. | D Trotz ihrer Krankheit arbeitet sie. | 4. ☐ |
| 5. Sie ist wohl krank. | E Ihr wisst, dass sie krank ist. | 5. ☐ |

**b** Lesen Sie die Sätze aus Übungsteil a noch einmal an und ergänzen Sie die Regeln.

!
1. Modalpartikeln stehen immer im Mittelfeld, meist direkt ______ Verb. Sie sind unbetont.
2. Viele Modalpartikeln haben – je nach Kontext – auch mehrere ______.
3. Oft stehen auch ______ Modalpartikeln zusammen: „Das ist aber doch mal was anderes!"

## 3 Pass bloß auf!

Fügen Sie die Partikeln im Schüttelkasten in die Lücken ein. Zwei Modalpartikeln haben die gleiche Bedeutung und passen daher in die gleiche Lücke.

~~bloß~~ bloß doch eben halt mal wohl

1. „Wie sieht *bloß* dein Zimmer wieder aus?" = Du brauchst nicht zu antworten, du weißt selbst, wie unordentlich es ist.
2. „Fisch mag ich nicht. Das weißt du ______!" = Ich bin verärgert: Wie oft soll ich das noch sagen, du weißt das ganz genau.
3. „Könntest du mir bitte ______ helfen?" = Das wäre nett.
4. „Sie hat die Verabredung ______ vergessen." = Ich vermute das.
5. „Er ist ______ so, er redet nicht viel." = Da kann man nichts machen.

## 4 Ich mach' ja schon!

Lesen Sie die Minidialoge und ordnen Sie zu, welche Bedeutung „ja" jeweils hat.

1. a. ▶ Wir verpassen den Zug noch! – b. ▷ Immer mit der Ruhe! Ich bin ja gleich fertig!
2. a. ▶ Du siehst ja völlig genervt aus! – b. ▷ Na klar, du musst mich ja auch immer so drängen!
3. a. ▶ Das ist ja jetzt schnell gegangen! – b. ▷ Du hast mir ja auch geholfen.
4. a. ▶ Da ist das Taxi ja schon! – b. ▷ Wir haben's ja auch rechtzeitig bestellt.

| Ungeduld, Verärgerung | Überraschung | den Gesprächspartnern Bekanntes |
|---|---|---|
| 1b, | | |

## 5 Eigentlich sollte ich ...

Entscheiden Sie nach der Bedeutung in Klammern, ob Sie die Partikeln „eigentlich" oder „denn" in die Sätze einfügen, und achten Sie dabei auch auf die Wortstellung.

1. ▶ Hallo Svenja, wie geht's dir heute? (freundliches Interesse)
2. ▷ Mir geht's ganz gut, aber ich krieg' langsam Angst vor der Statistikprüfung. (im Grunde)
3. ▶ Warum? Du bist doch so fit! (genauere Nachfrage)
4. ▷ Hast du keine Ahnung, wie viele Statistik nicht bestehen?! (Vorwurf, ungläubig)
5. ▶ Das weiß ich schon. Aber ich dachte, es stimmt nicht ganz. (im Prinzip weiß ich das)
6. ▷ Du könntest dich mal etwas besser informieren! (vorsichtige Aufforderung)
7. ▶ Du hast ja Recht! Kann ich dir irgendwie helfen? (freundliches Interesse)
8. ▷ Das ist nett von dir, aber ich glaube nicht. Und was macht deine Prüfung? (Themenwechsel)

1. Hallo Svenja, wie geht's dir denn heute?

## 6 Was soll ich jetzt bloß machen?

Ergänzen Sie die E-Mail mit den folgenden Modalpartikeln. Manchmal passen zwei.

bloß bloß denn denn eben eigentlich
halt halt ~~ja~~ ja ja ja mal wohl

Hallo Eva,
du hast dich sicher gewundert, warum ich nicht auf deine letzte Mail geantwortet habe. Pechsträhne: Mein PC ist kaputt und ich bin wie immer knapp bei Kasse. Du kennst das [1] ja aus eigener Erfahrung. Jetzt kann ich dir [2] ________ nur am Unicomputer schreiben.
Du fragst, wie's mir geht. Im Moment gar nicht besonders. Ich hab' nämlich Markus' Auto zu Schrott gefahren. Und so blöd: Ich wusste [3] ________, dass ich zu müde zum Fahren war, und hab's trotzdem gemacht. Markus war so was von sauer! Du weißt [4] ________, wie er ist. Seine typischen Sätze, wenn ich mal fahre: „Gib [5] ________ Acht, wie du fährst! Du willst [6] ________ einen Unfall bauen?! Kannst du [7] ________ nicht aufpassen?!" Und jetzt hat er sozusagen noch Recht damit. Es ist mir soooo peinlich! Was soll ich [8] ________ machen – ich bin echt ratlos! Jobben geht jetzt [9] ________ nicht wegen der vielen Prüfungen. Meine einzige Hoffnung sind meine Eltern, vielleicht geben die mir einen Kredit. Dann muss ich [10] ________ die ganzen Semesterferien jobben. Tschüs Urlaub! ☹
Wie geht's dir [11] ________ so? Und Paul? Ruf doch [12] ________ an! Du weißt [13] ________, wann ich meistens zu erreichen bin – mit Mailen ist es jetzt [14] ________ zu schwierig. Bis bald, Judy

# 10 Wortbildung

## 10.1 Nomen

### 1 Was ist das? – Zusammengesetzte Wörter (Komposita): Nomen + Nomen

**a** Bilden Sie aus den Wörtern in den Schüttelkästen zusammengesetzte Nomen und setzen Sie den passenden Artikel dazu.

| erstes Nomen = Bestimmungswort | zweites Nomen = Grundwort |
| --- | --- |
| ~~Chrom~~ Sport Jogging Heim Nylon Yoga Puls Massage | ~~Hantel~~ Lotion Uhr Tasche Matte Hose Gewebe Trainer |

1. Sportgerät aus Metall → *die Chromhantel*
2. Kleidungsstück zum Laufen → ______
3. Stoff aus synthetischem Material → ______
4. Gerät zum Messen des Herzschlags → ______
5. Flüssigkeit zum Einreiben und Kneten der Haut → ______
6. Flacher Gegenstand, auf dem man eine indische Sportart betreibt → ______
7. Gerät, auf dem man sich zuhause sportlich betätigen kann → ______
8. Behälter, in dem man Kleidung transportiert, die man zum Training braucht. → ______

**b** Erklären Sie den Unterschied zwischen jeweils zwei zusammengesetzten Nomen. Zerlegen Sie dazu die Wörter in ihre Bestandteile und ergänzen Sie die Artikel. Ergänzen Sie anschließend die Lücken in den Definitionen.

*Bei einigen zusammengesetzten Wörtern muss aus phonetischen Gründen ein sogenanntes Fugenzeichen eingefügt werden, z. B. -s-, -e-, -es oder -n- wie in „Kleidung-s-stück", „Bad-e-tuch", „Bund-es-liga" oder „Halle-n-sport". Nach den Endungen „-ung", „-heit", „-keit", „tion", „-ion", „-schaft", „-tät", „-ling", „-tum" steht immer ein Fugen-s.*

1. **Fußballprofi – Profifußball**
   a. **Fußballprofi** → *der Fußball + der Profi*: Ein Fußballprofi ist kein Profi in der Sportart Volleyball, sondern in der Sportart ______,
   b. **Profifußball** → ______ + ______: Profifußball ist Fußball, der nicht von Amateuren, sondern von ______ gespielt wird.
2. **Hallentraining – Trainingshalle**
   a. **Hallentraining** → ______ + (-n-) + ______: Hallentraining ist ein Training, das man nicht im Freien, sondern in der ______ absolviert.
   b. **Trainingshalle** → ______ + (-s-) + ______: Eine Trainingshalle ist eine Halle, in der nicht produziert, sondern ______ wird.
3. **Trainerausbildung – Judotrainerausbildung**
   a. **Trainerausbildung** → ______ + ______: Eine Trainerausbildung ist keine Ausbildung zum Lehrer, sondern zum ______.
   b. **Judotrainerausbildung** → ______ + ______: Eine Judotrainerausbildung ist keine Ausbildung zum Karatetrainer, sondern zum ______.

**c** Vergleichen Sie Ihre Lösungen aus den Übungsteilen a und b ggf. im Kurs oder mit den Musterlösungen im Lösungsschlüssel. Markieren Sie dann, welche der folgenden Aussagen richtig sind.

> **!**
> 1. Das Grundwort bestimmt den Artikel.
> 2. Das Bestimmungswort erklärt das zusammengesetzte Nomen genauer.
> 3. Ein Fugenzeichen wird immer zwischen zwei Nomen eingefügt.
> 4. Komposita können (theoretisch) aus beliebig vielen Nomen gebildet werden.

## 2 Zusammengesetzte Wörter: Nomen + andere Wortarten

**a** Und was ist das? Ergänzen Sie den vorgegebenen Teil des zusammengesetzten Nomens mit den Elementen aus dem Schüttelkasten.

| | | | | |
|---|---|---|---|---|
| ~~Konsument~~ | Haus | Preis | Bestellung | Stunden |
| Bestimmung | Preis | Slogan | Kunde | Bezahlung |

1. ein Verbraucher, wie ihn die Wirtschaft sich wünscht: der Wunsch*konsument*
2. ein großer Laden, in dem man alles kaufen kann: das Kauf________
3. ein Spruch, der für etwas wirbt: der Werbe________
4. eine Vorschrift, die ausgeführt werden kann, aber nicht muss: die Kann________
5. ein Käufer, der erst seit neuestem bei einer Firma kauft: der Neu________
6. ein Kaufauftrag, der eilig ist: die Eil________
7. ein Kaufbetrag, der besonders günstig ist: der Sonder ________
8. die Zeit, die man über die vereinbarte Zeit hinaus arbeitet: die Über________
9. ein Betrag, der auf den Grundbetrag aufgeschlagen wird: der Auf________
10. eine Vergütung, die unter dem üblichen Tarif liegt: die Unter________

**b** Markieren Sie in den Beschreibungen in Übungsteil a jeweils das Wort, das auch im neu gebildeten Kompositum vorkommt.

*1. ein Verbraucher, wie ihn die Wirtschaft sich wünscht → der Wunschkonsument.*

**c** Überlegen Sie, von welcher der folgenden Wortarten die zusammengesetzten Nomen aus Übungsteil a bzw. b abgeleitet sind. Zeichnen Sie eine Tabelle wie im Beispiel und tragen Sie die Wörter in die entsprechende Spalte der Tabelle ein.

| abgeleitet von … | | | |
|---|---|---|---|
| Verb | Adjektiv | Adverb | Präposition |
| *Wunschkonsument, …* | *Neukunde, …* | *Sonderpreis, …* | *Aufpreis, …* |

**d** Vergleichen Sie Ihr Ergebnis ggf. im Kurs oder mit den Lösungen im Lösungsschlüssel. Ergänzen Sie anschließend folgende Regeln.

> **!**
> 1. Nomen können auch mit anderen Wortarten Komposita bilden, so z. B. mit *Verben*, ________ und ________ sowie ________.
> 2. Der letzte Teil des zusammengesetzten Wortes ist immer ein ________. Dieses bestimmt den Artikel.

## 3 Neubildung von Nomen durch das Anhängen von Suffixen

**a** Ordnen Sie die Nomen aus dem Schüttelkasten nach ihrem Genus und tragen Sie sie in die Tabelle ein.

| | | | | | | |
|---|---|---|---|---|---|---|
| ~~Gewinner~~ | Fahrer | Faulheit | ~~Männlein~~ | Forderung | ~~Unzufriedenheit~~ | |
| Reise | Höflichkeit | Studentenschaft | Flucht | Verlierer | Wirkung | Künstler |
| Säge | Verkäufer | Macht | Bäumchen | Zuverlässigkeit | Feindschaft | |

| feminine Nomen | maskuline Nomen | neutrale Nomen |
|---|---|---|
| *Unzufriedenheit, …* | *Gewinner, …* | *Männlein, …* |

Durch Anhängen von Suffixen kann man aus Nomen, Verben oder Adjektiven neue Nomen bilden. Es gibt feminine, maskuline und neutrale Suffixe. Diese bestimmen den Artikel des neu gebildeten Wortes.

**b** Ergänzen Sie die Tabelle wie im Beispiel. Wählen Sie zu jedem Suffix ein Nomen aus Übungsteil a und zerlegen Sie es in seine Bestandteile.

| Suffix | Genus | Zusammengesetztes Nomen | Wortart |
|---|---|---|---|
| 1. -heit | *feminin* | *Unzufrieden-heit, ...* | *Adjektiv: unzufrieden, ...* |
| 2. -keit | | | |
| 3. -schaft | | *Feind-schaft* | *Nomen: der Feind* |
| 4. -ung | | | |
| 5. -e | | | |
| 6. -t | | | |
| 7. -er | | | |
| 8. -ler | | | |
| 9. -lein | | | |
| 10. -chen | | | |

## 10.2 Adjektive

### 1 Alle Farben dieser Welt – Komposita mit Farbadjektiven

**a** Beschreiben Sie die Farbe der Dinge. Kombinieren Sie dabei die Angaben aus den Schüttelkästen. Viele der gebildeten Farbadjektive passen mehrfach.

hell- dunkel- mittel- blass- zart- tief-

grün- blau- grau- rosa-

himmel- türkis- knall- orange- erdbeer- kirsch- wein- blut- flaschen- tannen- meer- gras- jäger- mai-

**1. Grundfarbe blau:**

| der Himmel | das Meer | Ihr blaues Lieblings-T-Shirt |
|---|---|---|
| *hellblau, ...* | | |

**2. Grundfarbe rot:**

| das Feuer | Ihr rotes Traumsofa | Briefpapier für Mädchen |
|---|---|---|
| *tiefrot, ...* | | |

**3. Grundfarbe grün:**

| Ihr Lieblingsbaum | Glasflaschen | der Frühling in Deutschland |
|---|---|---|
| *tannengrün, ...* | | |

**b** (Er)finden Sie weitere Farbzusammensetzungen, z. B. zu den Farben gelb, weiß und schwarz.

*zitronengelb, kohlrabenschwarz, ...* ____________________

**c** Lesen Sie die folgenden Regeln. Belegen Sie diese mit eigenen Beispielen.

!
1. Aus einem Farbadjektiv als Grundwort und einem Adjektiv als Bestimmungswort können weitere Farbadjektive gebildet werden, z. B. ____________________.
2. Auch aus zwei Farbadjektiven können neue Farbadjektive entstehen, z. B. ____________________.
3. Aus einem Farbadjektiv als Grundwort und einem Nomen kann man ebenfalls neue Farbadjektive bilden. Dabei dient das Nomen als Vergleich, z. B. ____________________.

## 2 Zusammengesetzte Adjektive: Vergleiche und Ergänzungen

**a** Lesen Sie die Worterklärungen. Formulieren Sie nun den passenden Vergleich, indem Sie das richtige Adjektiv aus dem Schüttelkasten in die Lücke einsetzen. Bilden Sie dann das zusammengesetzte Adjektiv wie im Beispiel.

| ~~arm~~ dumm schön zart weich hart |
|---|

1. völlig mittellos: *arm* wie ein Bettler → *bettelarm*
2. von extrem fester Konsistenz: ____________ wie ein Stein → ____________
3. kaum zu spüren: ____________ wie ein Hauch → ____________
4. unglaublich hübsch: ____________ wie ein Wunder → ____________
5. Gegenteil von sehr hart: ____________ wie Butter → ____________
6. von sehr niedrigem IQ: ____________ wie Stroh → ____________

**b** Wie werden diese Personen und Dinge charakterisiert? Lesen Sie die Satzanfänge und bearbeiten Sie dann die folgenden Aufgaben.

- Führen Sie zunächst die Satzanfänge mithilfe eines Relativsatzes fort.
- Markieren Sie nun alle Adjektive in den Beispielsätzen.
- Definieren Sie dann das zusammengesetzte Adjektiv wie im Beispiel.
- Ergänzen Sie abschließend den Kasus der Ergänzung.

| Beispielsätze | Definition | Ergänzung |
|---|---|---|
| **1.** Ein kontaktarmer Nachbar ist ein Nachbar, der arm an Kontakten ist. | *mit wenig Kontakten* | *arm an + Dativ* |
| **2.** Ein ideenreicher Mitbewohner ist ein Mitbewohner, der reich an ____________ ist. | ____________ | *reich an +* ____________ |
| **3.** Ein neidvoller Blick ist ein Blick, der voll von ____________ ist. | ____________ | *voll von +* ____________ |
| **4.** Ein gnadenloser Richter ist ein Richter, der ohne ____________ urteilt. | ____________ | *ohne +* ____________ |
| **5.** Eine rauchfreie Wohnung ist eine Wohnung, die frei von ____________. | ____________ | *frei von +* ____________ |
| **6.** Eine kohlendioxidhaltige Umgebung ist eine Umgebung, die ____________ enthält. | ____________ | *enthält +* ____________ |

**c** Was passt? Kombinieren Sie die Nomen mit den Suffixen „-arm", „-reich", „-voll", „-los", „"-frei" und „-haltig". Manche Nomen haben mehrere Suffixe. Erklären Sie bei Mehrfachbildungen den Unterschied zwischen den Adjektiven.

1. Kalorien
2. Akzent
3. Verantwortung
4. Wort
5. Ideen
6. Fett
7. Respekt
8. Kosten
9. Zucker
10. Salz

*1. Kalorien: kalorienarm (wenige Kalorien), kalorienreich (viele Kalorien), kalorienfrei (keine Kalorien)*

**d** Fassen Sie die Ergebnisse zusammen, indem Sie die Regeln ergänzen.

!

1. Zusammengesetzte Adjektive können die Bedeutung eines Vergleichs haben. Dabei bildet das Adjektiv das Grundwort und das Nomen das Bestimmungswort, z. B.: ____________.
2. Zusammengesetzte Adjektive können auch durch Ergänzungen entstehen. Dabei werden bestimmte Adjektive an ein Nomen angehängt, z. B. die Adjektive ____________.
3. Diese Adjektive haben die Bedeutung einer Ergänzung, z. B. ____________.

## 3 Neubildung von Adjektiven mit den Suffixen „-ig", „-isch" und „-lich"

**a** Lesen Sie den Text. Markieren Sie alle Adjektive mit den genannten Suffixen.

**Die Mieterhöhung**
Carla und Thorsten Busch sind ruhige Mieter. Doch heute ist Carla zornig, denn ihr Vermieter, Herr Wessels, hat sich wieder einmal als geldgierig erwiesen. Mit der gestrigen Post kam eine Mieterhöhung, die zweite innerhalb von zwei Jahren. Und eine auffällig hohe noch dazu. „Ein einmaliger Vorgang", sagt Thorsten. „Das entspricht nicht den gängigen Regeln. Dagegen werden wir uns wehren." „Na klar", sagt Carla, „das ist ja logisch, dass wir uns das nicht gefallen lassen. Wir sollten zu einem Anwalt gehen und juristische Schritte unternehmen." „Dieser Mann war mir noch nie sympathisch: Er ist misstrauisch und besserwisserisch", meint Anja, die Tochter der Buschs, als sie davon hört. „Am liebsten würde der doch wöchentlich die Miete erhöhen. Dabei ist er sichtlich im Unrecht. So eine Mieterhöhung ist nicht gebräuchlich und vertraglich nicht korrekt. Das ist doch klar!"

**b** Ordnen Sie nun die Adjektive in die Tabelle ein. Überlegen Sie, an welches Wort die Suffixe angehängt wurden, und bestimmen Sie die Wortart. Vergleichen Sie Ihre Ergebnisse ggf. im Kurs.

| Adjektive auf -ig | abgeleitet von folgendem Grundwort | Wortart des Grundwortes |
|---|---|---|
| *ruhig,...* | *die Ruhe,...* | *Nomen,...* |
| **Adjektive auf -isch** | | |
| | | |
| **Adjektive auf -lich** | | |
| | | |

**c** Lesen Sie die Worterklärungen und finden Sie das richtige Adjektiv.

**Etwas, das ...**

1. man lösen kann, ist *lösbar*.
2. man kündigen kann, ist ______.
3. geliefert werden kann, ist ______.
4. zu vergleichen ist, ist ______.
5. bezahlt werden kann, ist ______.
6. zu hören ist, ist ______.

**d** Überlegen Sie ggf. im Kurs, an welche Wortart man das Suffix „-bar" anhängen kann und welche Bedeutung diese Silbe hat.

*Die Endsilbe „-bar" ...*

## 4 Bedeutungsveränderung von Adjektiven durch Vorschalten von Präfixen

*Die Vorsilbe (Präfix) „un-" verkehrt die Bedeutung eines Adjektivs in sein Gegenteil. Wo dies nicht möglich ist, benutzt man die Verneinung mit „nicht", z. B. „hässlich – nicht hässlich", bzw. das passende Antonym, z. B. „hässlich – schön". Das Präfix „miss-" bedeutet „schlecht" bzw. „falsch". Man kann es nicht immer unmittelbar vor das Adjektiv setzen. Setzt man „-miss" vor ein Partizip II als Adjektiv, wird das Präfix „ge-" durch „miss-" ersetzt (z. B. „geglückt – missglückt").*

**a** Lesen Sie die Adjektive im Schüttelkasten und ordnen Sie sie der richtigen Person zu.

unversöhnlich verträglich angenehm kritisch zufrieden unanständig unbeliebt erträglich unzuverlässig ~~fair~~ ~~unfair~~ ungeduldig unsachlich unsympathisch

| ein Mensch mit positiven Eigenschaften | ein Mensch mit negativen Eigenschaften |
|---|---|
| *fair,...* | *unfair,...* |

**b** Ergänzen Sie die fehlenden gegensätzlichen Eigenschaften in Übungsteil a, indem Sie das Präfix „un-“ ergänzen oder weglassen.

*unversöhnlich – versöhnlich, verträglich – unverträglich, …*

**c** Lesen Sie die Definitionen und ordnen Sie diesen die richtigen Adjektive zu. Überlegen Sie dann ggf. im Kurs, ob es ein entsprechendes Adjektiv ohne die Vorsilbe „un-“ gibt oder nicht.

| | | | | | |
|---|---|---|---|---|---|
| **1.** | Etwas, was man nicht verzeihen kann, ist … | **A** | unklar | **1.** | *B* |
| **2.** | Jemand, der nicht gut erzogen ist, ist … | **B** | unverzeihlich | **2.** | ☐ |
| **3.** | Etwas, was nicht zu übersehen ist, ist … | **C** | unmusikalisch | **3.** | ☐ |
| **4.** | Jemand, der nicht gut gelaunt ist, ist … | **D** | ungezogen | **4.** | ☐ |
| **5.** | Etwas, was nicht geglückt ist, ist … | **E** | missgelaunt | **5.** | ☐ |
| **6.** | Etwas, was nicht gut geraten ist, ist … | **F** | unübersehbar | **6.** | ☐ |
| **7.** | Jemand, dem die musische Begabung fehlt, ist … | **G** | missraten | **7.** | ☐ |
| **8.** | Etwas, das nicht klar ist, ist … | **H** | missglückt | **8.** | ☐ |

## 5 Bedeutung und Funktion der Präfixe „un-“ und „miss-“

**a** Lesen Sie dazu zunächst die folgenden Sätze und sprechen Sie ggf. im Kurs über den Bedeutungsunterschied der unterstrichenen Wörter. Wenn Sie allein arbeiten, schauen Sie in den Musterlösungen im Lösungsschlüssel nach.

**1.** ▶ Das habe ich auf Anhieb verstanden.
▷ Na ja, das war ja auch leicht verständlich.

**2.** ▶ Das habe ich nicht verstanden.
▷ Na ja, bei dem Redner! Sein Geschwätz war ja auch vollkommen unverständlich.

**3.** ▶ Ich glaube, das habe ich falsch verstanden.
▷ Na ja, das war aber auch missverständlich, was der Redner da gesagt hat.

**b** Überfliegen Sie noch einmal den Spickzettel in Übungsteil 4a. Lesen Sie die Regeln und entscheiden Sie, welche Aussagen richtig (r) oder falsch (f) sind.

**Das Präfix „un-“**

| | | | |
|---|---|---|---|
| **1.** | Das Präfix „un-“ signalisiert immer, dass ein Adjektiv eine negative Bedeutung hat. | r | ~~f~~ (X) |
| **2.** | Das Präfix „un-“ verkehrt die Bedeutung eines Adjektivs in sein Gegenteil. | r | f |
| **3.** | Das Präfix „un-“ kann man vor jedes Adjektiv setzen. | r | f |

**Das Präfix „miss-“**

| | | | |
|---|---|---|---|
| **4.** | Das Präfix „miss-“ hat die gleiche Bedeutung wie „un-“. | r | f |
| **5.** | Das Präfix „miss-“ kann nicht vor jedem Adjektiv stehen. | r | f |
| **6.** | Das Präfix „miss-“ kann die Bedeutung von „falsch“ oder „schlecht“ haben. | r | f |

**c** Korrigieren Sie die falschen Aussagen und nennen Sie ggf. Beispiele.

*1. Das Präfix „un-“ signalisiert nicht immer, dass ein Adjektiv eine negative Bedeutung hat. Negative Adjektive wie z. B. „problematisch“ werden durch die Vorsilbe „un-“ positiv: „unproblematisch“.*

# Lösungen

## 1 Der Satz und seine Elemente

### 1.1 Verben und Ergänzungen

**1 a** 2. ist eine Schulkameradin • 3. gehört einem anderen • 4. überlegt • 5. schreibt Anja einen Liebesbrief • 6. lacht über ihn • 7. ist enttäuscht von Anja • 8. bedarf es eines Racheplans

**1 b** **Nominativ-Ergänzung:** 2 • **Dativ-Ergänzung:** 3 • **Dativ- und Akkusativ-Ergänzung:** 5 • **Genitiv-Ergänzung:** 8 • **keine Ergänzung:** 4 • **Präpositional-Ergänzung:** 6, 7

**2** 2. guten Rat → Akkusativ-Ergänzung • 3. anderen Mädchen • Strauß rote Rosen → Dativ- und Akkusativ-Ergänzung • 4. Über diesen Strauß → Präpositional-Ergänzung • 5. eitles Mädchen → Nominativ-Ergänzung • 6. meiner ersten Liebe → Genitiv-Ergänzung. • 7. Mir • mir → Dativ-Ergänzungen • 8. bei seinem Großvater für den Rat → Präpositional-Ergänzungen

### 1.2 Nomen-Verb-Verbindungen

**1 a** 2N • 3V • 4N • 5V • 6V

**1 b** 2. Wir sind davon überzeugt / überzeugt davon, die Produktion ins Ausland zu verlagern. • 3. Die Folge davon ist, dass sich vieles ändern wird. • 4. Deshalb müssen wir mit allen Mitarbeitern sprechen. • 5. Alle schwierigen Fragen sollten zur Sprache kommen. • 6. Hoffentlich nimmt die Besprechung einen guten Verlauf.

**2** 2. geleistet • 3. leisten • 4. geleistet • 5. gemacht • 6. gekommen • 7. leisten • 8. geführt • 9. leisten

### 1.3 Angaben

**1 a** 2A • 3E • 4A • 5A • 6E

**1 b** 3n • 4j: Der Reporter interviewte als ersten einen Psychologen. • 5n • 6j: Nach etwa 15 Minuten erteilte der Reporter einem Historiker das Wort. – ... erteilte der Reporter das Wort einem Historiker. • 7n • 8j: Am Ende befragte der Interviewer (die) Zuhörer. • 9n

**1 c** 1. Gestern • im WDR • 2. Um 23 Uhr • 3. an diesem Abend • 4. als ersten • 5. sehr kompetent • 6. Nach etwa 15 Minuten • 7. – • 8. Am Ende • 9. Im Sendesaal

## 2 Positionen im Satz

### 2.1 Die Satzklammer im Hauptsatz

**1 a**

| Position 1 | Position 2 | Mittelfeld | Satzende |
|---|---|---|---|
| 2. So eine Wanderung | haben | wir noch nie | gemacht. |
| 3. Leider | ist | unsere Kondition noch nie besonders gut | gewesen. |
| 4. Außerdem | spielen | Zeit und Geld bedauerlicherweise auch noch eine kleine | Rolle. |
| 5. Wir | wollen | es aber trotzdem noch einmal | probieren. |

**1 b** 1. Subjekt • Angabe • Ergänzung • 2. das Subjekt • dem Verb • 3. das Verb • das Nomen

### 2.2 Dativ- und Akkusativ-Ergänzungen im Mittelfeld

**1 a** 1. **bei Nomen + Nomen:** Dativ • Akkusativ • **bei zwei Personalpronomen:** Akkusativ • Dativ • **wenn die Dativ-Ergänzung betont ist:** Akkusativ • Dativ • 2. das Personalpronomen • das Nomen

**1 b** 2 • 4

**2** 2. Er hat ihnen Kaffee aus seiner Thermoskanne gegeben. • 3. Sie haben ihm Schokolade angeboten. • 4. Der Bauer hat den Leuten seltene Pflanzen gezeigt. • 5. Er hat ihnen diese Pflanzen sehr gut erklärt. • 6. Die Wanderer haben ihm ein Foto von einem besonderen Exemplar versprochen. • 7. Sie wollen es ihm auf DIN A4 vergrößern.

**3** 2. Kaffee aus einer Thermoskanne hat er ihnen gegeben. • 3. Schokolade haben sie ihm angeboten. • 4. Den Leuten hat der Bauer seltene Pflanzen gezeigt. • 5. Diese Pflanzen hat er ihnen sehr gut erklärt. • 6. Ein Foto von einem besonderen Exemplar haben die Wanderer ihm versprochen. • 7. Ihm wollen sie es auf DIN A4 vergrößern.

### 2.3 Angaben im Mittelfeld

**2 a** 2. Sie hat damals etwas über einen Sommer-Schönheitswettbewerb gelesen. / Sie hat damals aus Langeweile etwas ... / Sie hat damals aus Langeweile zufällig etwas über ... / Sie hat damals aus Langeweile zufällig in der Bahnzeitung etwas über ... • 3. Sie hat gleich am nächsten Tag in München angefragt. / Sie hat gleich am nächsten Tag aus Neugier in München ... / Sie hat gleich am nächsten Tag aus Neugier telefonisch in ... / Sie hat gleich am nächsten Tag aus Neugier telefonisch bei der Agentur in München angefragt. • 4. Sie bereitet sich seit zwei Monaten vor. / Sie bereitet sich seit zwei Monaten wegen des Wettbewerbs vor. / Sie bereitet sich seit zwei Monaten wegen des Wettberbs sehr gründlich ... / Sie bereitet sich seit zwei Monaten wegen des Wettbewerbs sehr gründlich zu Hause vor. • 5. Sie trainiert seit zwei Wochen. / Sie trainiert seit zwei Wochen aus großem Ehrgeiz. / Sie trainiert seit zwei Wochen aus großem Ehrgeiz sehr fleißig. / Sie trainiert seit zwei Wochen aus großem Ehrgeiz sehr fleißig im Fitness-Center. 6. Sie wird ab nächstem Monat trainieren. / Sie wird ab nächstem Monat wegen der großen Konkurrenz ... / Sie wird ab nächstem Monat wegen der großen Konkurrenz noch intensiver ... / Sie wird ab nächstem Monat wegen der großen Konkurrenz noch intensiver bei einem Privattrainer trainieren. • 7. Hoffentlich verliert sie nicht im Juli die Nerven. / Hoffentlich verliert sie nicht im Juli wegen ihrer Aufregung die Nerven. / Hoffentlich verliert sie nicht im Juli wegen ihrer Aufregung überraschend die Nerven. / Hoffentlich verliert sie nicht im Juli wegen ihrer Aufregung überraschend in München die Nerven.

**2 b** *Mögliche Lösungen:* 1. ... ist Anke vor einem halben Jahr mit der Bahn nach München gefahren. / ... ist Anke aus beruflichen Gründen mit der Bahn nach München gefahren. • 2. Damals hat sie aus Langeweile zufällig in der Bahnzeitung etwas über einen Sommer-Schönheitswettbewerb gelesen. / In der Bahnzeitung hat sie damals aus Langeweile zufällig etwas über einen Sommer-Schönheitswettbewerb gelesen. • 3. Gleich am nächsten Tag hat sie aus Neugier bei der Agentur telefonisch angefragt. / Aus Neugier hat sie gleich am nächsten Tag bei der Agentur telefonisch angefragt. • 4. Seit zwei Monaten bereitet sie sich wegen des Wettbewerbs sehr gründlich zu Hause vor. / Wegen des Wettbewerbs bereitet sie sich seit zwei Monaten sehr gründlich zu Hause vor. • 5. Seit zwei Wochen trainiert sie aus großem Ehrgeiz sehr fleißig im Fitness-Center. / Aus großem Ehrgeiz trainiert sie seit zwei Wochen sehr fleißig im Fitness-Center. • 6. Ab nächsten Monat wird sie wegen der großen Konkurrenz noch intensiver bei einem Privattrainer trainieren. / Wegen der großen Konkurrenz wird sie ab nächsten Monat noch intensiver bei einem Privattrainer trainieren. • 7. Im Juli verliert sie wegen ihrer Aufregung hoffentlich nicht überraschend in München die Nerven. / Wegen ihrer Aufregung verliert sie hoffentlich im Juli nicht überraschend in München die Nerven.

**3 a** *Mögliche Lösungen:* 1c. Anke hat am Freitag um 19 Uhr an dem Schönheitswettbewerb in München teilgenommen. • 1d. Anke hat am Freitag um 19 Uhr aus Vergnügen an dem Schönheitswettbewerb in München teilgenommen. • 2a. Der Veranstalter hat den Kandidatinnen Ratschläge gegeben. • 2b. Der Veranstalter hat den Kandidatinnen hinter der Bühne Ratschläge gegeben. • 2c. Der Veranstalter hat den Kandidatinnen vor dem Auftritt hinter der Bühne Ratschläge gegeben. • 2d. Der Veranstalter hat den Kandidatinnen vor dem Auftritt noch schnell hinter der Bühne Ratschläge gegeben. • 3a. Die drei Schönsten haben sich auf den Weg ins Hotel gemacht. • 3b. Die drei Schönsten haben sich gleich nach dem Wettbewerb auf den Weg ins Hotel gemacht. • 3c. Die drei Schönsten haben sich gleich nach dem Wettbewerb mit einem Reporter auf den Weg ins Hotel gemacht. • 3d. Die drei Schönsten haben sich gleich nach dem Wettbewerb mit einem Reporter ganz schnell auf den Weg ins Hotel gemacht.

### 2.4 Negation

**1** 2. Nein, den habe ich nicht gesehen. • 3. Nein, die mag ich gar nicht. • 4. Nein, ich nehme nicht daran teil. • 5. Nein, ich denke nicht über mein Aussehen / darüber nach. • 6. Nein, ich schminke mich nicht immer.

**2** 2a • 3a • 4a • 5a • 6b • 7a • 8b

**3** 3. Es war nicht die die ganze Schokolade, sondern nur die Hälfte. • 4. Ich bin nicht besonders müde, sondern mir ist langweilig. • 5. Ich wollte nicht heute (noch) einkaufen gehen, sondern morgen. • 6. Nicht ich muss den Müll runtertragen, sondern Martin.

## 2.5 Das Nachfeld: Vergleiche

**1**

| Pos.1 | Pos. 2 | Mittelfeld | Satzende | Nachfeld |
|---|---|---|---|---|
| 2. Sie | sind | diesmal besser | ins Gespräch gekommen, | als sie glaubten. |
| 3. Der / Die Verhandlungsführer | hatte / n | das Gespräch so gut | vorbereitet, | wie beim letzten Mal. |
| 4. Deshalb | war | diese Verhandlung so | erfolgreich, | wie die letzte. |
| 5. In dieser Besprechung | war | die Atmosphäre jedoch viel | angenehmer, | als früher. |
| 6. Smalltalk | scheint | doch wichtiger | zu sein, | als mancher glaubt. |

## 2.6 Besondere Wortstellungen im Satz

**1 a** 2. bekannt • 3. neu • 4. neu • 5. bekannt • 6. neu

**1 b**

| Pos. 0 | Pos.1 | Pos. 2 | Mittelfeld | Satzende |
|---|---|---|---|---|
| 2. – | Diese Anekdote | musste | sie uns aber | erklären. |
| 3. – | Dann | zeigte | sie uns viele Farbtafeln. | |
| 4. – | Diese Farbtafeln | haben | einen besonderen Zweck. | |
| 5. – | Sie | sollten | unser Verständnis für Farben | verbessern. |
| 6. Und | am Ende der Veranstaltung | hat | uns noch eine Überraschung | erwartet. |

**2** 2. Diese Wirkung zeigt sie ihnen mithilfe von verschiedenen Farbkombinationen. • 3. Die Erläuterungen dazu leuchten manchen Kunden nicht ein. • 4. Ihnen hält sie deshalb bunte Tücher ans Gesicht, sodass sie die Wirkung direkt sehen. • 5. Aber allen Kunden zeigt sie verschiedene Stoffqualitäten. • 6. Diese soll jeder Kunde unterscheiden lernen. • 7. Auch Figurprobleme werden von der Stilberaterin thematisiert. • 8. „Seine kleinen Problemzonen" kennt jeder. • 9. Der Figur schmeicheln manche Stoffe und Schnitte mehr als andere. • 10. Diesen Effekt erklärt die Stilberaterin den Interessierten mithilfe von Zeichnungen.

**3** 2. Diesen Brief hatte sie einer Kollegin mitgegeben, die früher nach Hause fuhr. • 3. Leider passierte etwas Dummes. • 4. Im Zug hatte jemand der Kollegin den Koffer gestohlen. • 5. Aber diese hat mir nichts davon gesagt. • 6. Ich war sehr enttäuscht, dass meine Freundin mir nicht gratuliert hat. • 7. Deshalb stritten wir uns sogar ein bisschen. / Wir stritten uns deshalb sogar ein bisschen. • 8. Drei Monate später erreichte mich ein Brief ohne Absender aus Berlin. • 9. Auf dem Umschlag stand: „Dem unbekannten Geburtstagskind herzlichen Glückwunsch!"

## 2.7 Die Frage

**1 a** 2. Wo waren Sie vorher? • 3. Mit wem waren Sie im Kino? • 4. Wie heißt Ihr Freund? • 5. Wie ist die Adresse Ihres Freundes? / Wie lautet seine Adresse? • 6. Warum haben Sie angerufen?

**1 b** 2. Hat ihr Freund Sie nach Hause begleitet? • 3. Wohnt er in Bonn? • 4. Brannte das Licht im ganzen / gesamten Haus? • 5. Haben Sie eine Alarmanlage?

**1 c** 1. 1 • 2 • 2. 1 • 2 • das Subjekt

**2** 1. Sie sind um 22. Uhr nach Hause gekómmen? – Ja, wír sind um 22 Uhr nach Hause gekòmmen. • 2. Ihr Freund wohnt in Kóln? – Ja, er wohnt in Kòln. • 3. Das Licht brannte nur óben im Haus? – Ja, es brannte nur òben. (Accent aigue = Stimme heben, Accent grave = Stimme senken)

## 2.8 Der Imperativ

**1 a** *Mögliche Lösungen:* 2. Bring doch bitte den großen Fön her! • 3. Mach bitte mal die Haarbürste sauber! • 4. Kehr doch endlich die Haare vom Boden auf! • 5. Sei doch bitte nicht so langsam! • 6. Antworte jetzt nicht so frech!

**1 b** 2. Arbeiten Sie doch selber schneller! • 3. Kommandieren Sie doch nicht so viel! • 4. Seien Sie doch nicht so hektisch! • 5. Lassen Sie mich doch jetzt in Ruhe!

**1 c** 2. Streitet euch nicht dauernd! • 3. Benutzt bloß meine Gesichtscreme nicht! • 4. Verschüttet ja keinen Nagellack! • 5. Seid doch endlich leiser! • 6. Lauft nicht so viel herum! • 7. Bleibt doch mal still sitzen! • 8. Geht doch ein bisschen raus!

# 3 Satzkombinationen

## 3.1 Mittel der Textverbindung: Die Konnektoren

**1 b** **Hauptsatz:** denn, und, aber • **Nebensatz:** obwohl, nachdem, da, weil, wenn, weil • **Verbindungsadverbien:** deshalb, darum, trotzdem

**2 a** 3. „deshalb" leitet einen Hauptsatz ein, in dem der Grund steht, warum sie einen Job in Almelo annehmen will: Sie hat in ihrer Heimatregion keine Stelle gefunden. • 4. „aber" verweist darauf, dass sie lange Fahrzeiten hat. • 5. „darum" verweist auf den Grund, warum gute Spanischkenntnisse wichtig sind: Es gibt in ihrem Betrieb viele Kunden aus Lateinamerika. • 6. „trotzdem" verweist auf einen Gegengrund: Entgegen der Erwartung, dass sie in Holland bleibt, weil es ihr dort gut gefällt, wird sie nach Deutschland wechseln. • 7. „weil" leitet einen Nebensatz ein, in dem der Grund genannt wird, warum Svenja wechseln will.

## 3.2 Hauptsatz - Hauptsatz

**1** 2b • 3a • 4a

**2 a**

| Pos. 0 | Pos. 1 | Pos. 2 | Mittelfeld | Satzende |
|---|---|---|---|---|
| 2. und | viele Freunde | wollen | ihr dabei | helfen. |
| 3. aber | vielleicht | findet | sie auch eine Arbeit in Deutschland. | |
| 4. oder | möglicherweise | kauft | sie ein kleineres Auto. | |
| 5. sondern | sie | will | zuerst noch mit ihrem Freund | sprechen. |

**2 b** zweiten • 0

**3** 2. Sie will noch etwas warten, denn ihr Freund Mark sucht nun auch einen Job in Holland. • 3. Er sucht schon lange, aber bis jetzt hat es leider noch nicht geklappt. • 4. Er hat für einige Tage ein Zimmer in einer Pension und (er) schaut sich überall persönlich um. • 5. Das ist nicht leicht, denn sein Holländisch ist noch nicht sehr gut. • 6. Svenja sagt: „Du solltest abends nicht fernsehen, sondern (du solltest) lernen." • Es können weggelassen werden: Satz 4: Subjekt • Satz 6: Subjekt und Verb

## 3.3 Hauptsatz – Nebensatz

**1** 2. … dieses Land ausgewählt hat, will er auch dort arbeiten. • 3. Abends lernt er Holländisch, obwohl er oft müde ist. • 4. Sie wollen zusammen eine Wohnung mieten, wenn er eine Stelle gefunden hat. • 5. Nachdem sie so lange gependelt ist, freut sich Svenja schon darauf.

## 3.4 Kausale Nebensätze (weil, da) und Angaben (deshalb, darum, …)

**1 a** 2. Da mein Freund aus Portugal kommt,… • 3. …, denn das tut mir gut. • 4. Ich will nämlich neue kulturelle Erfahrungen machen. • 5. Weil ich mir das Bein gebrochen habe,…

**1 b** 1. nach • 2. vor • 3. zweiten

**2 a** Darum • Wegen • Aus diesem Grund • weil • Da • nämlich • daher • deswegen • deshalb

**2 b** **Nebensatz:** weil, da • **Hauptsatz:** – • **Verbindungsadverb:** daher, deshalb, deswegen, darum • **Präposition + Nomen:** wegen + G • aus diesem Grund

**3 a** **Verbindungsadverbien**: 1. Aus diesem Grund: Begründung steht im ersten Satz • 2. Daher: Begründung steht im ersten Satz • 3. Deswegen: Begründung steht im ersten Satz • 4. nämlich: Begründung steht im zweiten Satz • 5. Darum: Begründung steht im ersten Satz • 6. Deshalb: Begründung steht im ersten Satz

**3 b** *Mögliche Lösungen:* 2. Da ich die französische Sprache und Kultur liebe, gefällt mir Frankreich so. • 3. Weil mir die Atlantikküste besonders gefällt, mache ich immer in Lacanau Urlaub. • 4. Als Single bin ich in Lacanau nie allein, weil ich dort jedes Jahr dieselben Leute treffe. • 5. Da ich die Gegend sehr gut kenne, sind die Ferien für mich Erholung von Anfang an. • 6. Ich fühle mich dort nicht als Touristin, weil ich auch zu Einheimischen Kontakte habe.

**4 a** 2. Aufgrund des schlechten Wetters • 3. Aus Sicherheitsgründen • 4. Dank der freundlichen Unterstützung durch das Technische Hilfswerk

**4 b** **Erklärungen der Bahn:** Nominalstil • formell • obwohl mündliche Durchsagen, dem Stil der geschriebenen Sprache entsprechend • **Christians Erklärungen:** Verbalstil • weniger formell • gesprochene Sprache

**5** 1. dank • 2. aus • 3. vor

### 3.5 Temporale Nebensätze (wenn, als) und Angaben (dann, ...)

**1 a** 2. v, n • 3. g, g • 4. g, g • 5. n, v • 6. g, g • 7. v, n • 8. v, n • 9. g, g • 10. g, g

**1 b**

| | vorzeitig | gleichzeitig | nachzeitig |
|---|---|---|---|
| **Nebensatz** | nachdem, als, sobald | als, während, solange, wenn | bis, ehe |
| **Verbindungsadverb** | vorher, bis dahin | währenddessen | (gleich) danach, dann, seitdem |
| **Präposition + Nomen** | vor + D, bis zu + D | bei + D, während + G | nach + D, seit + D |

**2 a** **A.** Satz: 2 • **B.** Satz: 4 • **C.** Satz: 3

**2 b** 3. einmalige Handlung • 4. einmalige Handlung • 5. wiederholte Handlung

**3** 2. Sobald wir unsere Koffer ausgepackt hatten, machten wir uns auf den Weg in die Stadt. • 3. Während wir durch die Straßen bummelten, bemerkten wir ein seltsames Geräusch. • 4. Ehe uns die Gefahr bewusst wurde, war der Sturm schon da. • 5. Man konnte sich kaum von der Stelle bewegen, solange der Wind blies. • 6. Zum Glück dauerte es nicht lange, bis alles vorbei war.

**4 a** 2. (Gleich) danach • 3. Währenddessen • 4. Dann • 5. Seitdem • 6. Bis dahin

**4 b** 2. Sobald wir zu Abend gegessen hatten, sind wir zum Hafen gefahren. • 3. Während wir einen Spaziergang gemacht haben, hat Jens sehr viel fotografiert. • 4. Nachdem wir zwei Tage in Hamburg verbracht hatten, sind wir nach Rostock gefahren. • 5. Seit Jens an der Rostocker Universität studiert hatte, war er nie wieder dort gewesen. • 6. Bis er seine alten Freunde endlich wieder sehen konnte, hat es elf Jahre gedauert.

**5 a** 2. Bei • 3. Vor • 4. Seit • 5. Bis • 6. Nach

**5 b** 2. vor (der) Ankunft • 3. Bis ... Eintreffen • 4. Nach ... Versuchen • 5. Seit ... Geburtstag

**6 a** 2. Bevor ich mich für eine Wellness-Reise entschieden hatte, hatte ich mich bei Ihnen genau nach den Bedingungen erkundigt. • 3. Aber sobald ich den Flughafen verlassen hatte, kam die erste Überraschung. • 4. Während ich vom Flughafen zum Hotel fuhr, sah ich nur Baustellen. • 5. Als ich ins Hotel eincheckte, fiel mir sofort ein uralter fleckiger Teppich am Eingang auf. • 6. Beim Betreten des Zimmers bekam ich einen Schreck: Der Raum ... • 7. Seitdem ich diese schlechte Erfahrung gemacht habe, werde ich bei Ihnen keine Reise mehr buchen.

### 3.6 Finale Nebensätze (damit, um ... zu) und Angaben (dafür, um ... willen, ...)

**1 a** *Mögliche Lösungen:* 2. Ich höre regelmäßig Radio, um mein Hörverstehen zu verbessern. • 3. Um meinen Wortschatz zu vergrößern, lese ich viele kleine Texte. • 4. Ich gehe oft aus und spreche mit Deutschen, um meine Kommunikationsfähigkeit zu optimieren. • 5. Um das B2-Zertifikat zu erwerben, gehe ich in einen Vorbereitungskurs.

**1 b** 2. Damit ich ein Referat halten kann, muss ich die wichtigsten Formulierungen vorher intensiv üben. • 3. Meine Lernmotivation muss sich deutlich steigern, damit ich die nächste Klausur bestehen kann. • 4. Meine deutschen Freunde helfen mir bei der Vorbereitung, damit ich die B2-Prüfung schaffen kann. • 5. Meine Eltern finanzieren mein Studium, damit ich mein Studium schnell abschließen kann.

**1 c** • 3. Meine Lernmotivation muss sich deutlich steigern, damit ich die nächste Klausur bestehe. • 4. Meine deutschen Freunde helfen mir bei der Vorbereitung, damit ich die B2-Prüfung schaffe. • 5. Meine Eltern finanzieren mein Studium, damit ich mein Studium schnell abschließe. • Begründung: Die Bedeutung der Verben in den genannten Sätzen (bestehen, schaffen, abschließen) impliziert schon das Erreichen des Ziels.

**1 d** 1. gleich • 2. unterschiedlichen

**2 a** **Ziel:** immer im ersten Satz • **Handlung, mit der das Ziel erreicht werden soll:** immer im zweiten Satz

**2 b** 2r • 3f • 4r

**2 c** 2. Ich bin hierher gekommen, um mich in meinem Fachgebiet auf dem Laufenden zu halten. • 3. Mein Chef hat mich zu dieser Fortbildung geschickt, damit ich mich für neue Aufgaben qualifiziere. • 4. Meine Firma hat mich angemeldet, damit ich mein Wissen vertiefen kann. • 5. Um nicht arbeitslos zu werden, bin ich bereit, viel Zeit zu investieren.

**2 d** 1. Modalverb • Ziel • 2. Nebensatz • überflüssig

**3** 2. Ein Großteil der Befragten macht regelmäßig Überstunden, um Karriere zu machen. • 3. Um sich fachlich zu qualifizieren, besuchen 49% der Befragten einmal im Jahr ein Seminar. • 4. Ein Teil der Berufsanfänger verzichtet sogar auf den Jahresurlaub, um sich weiterzubilden. • 6. Zwecks Erledigung des Arbeitspensums bleiben viele täglich bis 19:00 Uhr im Büro. • 7. Eine Kölnerin hat für eine Gehaltserhöhung monatelang am Wochenende gearbeitet. • 8. Um ihrer Gesundheit willen hat sie dann von heute auf morgen gekündigt.

**4** **Nebensatz (Subjunktion):** um...zu, damit • **Verbindungsadverb:** dafür • **Präposition + Nomen:** für + A, um...willen + G, zwecks

**5** 2. Dafür / Zu diesem Zweck / dazu • 3. damit • 4. zur / zwecks • 5. Dafür / Zu diesem Zweck / Dazu • 6a/b. um ... willen • 7. zwecks / zur • 8. dafür • 9. Für

### 3.7 Konditionale Nebensätze (wenn, falls) und Angaben (sonst, ...)

**1** **Nebensatz:** wenn; falls; im Falle, dass; sofern • **Verbindungsadverb:** sonst, andernfalls • **Präposition + Nomen:** bei + D, ohne + A, im Falle von + D

**2** 2H • 3N • 4H • 5N • 6N • 7N • 8H

**3** 3. Gesetzt den Fall, dass der Kaufvertrag wirklich unterschrieben wird, haben wir ein gutes Geschäft gemacht. • 4. Gesetzt den Fall, die Prognose trifft zu, wird es das erfolgreichste Projekt aller Zeiten.

**4 a** 2. Bedingung, wenn die nicht erfüllt wird, dann gibt es Probleme. • 3. Bedingung mit „müssen" • 4. Bedingung mit „nicht dürfen" • 5. Bedingung, wenn die nicht erfüllt ist, dann gibt es Probleme.

**4 b** 2. Vergiss die CD nicht, / Wir dürfen die CD nicht vergessen, ansonsten / sonst / andernfalls können wir die Präsentation nicht halten. • 3. Nimm alle Unterlagen mit / Du musst alle Unterlagen mitnehmen, sonst / andernfalls / ansonsten bekommen wir Probleme. • 4. Nimm einen Rollkoffer / Du solltest einen Rollkoffer nehmen, sonst /andernfalls / ansonsten wird es zu schwer.

**5** 2a. Gesetzt den Fall wir machen Fehler, müssen wir gemeinsam eine neue Lösung suchen. 2b. Wir dürfen keine Fehler machen, ansonsten müssen wir gemeinsam eine neue Lösung suchen. • 3a. Angenommen, wir halten die Frist nicht ein, wird es große Probleme geben. 3b. Wir müssen die Frist einhalten, andernfalls wird es große Probleme geben.

**6** 2. Der Vertrag verlängert sich, es sei denn, Sie kündigen rechtzeitig. / ..., es sei denn, dass Sie rechtzeitig kündigen. • 3. Wir machen keine Einzelbestellung, es sei denn, Sie leisten eine Anzahlung. / ..., es sei denn, dass Sie eine Anzahlung leisten. • 4. Wir benachrichtigen Sie nicht schriftlich, es sei denn, Sie legen Rückporto bei. / ..., es sei denn, dass Sie Rückporto beilegen. • 5. Der Paragraph gilt, es sei denn, er ist deutlich ausgestrichen. / ..., es sei denn, dass er deutlich ausgestrichen ist.

**7** 2. Bei ausreichender Fitness ... • 3. Ohne passende Kleidung ... • 4. Bei gutem Wetter ... • 5. Im Falle Ihres Einverständnisses mit den Regeln ...

**8** 2. Sollten Sie wiederholt zu spät kommen, wird das als Vertragsbruch betrachtet. / Kommen Sie wiederholt zu spät kommen, ... • 3. Sollten die Partner den Anordnungen des Bergführers nicht folgen, tragen sie alle Konsequenzen. / Folgen die Partner den Anordnungen des Bergführers nicht, tragen sie alle Konsequenzen.

**9** 2r • 3i • 4i • 5r

### 3.8 Konzessive Nebensätze (obwohl, ...) und Angaben (trotzdem, ...)

**1 a** zwar ... aber • trotz + G • trotzdem • obwohl

**1 b** **Umstände:** Philipp war ein Mathe-Ass und hat Mathematik studiert. • **Begründete Erwartung:** Er wird Mathe-Professor. • **Ereignis entgegen der Erwartung:** Er leitet jetzt eine Werbeagentur. • **Umstände:** Beate war sehr schüchtern. • **Begründete Erwartung:** Sie wird niemals in einem Beruf arbeiten, in dem sie in der Öffentlichkeit steht. • **Ereignis entgegen der Erwartung:** Sie ist die Pressesprecherin des Ministerpräsidenten. • **Umstände:** Conrad war immer Klassenbester. • **Begründete Erwartung:** Er wird Karriere machen. • **Ereignis entgegen der Erwartung:** Er studiert immer noch und hat keinen Beruf. • **Umstände:** Katja und Vera: Sie waren nicht sehr fleißig. • **Begründete Erwartung:** Sie werden keine Karriere machen. • **Ereignis entgegen der Erwartung:** Sie arbeiten beim Fernsehen.

**1 c** 1. Erwartung • 2. Hauptsatz

**2 a** 2. Obschon / Gleichwohl • 3. Gleichwohl / Dennoch / Indessen •

4. Ungeachtet • 5. indessen

**2 b** 2. …ich nur eine Teilzeitgründung plane. • 3. … ich mir eine Vollzeitgründung vorstellen könnte. • 4. …wage ich den Sprung ins kalte Wasser. / wage ich den Sprung in die Selbstständigkeit. • 5. … es ihnen an betriebswirtschaftlichen Kenntnissen fehlt.

**3 a / b Nebensatz (Subjunktion):** obwohl, wenn … auch, obgleich (s) • **Hauptsatz (Konjunktion):** zwar…aber • **Verbindungsadverb:** trotzdem, dennoch, gleichwohl (s), indessen (s) • **Präposition + Nomen:** trotz + G (s), ungeachtet + G (s)

**4** *Mögliche Lösungen:* Es gab viele Mitbewerber. Trotzdem habe ich ein Auslandsstipendium erhalten. • Trotz hoher Arbeitslosigkeit in der Branche, bin ich nicht arbeitslos geworden. …

## 3.9 Konsekutive Nebensätze (so … dass, …) und Angaben (also, …)

**1 a** 2F • 3D • 4A • 5C • 6B

**1 b** 2. Sie hat Praktika in großen Unternehmen absolviert. Infolgedessen hat sie Erfahrungen in der Wirtschaft gesammelt. / Sie hat infolgedessen Erfahrungen in der … • 3. Sie engagiert sich für Menschen in Not. Also kann sie gut mit Menschen umgehen. / Sie kann also gut mit … • 4. Sie hat intensiv in Oxford studiert. Demzufolge spricht sie fließend Englisch. / Sie spricht demzufolge fließend … • 5. Sie ist Geigerin in einem Laienorchester. Demnach ist sie es gewohnt, im Team zu arbeiten. / Sie ist es demnach gewohnt, … • 6. Sie hat an einem Deutschkurs teilgenommen. Somit kann sie sich gut in Deutschland verständigen. / Sie kann sich somit gut in …

**2 a** 2. Sie hat Praktika in großen Unternehmen absolviert, sodass sie Erfahrungen in der Wirtschaft gesammelt hat. / Sie hat Praktika in so großen Unternehmen absolviert, dass sie Erfahrungen…. • 3. Sie engagiert sich für Menschen in Not, sodass sie gut mit Menschen umgehen kann. • 4. Sie hat intensiv in Oxford studiert, sodass sie fließend Englisch spricht. / Sie hat so intensiv in Oxford studiert, dass sie fließend Englisch spricht. • 5. Sie ist Geigerin in einem Laienorchester, sodass sie es gewohnt ist, im Team zu arbeiten. • 6. Sie hat an einem Deutschkurs teilgenommen, sodass sie sich gut in Deutschland verständigen kann.

**2 b** 1. Nebensatz • Folge • 2. Adjektiv • Folge

**3** 2. Es gab eine Kündigung, sodass eine Vollzeitstelle neu besetzt werden muss. / Es gab eine Kündigung. Infolgedessen muss eine Vollzeitstelle neu besetzt werden. • 3. Die Kantine wird renoviert, sodass sie geschlossen ist. / Die Kantine wird renoviert. Infolgedessen ist sie geschlossen. • 4. Es gibt morgen einen Warnstreik, sodass unser Büro geschlossen bleibt. / Es gibt morgen einen Warnstreik. Infolgedessen bleibt unser Büro geschlossen.

**4** 2. Also / Folglich • 3a. / b. derartig, …dass • 4a. / b. so …, dass • 5. sodass • 6. somit • 7. Infolge • 8. Demzufolge • 9. also

**5** **Nebensatz:** sodass; derartig …, dass • **Verbindungsadverb:** folglich, infolgedessen, also, demzufolge, demnach • **Präposition + Nomen:** infolge + G

## 3.10 Modale Nebensätze (indem, ohne dass, …) und Angaben (so, durch, …)

**1 a** dadurch, dass • Damit • So • dadurch …, dass • indem • Auf diese Weise • Dadurch • durch • durch • mit • durch • ohne

**1 b** **Nebensatz:** indem, dadurch, dass • **Verbindungsadverb:** damit, so, dadurch • auf diese Weise • **Präposition + Nomen:** mit + D, durch + A

**2** 2. Dadurch, dass du Wörter nach Wortfamilien zusammenstellst, kannst du deinen Wortschatz vergrößern. / Du kannst deinen Wortschatz dadurch vergrößern, dass du Wörter nach Wortfamilien zusammenstellst / Du kannst dadurch, dass du Wörter nach Wortfamilien zusammenstellst, deinen Wortschatz vergrößern. • 3. Dadurch, dass du Wörter zu Wortfeldern vernetzt, kannst du deinen Wortschatz vergrößern. / Du kannst deinen Wortschatz dadurch vergrößern, dass du Wörter zu Wortfeldern vernetzt. / Du kannst dadurch, dass du Wörter zu Wortfeldern vernetzt, deinen Wortschatz vergrößern. • 4. Dadurch, dass du im Wörterbuch nach Synonymen suchst, kannst du deinen Wortschatz vergrößern. / Du kannst deinen Wortschatz dadurch vergrößern, dass du im Wörterbuch nach Synonymen suchst. / Du kannst dadurch, dass du im Wörterbuch nach Synonymen suchst, deinen Wortschatz vergrößern.

**3 a** 2. ohne dass • 3. Ohne • 4. Ohne • 5. ohne … zu • 6. ohne … zu

**3 b** **Nebensatz / Infinitivkonstruktion**: ohne, dass • ohne … zu • **Präposition + Nomen:** ohne

**3 c** 2. Sie sollten Ihre Bewerbungsunterlagen nicht abgeben, ohne sie auf Fehler zu prüfen. / …, ohne sie noch einmal zu überprüfen. / …, ohne sie von einem Freund überprüfen zu lassen. • 3. Sie sollten nicht zu einem Job-Interview gehen, ohne gründliche Vorbereitungen zu treffen. / …, ohne sich gründlich darauf vorzubereiten. / …, ohne vorbereitet zu sein.

**4 a** 2. mit dem Füller • 3. von Hand • 4. Ohne PC • 5. mit großem Vergnügen • 6. durch den Einsatz von technischen Hilfsmitteln

**4 b** **Präposition + Nomen:** durch + A • mit + D • von + D • ohne + A

**4 c** • 2. durch • 3. von • 4. mit • 5. mit • 6 von

**5** *Mögliche Lösungen:* … ich viele verschiedene Texte gelesen und dazu Notizen gemacht habe. • Mit Entspannungsübungen habe ich mich auf meine Prüfungsangst vorbereitet. • Dadurch, dass ich viel mit Muttersprachlern gesprochen habe, habe ich mich auf die mündliche Prüfung vorbereitet. …

## 3.11 Alternative Nebensätze (statt dass) und Angaben (stattdessen)

**1 a** 2. Statt / Anstatt den Tisch abzuräumen, liest du deinen Krimi in aller Ruhe zu Ende. • 3. Statt / Anstatt den Müll runterzubringen, telefonierst du stundenlang. • 4. Statt / Anstatt mit dem Hund spazieren zu gehen, gehst du mit deinem Freund ins Kino. • 5. Statt / Anstatt dich an die Regeln zu halten, setzt du wie üblich deinen eigenen Kopf durch. • 6. Statt / Anstatt deine Pflichten in der WG zu erfüllen, hast du wieder eine dumme Ausrede.

**1 b** 2. Du liest deinen Krimi in aller Ruhe zu Ende, anstatt den Tisch abzuräumen. / Du liest, anstatt den Tisch abzuräumen, in aller Ruhe deinen Krimi zu Ende. • 3. Du telefonierst stundenlang, anstatt den Müll runterzubringen. / Du telefonierst, anstatt den Müll runterzubringen, stundenlang. • 4. Du gehst mit deinem Freund ins Kino, anstatt mit dem Hund spazieren zu gehen. / Du gehst, anstatt mit dem Hund spazieren zu gehen, mit deinem Freund ins Kino. • 5. Du setzt wie üblich deinen eigenen Kopf durch, anstatt dich an die Regeln zu halten. / Du setzt, anstatt dich an die Regeln zu halten, wie üblich deinen eigenen Kopf durch. • 6. Du hast wieder eine dumme Ausrede, anstatt deine Pflichten in der WG zu erfüllen. / Du hast, anstatt deine Pflichten in der WG zu erfüllen, wieder eine dumme Ausrede.

**2 a** 2. Du hast den Tisch wieder nicht abgeräumt. Stattdessen hast du in aller Ruhe deinen Krimi zu Ende gelesen. • 3. Du hast wieder den Müll nicht runtergebracht. Stattdessen hast du stundenlang telefoniert. • 4. Du bist wieder nicht mit dem Hund spazieren gegangen. Stattdessen bist du mit deinem Freund ins Kino gegangen. • 5. Du hast dich wieder nicht an die Regeln gehalten. Stattdessen hast du wie üblich deinen eigenen Kopf durchgesetzt. • 6. Du hast deine Pflichten in der WG wieder nicht erfüllt. Stattdessen hast du wieder eine dumme Ausrede.

**2 b** 1. „statt zu“ • „anstatt zu“ • 2. „stattdessen“

**3 a** 2. Statt dass du den Tisch abräumst, … • 3. Statt dass du den Müll runterbringst, … • 4. Statt dass du mit dem Hund spazieren gehst, … • 5. Statt dass du dich an die Regeln hältst, … • 6. …, statt dass du deine Pflichten in der WG erfüllst.

**3 b** In den Sätzen aus den Übungsteilen 1a / b ist das Subjekt in Haupt- und Nebensatz gleich. In den Sätzen aus Übung 3a haben Haupt- und Nebensatz verschiedene Subjekte. • 1. … gleich sind • 2. … es sich um zwei verschiedene Subjekte handelt.

**4** 2. Statt / Anstelle der Zahnpasta im Sonderangebot hast du die teure Markenzahnpasta mitgebracht. • 3. Statt / Anstelle grüner Trauben hast du blaue Trauben eingepackt. • 4. Du Statt / Anstelle des guten Schwarzbrots hast du weiches Weißbrot eingekauft. • 5. Statt / Anstelle von Käse am Stück hast du Käse in Scheiben ausgesucht.

**5** **Nebensatz:** statt dass, statt zu • **Verbindungsadverb:** stattdessen • **Präposition + Nomen:** statt +G

**6** *Mögliche Lösungen:* Anstatt neue Gläser zu kaufen, sollten wir lieber die Gläser von meiner Oma benutzen. • Wir sollten keine teures Geschirr kaufen. Stattdessen sollten wir Geschirr auf dem Flohmarkt besorgen. • Anstelle von einer Mikrowelle, sollten wir einen gebrauchten Herd besorgen. • Statt einen neuen Teppich zu kaufen, sollten wir den alten Teppich reinigen. …

## 3.12 Adversative Nebensätze (während) und Angaben (jedoch)

**1 a** 2A • 3D • 4B

**1 b** 2. Während früher jeder jeden im Dorf kannte, kennen die Menschen heute ihre Nachbarn oft gar nicht. / Während heute die Menschen ihre Nachbarn oft gar nicht kennen, kannte früher jeder jeden im Dorf. • 3. Während es früher täglich Gelegenheiten für ein Gespräch mit den Nachbarn gab, haben wir heute kaum noch Zeit für intensive Nachbarschaftskontakte. / Während wir heute kaum noch Zeit für intensive Nachbarschaftskontakte haben, gab es früher täglich Gelegenheiten für ein Gespräch mit den Nachbarn. • 4. Während unsere Vorfahren früher ihr Leben lang an einem Ort wohnten, müssen wir heute mobil sein und im Leben oft umziehen. / Während wir heute mobil sein und im Leben oft umziehen müssen, wohnten unsere Vorfahren früher ihr Leben lang an einem Ort.

**1 c** 2. Im Gegensatz zu heute kannte früher jeder jeden im Dorf. / Im Gegensatz zu früher kennen die Menschen heute ihre Nachbarn oft gar nicht. • 3. Im Gegensatz zu heute gab es früher täglich Gelegenheiten für ein Gespräch mit den Nachbarn. / Im Gegensatz zu früher haben wir heute kaum noch Zeit für intensive Nachbarschaftskontakte. • 4. Im Gegensatz zu heute wohnten unsere Vorfahren früher ihr Leben lang an einem Ort. / Im Gegensatz zu früher müssen wir heute mobil sein und im Leben oft umziehen.

**2** 2. Kuhns sind kinderlos. Hingegen haben Stolls zwei Kinder. / Stolls haben hingegen zwei Kinder. • 3. Bei Kuhns wohnt noch die alte Tante. Dagegen vermieten Stolls ein Zimmer an Studenten. / Stolls vermieten dagegen ein Zimmer an Studenten. • 4. Die Kuhns leben zurückgezogen. Dagegen kümmern sich die Stolls sehr um die Nachbarn. / Die Stolls kümmern sich dagegen sehr um die Nachbarn. • 5. Viele Nachbarn haben Konflikte. Hingegen verstehen sich die Kuhns und die Stolls sehr gut. / Die Kuhns und die Stolls verstehen sich hingegen sehr gut.

**3** 2. Die Stolls feiern viele Partys. Die Kuhns dagegen schätzen / schätzen dagegen ihre Ruhe. • 3. Die Stolls haben die Schlüssel aller Nachbarn. Die Kuhns allerdings möchten / möchten allerdings ihre Schlüssel niemanden anvertrauen. • 4. Die Stolls sprechen mit ihren Nachbarn auch über ihre Sorgen. Die Kuhns hingegen interessieren sich nicht / interessieren sich hingegen nicht besonders für die Probleme der Nachbarn. • 5. Die Kuhns sind noch auf der Suche nach einem effektiven Netzwerk. Die Stolls jedoch haben / haben jedoch schon längst ein gutes Netzwerk gefunden: ihre Nachbarn.

**4** **Nebensatz:** während • **Verbindungsadverb:** dagegen, hingegen, jedoch, allerdings • **Präposition + Nomen:** im Gegensatz zu + D

**5 a** 2. Zwar leben viele Menschen in Hochhäusern auf engem Raum, aber sie kennen einander oft nicht. / Viele Menschen leben zwar in Hochhäusern auf engem Raum, aber sie kennen … / Viele Menschen leben zwar in Hochhäusern auf engem Raum, sie kennen aber einander oft nicht. • 3. Zwar sind ältere Menschen oft einsam und allein, aber sie wollen nicht ins Altenheim. / Ältere Menschen sind zwar oft einsam und allein, aber sie wollen nicht ins Altenheim. / Ältere Menschen sind zwar oft einsam und allein, sie wollen aber nicht ins Altenheim. • 4. Zwar sind Mehr-Generationen-Häuser eine Alternative zum Altenheim, aber sie haben sich noch nicht durchgesetzt. / Mehr-Generationen-Häuser sind zwar eine Alternative zum Altenheim, aber sie haben sich noch nicht durchgesetzt. / Mehr-Generationen-Häuser sind zwar eine Alternative zum Altenheim, sie haben sich aber noch nicht durchgesetzt.

**5 b** 1. 1 • im Mittelfeld • 2. 0 • Mittelfeld

**5 c** **Hauptsatz**: (je)doch , (zwar) … aber

**6 a** 3. Viele Studierende hätten gern eine eigene Wohnung, doch die meisten von ihnen können sich nur ein Zimmer im Studentenheim leisten. • 4. Manche Studierende gründen eine WG, doch sie hätten lieber eine Wohnung für sich allein. • 5. Andere Jugendliche ziehen nicht von zuhause aus, sondern (sie) bleiben weiterhin im Elternhaus wohnen. • 6. Sie möchten nicht auf die Bequemlichkeiten im „Hotel Mama" verzichten, sondern (sie) genießen es, weiter verwöhnt zu werden.

**6 b** 1. positive • 2. negativen • 3. Position 0

**6 c** **Hauptsatz**: doch, sondern

**7** 2. Entgegen • 3. Doch • 4. sondern • 5. hingegen • 6. während

### 3.13 Vergleichssätze (so … wie, als ob, …)

**1 a** 2ü • 3n • 4ü • 5ü • 6n

**1 b** 1. wie • übereinstimmen • 2. als • nicht

**1 c** 2. Sie ist sogar qualifizierter als unser Abteilungsleiter. – Nein, der ist genauso qualifiziert (wie sie). • 3. Sie hat einen höheren IQ als ihr Chef. – Nein, der hat einen genauso hohen IQ (wie sie). • 4. Sie ist ja auch älter und hat mehr Erfahrung als er. – Nein, er ist genauso alt und hat genauso viel Erfahrung (wie sie). • 5. Sie kann vor allem besser mit Menschen umgehen als er. – Nein, er kann genauso gut mit Menschen umgehen (wie sie).

**2 a** 2. als ob wir Versager wären • 3. als ob er ein Alleskönner wäre • 4. als ob er der Firmenchef persönlich wäre

**2 b** 2. Er spricht mit uns wie mit Versagern. Dabei sind wir keine Versager, sondern leisten gute Arbeit. • 3. Er führt sich auf wie ein Alleskönner. Dabei kann er nicht alles, sondern macht auch Fehler. • 4. Er benimmt sich wie der Firmenchef persönlich. Dabei ist er nicht Firmenchef, sondern nur Abteilungsleiter.

**2 c** 2. Er spricht mit uns, als wären wir Versager. • 3. Er führt sich auf, als wäre er ein Alleskönner. • 4. Er benimmt sich, als wäre er der Firmenchef persönlich.

**2 d** 1. Konjunktiv II • 2. Nebensätze • 3. Position 2

**3** 2. Frau Meier ist zumute, als ob sie jeden Moment in Tränen ausbrechen müsste. / …, als müsste sie jeden Moment in Tränen ausbrechen. • 3. Frau Ribeiro hat das Gefühl, als ob sie plötzlich in einer ganz anderen Firma arbeiten würde. / …, als würde sie plötzlich in einer ganz anderen Firma arbeiten. • 4. Frau Meierhold wirkt so ruhig, als ob ihr Stress nichts ausmachen würde. / …, als würde ihr Stress nichts ausmachen. • 5. Der neue Chef macht den Eindruck, als ob Kooperation ein Fremdwort für ihn wäre. / …, als wäre Kooperation für ihn ein Fremdwort. • 6. Der neue Chef tritt vor Vorgesetzten auf, als ob er seine Karriere auf Kosten seiner Mitarbeiter planen würde. / … als würde er seine Karriere auf Kosten seiner Mitarbeiter planen.

**4** 2. Unsere Konferenz findet, anders als besprochen, schon am Montag statt. / Anders als besprochen, findet unsere Konferenz schon am Montag statt. • 3. Wieder können, wie schon vorhergesehen, nicht alle an der Konferenz teilnehmen. / Wie schon vorhergesehen, können wieder nicht alle an der Konferenz teilnehmen.

**5 a** 2. Je kompromissbereiter Sie beide sind, desto größer ist die Chance für eine Zusammenarbeit. • 3. Je häufiger Sie zusammenarbeiten, umso mehr Gemeinsamkeiten werden Sie finden. • 4. Je besser Sie mit Herrn Pohlmann zurechtkommen, umso mehr eigene Ideen können Sie realisieren.

**5 b** 1. zwei • 2. ersten • 3. Position 2

**6** **Nebensatz / real**: so … wie • Komparativ + als • je … desto • je … umso • **Nebensatz / irreal**: als ob • als

### 3.14 Indirekte Fragesätze (ob; wo, wohin, wie, worüber, …)

**1 a** 2d • 3i • 4i • 5d

**1 b** Die Sätze 1, 3 und 4, also die indirekten Fragesätze, klingen höflicher.

**1 c** 1. „Könnten Sie" … • „Wären Sie so nett" … • 2. Satzende. • höflicher

**2** *Mögliche Lösungen:* 2. Mir ist leider nicht klar, ob man die Sporthose auch bei 60° waschen kann? • 3. Können Sie mir sagen, ob Sie diese Hose auch in rot haben? • 4. Könnten Sie mir erklären, wie man den Heimtrainer bedient? • 5. Außerdem würde ich gern wissen, warum in der Beschreibung nichts über die Garantie steht? • 6. Ich hätte gern gewusst, ob die Massage-Lotion auch für Allergiker geeignet ist? • 7. Darf ich fragen, wie lange Sie schon hier arbeiten?

**3** 2. …, wie lange das Sportgeschäft geöffnet hat / ist? • 3. …, warum hier alles so teuer ist? • 4. …, ob wir nicht woanders hingehen sollten. • 5. …, wann wir unser nächstes Spiel haben? • 6. …, ob wir nächste Woche überhaupt Training haben?

### 3.15 Relativsätze (der, die, das, dem, …; was, wo, worauf, …)

**1 a**

2. Der Fernseher, den Manfred von Ardenne 1930 erfand. •

3. Der Kühlschrank, der von Carl von Linde stammt. •

4. Der Strom, mit dem wir den Fernseher und viele andere Geräte betreiben.

**1 b** 1. Numerus • 2. Akkusativ • Nominativ • Dativ

**1 c** 2E • 3G • 4A • 5F • 6H • 7B • 8D

**2 a** 2. … Computers toll. • 3. … das Modell gespart. • 4. Ich habe dem Freund eine E-Mail geschickt. • 5. Ich entsinne mich der E-Mail nicht mehr. • 6. Ich habe nicht mehr mit der Antwort gerechnet. • 7. Ich finde den Inhalt der Antwort witzig. • 8. Ich zeige den Eltern die Antwort.

**2 b** denen • derer • deren
**2 c** 2. dessen • 3. deren • 4. deren • 5. dessen
**2 d** 2. Trend sind jetzt große Fernseher, deren Bildschirme immer flacher werden. • 3. Ich kaufe technische Geräte nur beim Fachhändler, dessen Beratung mir wichtig ist. • 4. In Braunschweig steht die Atomuhr, deren Funksignale ganz Mitteleuropa erreichen. • 5. Viele Sportler tragen spezielle Sportkleidung, deren Material atmungsaktiv ist.
**3 a** 2. mit der • 3. gegen den • 4. innerhalb derer • 5. in dem • 6. in denen
**3 b** Tatsächlich gibt es dort genau die Geschäfte, wo ich am liebsten einkaufe.
**3 c** 2. ..., in der / wo du geboren bist? • 3. ..., wo wir meine Tante besuchen können?
**4 a** Sätze 1.-3.: ..., auf denen das Bio-Siegel abgedruckt ist. • 4. ..., die inzwischen auch im Supermarkt erhältlich sind, ... Bezug: Lebensmittel
**4 b** 1. Satz 3 • 2. Sätze 2 und 4 • 3. Sätze 3 und 4
**4 c** 2. Einmal pro Jahr gibt es eine Kontrolle, die vorher angekündigt wird. • 3. Es gibt Regelungen für das Futter der Tiere, das keine Antibiotika enthalten darf. • 4. Bio-Produkte, die wenige Schadstoffe enthalten, haben eine höhere Qualität. • 5. Die gesundheitlichen Vorteile von Bio-Produkten, die sich viele Käufer erhoffen, sind allerdings bisher nicht bewiesen. • 6. Zum Nutzen für die Gesundheit gibt es kaum sichere Ergebnisse, derer es jedoch dringend bedarf.
**5 a** *Mögliche Lösung*: ... verwendeten Zahnpflegeprodukte, die aus Bimsstein und Weinessig hergestellt wurden. Die Römer hingegen pflegten ihre Zähne mit Urin, dessen antibakterielle Wirkung schon damals bekannt war. Später verwendeten die Menschen Zahnpulver oder spülten mit Mundwasser. 1907 erfand der Apotheker Ottomar Heinsius von Mayenburg die Zahncreme, wie wir sie heute kennen. Sie entwickelte jedoch noch nicht den Schaum, den wir heute gewohnt sind. Von Mayenburg füllte die Creme, die er mit Pfefferminzgeschmack versah, in Metalltuben ab. Die Zahncreme erhielt den Namen Chlorodont, unter dem sie weltberühmt wurde.
**6 a** 2. was • 3. worauf • 4. was • 5. worüber • 6. womit
**6 b** 1. Satz 5 • 2. **Superlativ**: 6 • **Demonstrativpronomen**: 5 • **Indefinitpronomen**: 1 • 4
**7 a** 2. Wen • der • 3. Was • das • 4. Wem • der • 5. Wer • dem
**7 b** 1. „wen" • „wem" • „was" • 2. „den" • „dem" • „das"
**8 a** 2. Er kaufte eine neue Waschmaschine, deren Betriebsanleitung er nicht verstand. • 3. Das Sonderangebot der Woche war schon ausverkauft, worüber sie sich sehr ärgerte. • 4. Sie kündigte ihren Arbeitsplatz, womit niemand gerechnet hatte. • 5. Wir müssen noch einiges, was mit dem Projekt zu tun hat, besprechen. • 6. Bei eBay hat er eine Eisenbahn ersteigert, von der er schon als Kind geträumt hatte. • 7. Mein arbeitsloser Freund hat sich einen Ferrari gekauft, was mich sehr überraschte. • 8. Kinofilme, in denen Brad Pitt zu sehen ist, sind ihre große Leidenschaft. • 9. Endlich wurde die neue Küche geliefert, auf die sie so lange gespart hatten.
**8 b** *Mögliche Lösungen:* 1. Etwas, was meine Freundin interessiert, ist auch mir wichtig. • 2. Alles, woran sie sich erinnert, waren die Blicke ihrer Freunde, bevor sie ohnmächtig wurde. • 3. Nichts, was mein Vater gesagt hat, konnte mich von meiner Entscheidung, ins Ausland zu gehen, abhalten. • 4. Das Einzige, worüber du dich freust, sind die Fehler der anderen. • 5. Das Schlimmste, was mir passiert ist, war der Autounfall meiner Eltern. • 6. Vieles, wovon er träumt, ist meiner Meinung nach völlig unrealistisch.

### 3.16 Verbindungsadverbien der Aufzählung und Ergänzung (außerdem)

**1 a** Erstens ist es immer besser, das Gespräch zu suchen. Zweitens ist es preiswerter. Außerdem müssen Sie doch weiter mit Ihrem Nachbarn auskommen. Darüber hinaus dauert der Rechtsstreit lange.
**1 b** Man könnte nur „außerdem" und „darüber hinaus" gegeneinander austauschen. „Zweitens" muss direkt nach „erstens" kommen.
**2 a** 2. Und Sie haben noch bis nach 3 Uhr laute Musik gemacht. • 3. Sie haben auf Ihrem Balkon ein Feuerwerk veranstaltet. / Auf Ihrem Balkon haben Sie ... • 4. Vom Grillen auf Ihrem Balkon sind stinkende Rauchwolken in unser Schlafzimmer gezogen. • 5. Beim Weggehen haben Ihre Gäste im Treppenhaus laut gesungen. • 6. Sie selbst haben mit ziemlichem Krach gegen 4 Uhr (den) Müll runtergetragen.
**2 b** *Mögliche Lösung:* Außerdem haben Sie noch bis nach 3 Uhr laute Musik gemacht. Weiterhin haben Sie auf Ihrem Balkon ein Feuerwerk veranstaltet. Darüber hinaus / überdies sind vom Grillen auf Ihrem Balkon stinkende Rauchwolken in unser Schlafzimmer gezogen. Überdies / darüber hinaus haben Ihre Gäste beim Weggehen im Treppenhaus laut gesungen. Schließlich haben Sie selbst mit ziemlichem Krach gegen 4 Uhr den Müll runtergetragen.

### 3.17 Zweiteilige Konnektoren (zwar – aber, entweder – oder, ...)

**1 a** 2. Wir überlegen zwar schon lange, aber (wir) können uns einfach nicht entschließen. • 3. Die Gründe dafür sind nicht nur die Nachteile einer Eigentumswohnung, sondern auch der Bankkredit.
**1 b** 1. Entweder wir können eine Wohnung kaufen oder eine mieten. • 2. Zwar überlegen wir schon lange, aber wir können uns einfach nicht entschließen. • 3. Nicht nur die Nachteile einer Eigentumswohnung sind ein Grund dafür, sondern auch der Bankkredit.
**1 c** 1. 1 • 2. Mittelfeld • Position 0
**2** 2. Der Keller ist nicht nur feucht, sondern auch sehr niedrig. • 3. Das Wohnzimmer ist zwar sehr groß, aber die Kinderzimmer sind winzig. • 4. Entweder der Verkäufer reduziert den Kaufpreis, oder wir kaufen das Haus nicht.
**3** 2. Je höher der Kaufpreis ist, desto / umso mehr Provision muss man zahlen. • 3. Je mehr Wohnungen man besichtigt, desto / umso besser weiß man Bescheid. • 4. Je länger man nachdenkt, desto / umso schwieriger wird die Entscheidung.
**4 a** 2. Weder Schiller noch Brentano hat das Drama „Faust" geschrieben. Lösung: Goethe • 3. Weder der Rhein noch die Donau mündet in die Ostsee. Lösung: die Oder • 4. Ein Hamburger ist sowohl ein Stadtbewohner als auch etwas zum Essen.
**4 b** 2. Herr Mai wusste weder eine Antwort auf Frage 1, noch konnte er Frage 2 beantworten. • 3. Weder Frau Hein konnte ihren Kollegen helfen, noch wusste ihr Chef eine Antwort. • 4. Die Quizsendung war weder interessant, noch war sie gut gemacht.

### 3.18 Infinitivsätze nach Nomen, Verben und Adjektiven

**1 a** 2. Es ist wichtig, ein Problem mit den Nachbarn zu besprechen. • 3. Es ist wichtig, einen guten Anwalt zu haben. • 4. Es ist schrecklich, eine Schlägerei auf der Straße mitzuerleben. • 5. Es ist wichtig, vor einer Verhandlung Smalltalk zu machen. • 6. Es ist schön, bei einem Seminar mit netten Leuten in Kontakt zu kommen.
**1 b** 2. Es ist wichtig, eine harmonische Beziehung zu haben. • 3. Es ist nicht leicht, Konflikte offen anzusprechen. • 4. Es ist schwierig, immer für den Partner Verständnis zu haben. • 5. Es ist anstrengend, immer wieder dasselbe zu wiederholen. • 6. Es ist möglich, einen Mediator zur Streitschlichtung zu beauftragen.
**1 c** 2. Eine harmonische Beziehung zu haben, ist wichtig. • 3. Konflikte offen anzusprechen, ist nicht leicht. • 4. Immer für den Partner Verständnis zu haben, ist schwierig. • 5. Immer wieder dasselbe zu wiederholen, ist anstrengend. • 6. Einen Mediator zur Streitschlichtung zu beauftragen, ist möglich.
**2** 2. ..., nicht beachtet zu werden? • 3. ..., gebracht zu werden. • 4. ..., gelobt zu werden. • 5. ... belogen zu werden.
**3** 2. Ich habe das Gefühl, Sie missverstanden zu haben. • 3. Unser Problem besteht darin, nicht rechtzeitig fertig geworden zu sein. • 4. Es war falsch, Sie nicht früher informiert zu haben. • 5. Unser Partner behauptet, krank gewesen zu sein. • 6. Wir bedauern, ihm vertraut zu haben.
**4** 2. ..., verletzt worden zu sein. • 3. ..., im Krankenhaus nicht untersucht worden zu sein. • 4. ..., dort nicht fotografiert worden zu sein. • 5. ..., zu einer Aussage gezwungen worden zu sein. • 6. ..., nicht zu einem Polizeipsychologen geschickt worden zu sein.
**5** ... am Satzende.
**6 a** 3. er / ich: Ergänzung + log. Subjekt gleich. • 4. ich / ich: Subj. + log. Subj. gleich • 5. er / er: Subj. + log. Subj. gleich
**6 b** Subjekt • Subjekt • die Ergänzung (auch „Objekt" genannt) • logische Subjekt
**7a** 2. ..., nie in China gewesen zu sein. • 3. ..., sich demnächst zu einem Gymnastikkurs anzumelden. • 4. ..., von den Enkelkindern besucht zu werden. • 5. ..., noch sehr gut laufen zu können. • 6. ..., viele Leute zum Geburtstag eingeladen zu haben.

## 4 Das Verb

### 4.1 Modalverben – objektiver Gebrauch

**1 a** 2C • 3B • 4E • 5A
**1 b** 2b • 3b • 4b • 5a
**1 c** 2. mag • 3. wollte • 4. willst • 5. möchte / will • 6. will / möchte
**1 d** 2b • 3a • 4a • 5b
**1 e** **wollen:** Absicht, Wunsch • **sollen:** Aufforderung, Rat • **müssen:** Autorität, Notwendigkeit • **dürfen / nicht dürfen:** Erlaubnis, Verbot • **können:** Erlaubnis, Möglichkeit • **mögen:** gern haben, Wunsch (höflich)
**2 a** richtige Varianten: 2. muss • 3. darf • 4. darf • 5. muss
**2 b** 2. n • 3. E • 4. V • 5. E
**2 c** 2. Bei einer privaten Einladung muss man nicht immer ein Geschenk mitbringen. / … braucht man nicht immer ein Geschenk mitzubringen. • 3. Jugendliche unter 16 Jahren dürfen keinen Alkohol trinken. • 4. Man soll nicht in den Räumen rauchen, ohne um Erlaubnis zu fragen. • 5. Gäste müssen die Schuhe nicht ausziehen. / … brauchen die Schuhe nicht auszuziehen. • 6. Man soll die Essensgewohnheiten der Gäste nicht übergehen.
**3 a** 2. … bitte zu mir kommen? • 3. Kannst / Könntest du mir bitte die Butter geben? • 4. Kannst / Könntest du bitte im Geschäft zurückrufen?
**3 b** 2. Soll ich (dir) etwas zum Essen mitbringen? • 3. Soll ich den Chef fragen? • 4. Soll ich das machen?
**4** 2. … selber ein Stellengesuch in einer Zeitung inserieren. • 3. … kann auch Blindbewerbungen an Firmen schicken. • 4. …muss die Bewerbungsunterlagen perfekt gestalten. • 5. … ein Anschreiben verfassen kann. • 6. … sollte einen Bewerbungsprofi um Hilfe bitten. • 7. sollte … die Fotos in einem Studio machen lassen.
**5** 2. Ich mag heute aber nicht in die Schule. • 4. Nur sie kann gut Spanisch. • 6. Ich kann heute. • 7. Er will heute zum Sport. • 9. Ich kann das Stück nicht. • 10. Sie möchten einen anderen Lehrer.

### 4.2 Modalverben – subjektiver Gebrauch

**1 a** 2F • 3D • 4A • 5C • 6G • 7H • 8B
**1 b** 2. kann • 3. muss • 4. muss • 5. mag • 6. soll • 7. will • 8. dürfte • 9. soll
**2** 2b • 3b • 4a
**3 a** … hat …mitgehen dürfen … • … hat … aushalten können … • … gewesen sein dürfte … • … hat erzählen wollen … • … kann … gewesen sein
**3 b** **HS objektiver Gebrauch:** … hat mitgehen dürfen • … hat …aushalten können • … kann … gewesen sein • **HS subjektiver Gebrauch:** – • **NS objektiver Gebrauch**: …hat erzählen wollen… • **NS subjektiver Gebrauch:** …gewesen sein dürfte …
**3 c** 2. Monica hat Lars nicht mehr vertrauen können. • 3. Seine Liebeserklärungen dürften ihre Zweifel nicht ausgeräumt haben. • 4. Monica kann aber auch nicht ganz unschuldig gewesen sein. • 5. Bei so einer Beziehungskrise müssen beide beteiligt gewesen sein. • 6. Und einen Ausweg haben sie auch nur zusammen finden können.
**4** *Mögliche Lösung:* … will er sein erstes Turnier gewonnen haben, aber damals soll es nicht viele Segler in seinem Alter gegeben haben. Der Konkurrenzkampf soll in den letzten Jahren sehr hart geworden sein, trotzdem will er noch immer die meisten Turniere gewinnen. Mit seiner Firma will er reich geworden sein, deswegen will er das Preisgeld der Tuniere gespendet haben. Arme Familien mit Kindern sollen die Spenden bekommen, damit auch sie sich Sport leisten können. Neulich soll ein Artikel über ihn in der Zeitung gestanden haben.
**5** *Mögliche Lösungen:* 2. Das könnte stimmen, denn Deutsch und Holländisch sind sich ähnlich. • 3. Das müsste auf viele Jobs zutreffen, denn wegen der Globalisierung braucht man Fremdsprachenkenntnisse. • 4. Das mag stimmen, aber sie lernen auch viel Nützliches. • 5. Das dürfte stimmen, denn die Schulpädagogik hat sich stark geändert. • 6. Das müsste stimmen, denn die ersten Schuljahre bilden eine wichtige Lernphase.

### 4.3 Verben mit einfachem Infinitiv (Ich höre sie singen.)

**1 a** Die grau markierten Verben (hören, sehen, bleiben, gehen, fahren, lassen, spüren, sehen, lassen, lernen) werden konjugiert und haben ein anderes Verb im Infinitiv (z. B. singen, aufgehen, liegen, arbeiten, einkaufen, bekochen, aufkommen, kommen, einrichten, fürchten) bei sich. Diese Verben sind im Text blau markiert. Sie werden nie konjugiert.
**1 b** 1. hören • sehen • spüren • Perfekt • 2. Partizip II
**1 c** 2. klettern • 3. zittern • 4. kommen • 5. brüllen • 6. wachsen • 7. hupen • 8. sammeln
**2** 2. Sie hat alle den ganzen Tag Italienisch sprechen hören. • 3. Sie hat sogar übersetzen und dolmetschen gelernt. • 4. Ihr Freund hat die Probleme einer Fernbeziehung kommen sehen. • 5. Beide haben den Wunsch nach einer gemeinsamen Zukunft wachsen spüren. • 6. Im Sommer hat er sich nach Rom versetzen lassen.
**3 a** 2. Die Wände lasse ich vom Maler streichen. / … streiche ich selbst. • 3. Das Menü für meine Freunde lasse ich von meiner Mutter kochen. / … koche ich selbst. • 4. Die Reise lasse ich vom Reisebüro planen. / … plane ich selbst. • 5. Die Rede lasse ich von meiner Sekretärin schreiben. / … schreibe ich selbst. • 6. Den Frühjahrsputz lasse ich von meiner Putzfrau machen. / … mache ich selbst.
**3 b** 2. Die Wände habe ich vom Maler streichen lassen. / … habe ich selbst gestrichen. • 3. Das Menü für meine Freunde habe ich von meiner Mutter kochen lassen. / … habe ich selbst gekocht. • 4. Die Reise habe ich vom Reisebüro planen lassen. / … habe ich selbst geplant. • 5. Die Rede habe ich von meiner Sekretärin schreiben lassen. / …habe ich selbst geschrieben. • 6. Den Frühjahrsputz habe ich von meiner Putzfrau machen lassen. / … habe ich selbst gemacht…..

### 4.4 Präsens

**1 a** schreibt • arbeiten • fängt … an • gilt • beneidet • staunt • habe • machen • gewinnen • läuft • finde
**1 b** **Gegenwart:** ist • schreibt • arbeiten • gilt • beneidet • staunt • habe • machen • läuft • finde • **Zukunft:** fängt … an • gewinnen
**1 c** **regelmäßig:** komme, kommst, kommt, kommt, kommen • **Verbstamm auf -d/-t:** warte, wartest, wartet, wartet, warten • **Verbstamm auf -el:** sammle, sammelst, sammelt, sammelt, sammeln • **Vokalwechsel e – ie/i:** lese, liest, liest, lest, lesen • **Vokalwechsel a-ä/au-äu:** fahre, fährst, fährt, fahrt, fahren • **unregelmäßig:** bin, bist, ist, seid, sind
**1 d** **regelmäßig:** bleiben, rechnen, stehen, tun, ziehen • **Verbstamm auf -d/-t:** bitten, senden • **Verbstamm auf -el:** zappeln, hoppeln • **Vokalwechsel e – ie/i:** geben, sprechen, treffen • **Vokalwechsel a-ä/au-äu:** gefallen, halten, laden, raten, waschen • **unregelmäßig:** essen, nehmen
**2** 2. …bin gerade am Telefonieren. • 3. …bin gerade am Lernen. • 4. …bin gerade am Arbeiten. • 5. …bin gerade am Spielen.
**3** können / müssen
**4 a** **trennbar:** anfangen, aufpassen, aussuchen, einfallen, herkommen, hingehen, losfahren, mitnehmen, rauskommen, reinfahren, vorbereiten, wegwerfen, zustimmen, zurückkehren • **nicht-trennbar:** empfehlen • entlaufen, erlauben, misslingen, verkaufen, zerreißen
**4 b** 2. Er erinnert sich immer noch an alle Personen. • 3. Seine Eltern machen gern bei seinen Träumereien mit. • 4. Aber seine Schwester versteht seine Gefühle nicht. • 5. Sie empfindet die Erinnerungen als reine Nostalgie. • 6. Sie lehnt deswegen Gespräche über die Vergangenheit ab. • 7. Herrn Kurz dagegen fallen immer wieder viele schöne Momente ein. • 8. Er bedankt sich bei seinen Eltern für seine glückliche Kindheit.

### 4.5 Perfekt

**1** 1. Vergangenheit • 2. Zeitungsartikeln • E-Mails • 3. haben • Partizip Perfekt / Partizip II
**2 a** schlafe • frühstücke • lese • esse • trinke • fahre • schwimme • miete • rudere • esse • kaufe • gebe • radle • sehe • spaziere • mache
**2 b** Ich habe bis 11 Uhr geschlafen, dann lang gefrühstückt und die ganze Zeitung gelesen. Mittags habe ich im besten Restaurant der Stadt gegessen und Champagner getrunken. Nach dem Mittagessen bin ich mit dem Fahrrad zum See gefahren und dort in aller Ruhe geschwommen. Am Nachmittag habe ich mir noch ein Ruderboot gemietet und bin zum Café auf der anderen Seite gerudert. Dort habe ich ein Stück Torte gegessen und ein Brötchen gekauft, das ich den Enten gegeben habe. Ich bin zurück in die Stadt geradelt und habe abends einen Klassiker im Kino gesehen. Danach bin ich noch etwas durch die Altstadt spaziert und habe es mir schließlich zu Hause mit einem Buch gemütlich gemacht.
**2 c** **Regelmäßige Verben:** gefrühstückt, gemietet, gerudert, gekauft, geradelt, gemacht • **Unregelmäßige Verben:** geschlafen, gelesen, gegessen, getrunken, gefahren, geschwommen, gegeben, gesehen, spaziert
**2 d** 2. zugenommen • 3. zugekommen • 4. erzählt • 5. umgezogen • 6. verliebt • 7. bekommen • 8. hochgestiegen • 9. erinnert

**3** 2. hat • 3. hat • 4. ist • 5. bin • 6. hat • 7. habe • 8. haben • 9. habe • 10. bin • 11. habe • 12. ist

## 4.6 Präteritum

**1 a** **Text 1:** hat geklappt • hatten • hat gebremst • ist stehen geblieben • kam entgegen • haben reagiert • sind davongekommen • mussten umsteigen • hat gestört • **Text 2:** fuhr • kam entgegen • war • bemerkte • warnte • bremsten • kamen • konnte verhindert werden

**1 b** 1. mündlich • schriftlich • 2. Präteritum • 3. ohne

**1 c** **regelmäßige Verben:** warnen – warnte • bremsen - bremste • **unregelmäßige Verben:** fahren – fuhr • haben – hatten • kommen – kam • **Verben mit trennbarem Präfix:** entgegenkommen – kam entgegen • **Verben mit nicht-trennbarem Präfix:** bemerken – bemerkte • **Modalverben:** müssen – mussten • können - konnte

**2 a** 2. arbeiten • 3. betteln • 4. fragte • 5. sein • 6. legen • 7. baute • 8. saß • 9. singen • 10. kam • 11. trocknete • 12. tragen • 13. kroch • 14. gab ab • 15. schaute zu • 16. sammelte • 17. hatte • 18. wünschte • 19. zurückgehen • 20. sagte • 21. lachte aus

**2 b** 2. arbeiteten • 3. bauten • 4. legten • 5. sammelten • 6. saß • 7. sang • 8a. schaute • 8b. zu • 9. kam • 10. trockneten • 11. trugen • 12. kroch • 13. bettelte • 14. fragten • 15. antwortete • 16. hatte • 17a. lachten • 17b. aus • 18a. gaben • 18b. ab • 19. sagten • 20. wünschten • 21a. gingen • 21b. zurück

**3 a** wurde • spielte • machte sich • kommt • wettet • spenden würde • gewinnt • fliegt • leistete • half • gründete • sich einsetzt

**3 b** Wenn in einer Erzählung / einem Bericht, die / der in der Vergangenheit steht, ein Ereignis besonders aktuell und relevant für den Berichtenden ist, wird oft auch das narrative Präsens benutzt.

## 4.7 Plusquamperfekt

**1 a** 2. Er hatte seine Dissertation gerade fertig gestellt, ... • 3. Davor hatte er schon oft die Stelle gewechselt. • 4. ..., von der er oft geträumt hatte. • 5. ... er hatte beruflich viel erreicht • 6. ..., für die er früher keine Zeit gehabt hatte.

**1 b** 1. Präteritum • Partizip II • 2. vor • Vergangenheit

**1 c** 2. ...hatte mein Chef mich schon gesucht. • 3. ...hatte der Regen aufgehört. • 4. Der Bus war gerade abgefahren, ...• 5. ...ich so viel gearbeitet hatte. • 6. ...zu Fuß nach Hause gelaufen war.

**2** 2. Nachdem die Mannschaft die letzten acht Spiele verloren hatte, war sie jetzt wieder erfolgreich. / Die Mannschaft war jetzt wieder erfolgreich, nachdem sie ... • 3. Die Spieler hatten keine Kraft mehr, nachdem sie bis zur Pause hervorragend gespielt hatten. / Nachdem die Spieler bis zur Pause hervorragend gespielt hatten, ... • 4. Als die ganze Mannschaft in die Heimatstadt zurückgekehrt war, versammelten sich die Fans. / Die Fans versammelten sich, als die ganze Mannschaft ... / Nachdem die ganze Mannschaft in die Heimatstadt zurückgekehrt war, versammelten sich ... / Die Fans versammelten sich, nachdem die ganze Mannschaft ... • 5. Nachdem der Bürgermeister sie im Rathaus empfangen hatte, fand eine Pressekonferenz statt. / Es fand eine Pressekonferenz statt, nachdem der Bürgermeister ...

**3** *Mögliche Lösung:*

| Vergangenheit | | Gegenwart | Zukunft |
|---|---|---|---|
| Vorgestern / Vorzeitigkeit | Gestern / früher | Heute / jetzt | Morgen / bald / nächstes Jahr |
| *Plusquamperfekt* | *Präteritum, Perfekt Narratives Präsens* | *Präsens* | *Futur I* |

## 4.8 Passiv und Ersatzformen

**1 a** 2G • 3D • 4B • 5A • 6C • 7F • 8E • 9H

**1 b** 2. Passiv Präteritum: werden in Präteritum / wurde + Partizip II • 3. ist aufgenommen worden • 4. sein in Präteritum + Partizip II + worden • 5. soll gesteigert werden • 6. Modalverb in Präteritum + Partizip II + werden • 7. haben durchgeführt werden müssen • 8. werden im Konjunktiv I + Partizip II • 9. müssten erteilt werden

**2** 2b. Grund: Es ist wichtig, dass die Eltern schmücken und nicht die gesamte Familie. • 3a. Grund: Die Silvesterfeier steht im Vordergrund • 4b. Grund: Die Kinder als aktiv Handelnde bilden den Kern der Aussage.

**3 a** Sätze 1 und 2: handelnde Personen können durch „von" + Dativ ausgedrückt werden • Sätze 3 und 4: anonyme Institutionen und Umstände können auch mit „durch" + Akkusativ ausgedrückt werden.

**3 b** handelnde Personen • „durch" + Akkusativ

**3 c** 2. Schon im 16. Jahrhundert wurden Methoden zur Extraktion von Wirkstoffen entwickelt. • 3. Pflanzliche Medikamente werden auch heute von Pharmakonzernen hergestellt. • 4. Wirkstoffe werden von Forschern aus den unterschiedlichsten Pflanzen gewonnen. • 5. Die Medikamente werden gegen sehr unterschiedliche Erkrankungen eingesetzt. • 6. An pflanzliche Medikamente werden heute von Kunden hohe Anforderungen gestellt.

**4 a** 2. Die Bestellung muss abgeschickt werden. • 3. Die Adresslisten sollen aktualisiert werden. • 4. Die Ablage soll neu sortiert werden. • 5. Die Rechnungen müssen bezahlt werden. • 6. Alles soll innerhalb einer Woche erledigt werden.

**4 b** 2. Die Bestellung hätte abgeschickt werden müssen. 3. Die Adresslisten hätten aktualisiert werden sollen. • 4. Die Ablage hätte neu sortiert werden sollen. • 5. Die Rechnungen hätten bezahlt werden müssen. • 6. Alles hätte innerhalb einer Woche erledigt werden sollen.

**5** 2. Ja, der Boden ist gewischt. • 3. Ja, das Wohnzimmer ist gesaugt. • 4. Ja, unsere Zimmer sind aufgeräumt. • 5. Ja, die Blumen sind gegossen. • 6. Ja, das Abendessen ist vorbereitet.

**6** 3. In den Arbeitsgruppen wurde viel diskutiert. • 4. Es wurden viele Vorschläge gemacht. • 5. Es wurde ein Konzept erarbeitet. • 6. Für die nächste Konferenz wurden schon Themen festgelegt.

**7 a** sind weiterzuverarbeiten • lässt sich verwenden • lassen sich ersetzen • sind vermeidbar • es gibt zu bedenken • lassen sich betanken • sind nachweisbar • sind umzurüsten

**7 b** 1. lassen sich • „sein" • 2. „sein" + zu + Infinitiv

**7 c** Alle Nebenprodukte können weiterverarbeitet werden. • Das entstandene Glycerin kann z. B. zur Herstellung von Kosmetik verwendet werden. • Mit deutschem Bio-Diesel kann nur 5 Prozent des Verbrauchs ersetzt werden. • Dadurch können zwar immerhin bis zu vier Prozent der Treibhaus Emissionen vermieden werden, ...• ...aber es müssen auch Nachteile bedacht werden. • Deswegen können nicht alle Autos problemlos mit Bio-Diesel betankt werden. • Gerade bei älteren Modellen können Defekte auf Grund des Bio-Diesels nachgewiesen werden. • Diese Modelle müssen deswegen alle umgerüstet werden.

## 4.9 Konjunktiv I: Indirekte Rede

**1 a** **Informationen aus:** Bericht der Umweltstiftung WWF • **Quellen:** Bericht der Umweltstiftung WWF und Aussagen des WWF-Naturschutzdirektors • **Informationen aus 2. Hand:** wie ein Bericht festgestellt hat • laut des neuen Berichts • laut WWF-Naturschutzdirektor • erläuterte der WWF

**1 b** **sein:** sei • **haben:** habe • **gehen:** gehe • **wissen:** wisse • **nehmen:** nehme • **müssen:** müsse • **können:** könne • **wollen:** wolle

**1 c** 1. nicht • 2. Verb • 3. Konjunktiv II • Partizip II

**2 a** 2. Seine Frau gehe früh aus dem Haus und komme spät wieder. Er habe auch so viel zu tun. • 3. Sie hätten einfach keine Zeit, den Müll zu den verschiedenen Entsorgungsorten zu fahren. • 4. Er habe am vorherigen Tag mit seinem Bekannten gesprochen, der öfter Müll in den Wald gekippt habe. • 5. Aber leider müsse der Müll ja ordnungsgemäß entsorgt werden. Das wisse er nur zu gut. • 6. Sein Bekannter sei nämlich erwischt worden und müsse nun ein dickes Bußgeld zahlen.

**2 b** 2. Seine Frau geht früh aus dem Haus und kommt spät wieder. Er hat auch so viel zu tun. • 3. Sie haben einfach keine Zeit, den Müll .... • 4. Er hat gestern mit seinem Bekannten gesprochen, der öfter Müll in den Wald gekippt hat. • 5. Aber leider muss der Müll ja ordnungsgemäß entsorgt werden. Das weiß er nur zu gut. • 6. Sein Bekannter ist nämlich erwischt worden und muss nun ein dickes Bußgeld zahlen.

## 4.10 Konjunktiv II: Bitten, Ratschläge, Vermutungen und Wünsche

**1** 2. I • 3. R • 4. V • 5. R • 6. W

**2 a / b** wissen: wisse – wusste – wüsste • kommen: komme – kam – käme • haben: habe – hatte – hätte • sein: sei – war – wäre • dürfen: dürfe – durfte – dürfte • werden: werde – wurde – würde • lassen: lasse – ließ – ließe

**3 a** 2. Würdest / Könntest du mich bitte zurückrufen? • 3. Würdest / Könntest du bitte pünktlich kommen? • 4. Würdest / Könntest du bitte den Tisch decken?

**3 b** *Mögliche Lösungen:* 2. Du solltest mehr Obst essen. • 3. Wie wäre es, wenn du häufiger spazieren gehen würdest? • 4. An deiner Stelle würde ich einen Stilberater fragen.

**3 c** 2. Wenn sie doch nur leiser sprechen würde! / Würde sie doch nur leiser sprechen! • 3. Wenn er bloß bessere Laune hätte! / Hätte er bloß bessere Laune! • 4. Wenn er das doch nur die Kollegen machen ließe! / Ließe er das doch nur die Kollegen machen! • 5. Wenn ich doch nur essen gehen könnte! / Könnte ich doch nur essen gehen. • 6. Wenn ich doch keine Überstunden machen müsste! / Müsste ich doch keine Überstunden machen!

**4 a** 2. Wenn sie nicht in einen guten Kindergarten in der Nähe gehen würden, wäre es ein Problem. / Würden sie nicht in einen guten Kindergarten in der Nähe gehen, wäre…• 3. Wenn sie dort nicht gut betreut würden, wären wir nicht sehr zufrieden. / Würden sie dort nicht gut betreut, wären wir nicht …• 4. Wenn wir kein drittes Kind bekommen würden, würde ich meine Arbeitszeit nicht reduzieren. / Würden wir kein drittes Kind bekommen, würde ich…• 5. Wenn wir kein Haus bauen wollten, müssten wir nicht ziemlich sparsam leben. / Wollten wir kein Haus bauen, müssten wir nicht …

**4 b** 2. Wenn sie nicht in einen guten Kindergarten in der Nähe gegangen wären, wäre es damals ein Problem gewesen. / Wären sie nicht in einen guten Kindergarten in der Nähe gegangen, wäre…• 3. Wenn sie dort nicht gut betreut worden wären, wären wir damals nicht sehr zufrieden gewesen. / Wären sie dort nicht gut betreut worden, wären …• 4. Wenn wir kein drittes Kind bekommen hätten, hätte ich damals meine Arbeitszeit nicht reduziert. / Hätten wir kein drittes Kind bekommen, hätte ich…• 5. Wenn wir kein Haus hätten bauen wollen, hätten wir damals nicht ziemlich sparsam leben müssen. / Hätten wir kein Haus bauen wollen, hätten wir …

**5 a** 2. Wenn doch die Zimmer gelüftet würden! • 3. Wenn doch die Spiegel geputzt würden! • 4. Wenn doch die Minibars aufgefüllt würden! • 5. Wenn doch die Zeitungen auf einem Stapel geordnet würden! • 6. Wenn doch die Pflanzen gegossen würden!

**5 b** 2. Die Zimmer hätten gelüftet werden sollen. • 3. Die Spiegel hätten geputzt werden müssen. • 4. Die Minibars hätten aufgefüllt werden müssen. • 5. Die Zeitungen im Foyer hätten geordnet werden sollen. • 6. Die Pflanzen in der Halle hätten gegossen werden können.

**5 c** 2. Du hättest die Zimmer lüften sollen. • 3. Du hättest die Spiegel putzen müssen. • 4. Du hättest die Minibars auffüllen müssen. • 5. Du hättest die Zeitungen im Foyer ordnen sollen. • 6. Du hättest die Pflanzen in der Halle gießen können.

**6 a** 2f • 3r • 4f • 5r • 6f

**6 b** 2. … sind nicht identisch … • 4. … leiten sich von der Präteritum-Form des Verbs ab • 6. … werden Bitten und Wünsche höflicher

**7** *Mögliche Lösungen:* 1. Wenn ich als Kind ins Ausland gezogen wäre, dann wäre ich vielleicht zweisprachig aufgewachsen. • 2. Wenn ich in der Schule fleißiger gewesen wäre, hätte ich studieren können. • 3. Wenn ich meine erste Liebe geheiratet hätte, wäre ich heute bestimmt schon wieder geschieden. • 4. Wenn ich berühmt geworden wäre, hätte ich bestimmt kein Privatleben.

## 5 Das Adjektiv

### 5.1 Deklination

**1** 1C • 2A • 3B

**2 a** 1. … einen besonderen Wert. Wir würden das lustige Foto mit den Schulfreunden, den ersten Liebesbrief oder das persönlich signierte Autogramm eines bekannten Stars nie wegwerfen. • 2. Kleine Dinge, wie zum Beispiel ein altes Foto, ein bunter Stein oder eine Tierfigur aus farbigem Glas, erinnern uns an ein besonderes Ereignis oder an geliebte Menschen.

**2 b** **Regel 1:** -en • **Regel 2:** Signalendung

**2 c** 2. Regel 2 • 3. Regel 1 • 4. Regel 1 • 5. Regel 1 • 6. Regel 2

**3** **maskulin:** N: -r • A: -n • D: -m • G: -s • **neutrum:** N / A: -s • D: -m • G: -s • **feminin:** N / A. -e • D / G: -r • **Plural:** N / A: -e • D: -n • G: r

**4 a** 1. … ein normales Handy und eine normale Tasse sind normale Dinge. • 2. Ich habe einen alten Fernseher, ein altes Sofa, eine alte Lampe und andere alte Möbel. • 3. Mit dem dünnen Schal, dem dünnen Kleid, der dünnen Mütze und den dünnen Handschuhen wirst du frieren. • 4. Trotz des guten Plans, des guten Konzepts, der guten Vorbereitung und der guten Ideen ging alles schief.

**4 b** *Mögliche Lösungen:* …, diese normale Frau, also diese normalen Menschen sind langweilig. • Ich kenne jenes alte Haus, jenen alten Laden, jene alte Burg, also jene alten Gebäude aus unserem Dorf. • Mit deinem dünnen Kleid, deiner dünnen Hose und deinen dünnen Socken bist du nicht richtig angezogen. • Wegen seines großen Mundes, seines großen Kinns, seiner großen Nase und seiner großen Ohren will er sich endlich operieren lassen. • Ich habe keinen anderen Plan, kein anderes Konzept, keine andere Idee und auch keine anderen Möglichkeiten.

**4 c** … Früher wünschten sich fast alle jungen Menschen den Führerschein zum Geburtstag, doch nun bevorzugen nicht wenige weibliche Geburtstagskinder Geld für eine Schönheitsoperation. Auf die Frage nach ihrem Geburtstagswunsch antworteten viele junge Frauen, dass sie sich gerne die Nase verkleinern lassen würden. Einige hatten sogar schon eine oder zwei kosmetische Operationen hinter sich. • **Regel 1:** „wenige" • „viele" • **Regel 2:** „alle"

**5 a** 2. jüngerer • 3. schnellste • 4. höheren • 5. teureres • 6. hübschere • 7. meisten • 8. dunklere • 9. heißesten • 10. nächste

**5 b** 1. schneller • 2. jung • am jüngsten • 3. am teuersten • dunkel • am dunkelsten • 4. heiß • heißer • am hübschesten • 5. gut • besser • viel • mehr • hoch • am höchsten • nah • näher

**6 a** 2. länger • 3. die längste • 4. am schnellsten • 5. das größte
**Auflösung:** 1. eBay • 2. Ja, der Nil (6.671 km) ist länger als der Rhein (1.320 km). • 3. Zwischen den USA und Kanada. • 4. Badminton (bis über 300 km/h Ballgeschwindigkeit) • 5. Terminal 3 am Flughafen Peking.

**6 b** Regel 3 enthält einen Fehler. Korrektur: … bei Ungleichheit den Komparativ + „als".

**6 c** 1. schnellere • 2. tiefste • 3. am häufigsten • deutschen • 4. meisten • kleine • höchsten • 5. günstige • teure • teuerste • 6. häufiger • 7. amerikanischer • attraktivsten • 8. privaten • besten

### 5.2 Partizipien als Adjektive

**1 b** 2b • 3a • 4b • 5a • 6a • 7a • 8b

**1 c** 3. Die Formulare stehen zur Verfügung. • 4. Ein Pass wurde rechtzeitig verlängert / ist rechtzeitig verlängert worden. • 5. Der Angestellte hilft. • 6. Die Visumsbestimmungen gelten seit Mai. • 7. Die Zeugnisse stammen aus der Heimat. • 8. Ein Antrag wurde endlich genehmigt / ist endlich genehmigt worden.

**1 d** 3. die bestehenden Probleme • 4. eine erfolgreich bestandene Prüfung • 5. endlich gefundene Antworten • 6. eine überraschende Lösung

**2** 3. Personen, die im Ausland studieren • 4. das, was gestern vereinbart wurde / worden ist • 5. Personen, die an der Universität Bonn lehren

## 6 Das Adverb

### 6.1 Adverbien beim Verb

**1 a** 2. Adverb • 3. Adjektiv • 4. Adverb • 5. Adjektiv • 6. Adverb • **Regel:** wie • Endung

**1 b** 2. Er hat dort einige Freunde getroffen und sich gut unterhalten. • 3. Er hat ihnen viel aus seinem Leben erzählt. • 4. Dabei haben sie sehr laut gelacht. • 5. Die anderen Gäste haben wütend den Ober gerufen. • 6. Der hat zwar höflich auf die Beschwerde reagiert, aber weiter nichts unternommen. • 7. Nur Mario hat die Gäste einfach freundlich angeschaut. • 8. Und dann hat er sich laut und herzlich von seinen Freunden verabschiedet.

### 6.2 Adverbien beim Satz

**1 a** 1. manchmal • 2. Normalerweise • anschließend • 3. Da • häufig • bis nach Mitternacht • dort • 4. gestern • dort • bis 2 Uhr • oft • 5. heute • deshalb • erst • um 12 Uhr • sehr schlecht • Regeln: 1. 1 • Mittelfeld • 2. nach

**1 b** 2. Dort würde er am liebsten 10 Lottoscheine ausfüllen. / Am liebsten würde er dort … • 3. Aber normalerweise ist er dafür zu vernünftig. / Dafür ist er aber normalerweise zu vernünftig. • 4. Heute entscheidet er sich trotzdem anders. / Trotzdem entscheidet er sich heute anders. • 5. Sein letzter großer Lottogewinn wird nämlich bald ausgegeben sein. / Bald wird sein letzter großer … • 6. Dann muss er wieder täglich in einer Putzfirma arbeiten gehen. / Er muss dann wieder … • 7. Aber er hat keine Lust dorthin zurückzukehren. / Er hat aber keine Lust … • 8. Deshalb füllt er heute 20 Lottoscheine aus. / Er füllt deshalb heute … / Heute füllt er deshalb …

**1 c** **wie:** am liebsten • normalerweise • **wann:** heute • bald • täglich • heute • **wo / wohin:** dort • dorthin • **Satzverbindung:** dafür • trotzdem • nämlich • dann • aber • deshalb

**2** 2. Er sucht einen neuen Job, deswegen hat er sich eine Menge

Zeitungen gekauft. • 3. Ausnahmsweise geht er nicht zur Lottostelle. Stattdessen geht er sofort wieder nach Hause zurück. • 4. Den ganzen Nachmittag liest er die Stellenanzeigen, trotzdem findet er nichts. • 5. Schließlich denkt er sich: „Kein Erfolg? Also, muss ich mir was anderes einfallen lassen."

### 6.3 Adverbien der Verstärkung und Fokussierung

**1 a** 2u • 3s • 4s • 5u • 6s
**1 b** 2a • 3a • 4b • 5a
**2** **sehr, sehr schlecht:** 2 • **sehr schlecht:** 5 • **mehr oder weniger schlecht:** 6 • **fast sehr gut:** 4 • **sehr gut:** 3 • **sehr, sehr gut:** 7
**3 a** B gefällt das Konzert besser.
**3 b** 2. ↑• 3. ↑ • 4. ↓ • 5. ↑
**3 c** 2. Der Ausflug war ganz schön! (Hier wird das a in „ganz" betont und dabei etwas verlängert.) • 3. Maria ist ganz verrückt nach Rap. • 4. Ich finde Rap zwar ganz gut, aber Soul mag ich lieber. • 5. Das sehe ich ganz genau so.
**3 d** das Adjektiv • „ganz"
**4** 2. nur • 3. Auch / Sogar • 4. Auch • 5. auch / sogar / nur • 6. nur / auch • 7. sogar / auch • 8. nur • 9. Auch

## 7 Artikelwörter und Pronomen

### 7.1 Artikelwörter (der, das, die, ...; ein, kein, mein, ...)

**1 a** 2. **Marie:** Ich habe keine genaue Vorstellung von dem Beruf eines Produktdesigners. Auf diese Weise kann ich so manche Praxiserfahrung sammeln, die das Studium nicht vermitteln kann. • 3. **Lisa:** Mein Professor empfahl mir, in einem Praktikum herauszufinden, welche Tätigkeiten mir leicht fallen. Was für ein kluger Rat! • 4. **Tibor:** Bevor ich irgendeine Bewerbung schreibe, wollte ich wissen, ob ich für diesen oder jenen Beruf überhaupt geeignet bin. • 5. **Clarissa:** Ein Praktikum bietet die Möglichkeit, seine Stärken kennen zu lernen. Meiner Meinung nach kann man dann sicherer in einem Bewerbungsgespräch auftreten.
**1 b** 2. Nr. 3 • Mein Professor • Nominativ, Maskulinum • 3. Nr. 5 • Ein Praktikum bietet • Nominativ, Neutrum
**1 c** **immer mit Signalendung:** dem • diese • manche • das • welcher • diesen • jenen • die • **nicht immer mit Signalendung:** eines • mein • einem • was für ein • irgendeine • ein • seine • meiner • einem
**2 a** 1. manches • jedes • 2. keine • wenige • einige • mehrere • viele • alle • 3. keine • eine • manche • 4. keine • wenig • viel
**2 b** 2. irgendeinen Aushilfsjob • 3. mit jedem Kollegen • 4. Was für eine Chance
**3 a** **Indefinitartikel:** ein (3) • einen (5) • ein (7) • eine (8) • seinen (10) • **Definitartikel:** das (4) • der (6) • dem (9) • die (11) • den (12) • den (13)
**3 b** 2. D: (2), (4) • 3. I: (7), (8) • 4. D: (9), (13) • 5. D: (5) • 6. D: (11), (12)
**3 c** 2. brauchen... • 3. Ein Student braucht ... • 4. Studenten brauchen ... • 5. Jeder Student braucht ... • 6. Alle Studenten brauchen ...
**3 d** 2. Das • der • 3. Die • ein • 4. eine • dem • das • 5. eine • der • den • 6. Die • eine • 7. ein • das / ein • einer
**4 a** 2J • 3K • 4H • 5F • 6A • 7I • 8C • 9B • 10L • 11D • 12G
**4 b** eine Genitiv-Ergänzung • einen Relativsatz
**4 c** 3. - • 4. der • 5. - • 6. der • 7. das • 8. - • 9. das • 10. - • 11. Der • 12. ein • 13. dem • 14. die • 15. - • 16. ein • 17. - • 18. ein • 19. die • 20. - • 21. - • 22. den • 23. - • 24. - • 25. Die • 26 - • 27. - / einer • 28. - • 29. - / dem • 30. - • 31. -

### 7.2 Artikelwörter als Pronomen (das ist meins, deins, ...)

**1 a** 2. Jeder • 3. Manche • 4. Welche • 5. Einer • 6. einer • 7. das • 8. denen • 9. Meiner • 10. einen • 11. der • 12. Welchen • 13. Den • 14. denen • 15. Die • 16. jedem • 17. Das • 18. keiner
**1 b** **Definitartikel als Pronomen:** das • denen • der • den • denen • die • das • **Andere Artikelwörter als Pronomen:** jeder • manche • welche • einer • einer • meiner • einen • welchen • jedem • keiner
**1 c** 1. Relativpronomen • 2. immer
**2 a** 2. ... haben wir keine mehr. • 3. ... eine bekommen. • 4. ... haben welches. • 5. ... ist ihrs. • 6. ... gibt es welche. • 7. ... haben wir keinen. • 8. ... es gibt eine.
**2 b** 2. Manchen / Vielen / Allen • 3. welches • 4. keiner • 5. einige / manche • 6. Keiner • 7. alle

### 7.3 Indefinitpronomen (man, jemand, irgendjemand, ...)

**1 a** 2. man • 3. einen • 4. einem • man
**1 b** 2. irgendwer • 3. einen • 4. jemand
**1 c** 1. einen • einem • 2. jemand • jemanden • jemandem • 3. irgendjemand • irgendwen • irgendwem
**2 a** 2C • 3F • 4G • 5B • 6E • 7A • 8D
**2 b** 2. irgendwo • 3. etwas / irgendetwas • 4. niemanden • 5. irgendwie
**2 c** 2. nirgendwo / nirgends • 3. nichts • 4. jemanden • 5. gar nicht / in keiner Weise

### 7.4 Präpositionalpronomen (darauf, dazu, ...; worauf, wozu, ...)

**1 a** In den Sätzen 1a bis 6a werden Personen, Institutionen und Lebewesen durch ein Pronomen und eine Präposition ersetzt, in den Sätzen 1b bis 6b ersetzen Präpositionalpronomen Sachen bzw. ganze Aussagen.
**1 b** 2r • 3f • 4f • 5r • 6f
**1 c** 1. Beleg: die Sätze 1b bis 6b • 3. Bei Fragen nach Personen, Lebewesen und Institutionen steht Fragewort und Präposition. Beleg: alle Fragen in den Sätzen 1a bis 6a • 4. Die Präposition hängt vom Verb ab. Beleg: alle Präpositionen, z.B. Satz 1 „sich erinnern an" • 6. In diesem Fall gebraucht man immer Präposition + Fragewort. Beleg: alle Fragen in den Sätzen 1a bis 6a
**1 d** 2. nach • 3. darunter • 4. davon • 5. vor • 6. über
**1 e** 2. Dazu gratulierte ... • 3. Dafür war ... dankbar. • 4. Dafür schämte ... sich. • 5. Darüber wunderten sich ... • 6. ärgerte ... sich darüber. • 7. Darauf freuten ... sich ...
**2 a** 2. dafür • 3. darum • 4. darüber • 5. darüber • 6. Auf • 7. dafür • 8. für
**2 b** 2. Dafür, dass Sofia warten musste. • 3. Worum ging es im Film? – Darum, dass sich zwei Freunde wiedertreffen. / Um zwei alte Freunde. • 4. Worüber freuten sich die Freunde? – Darüber, dass sie sich trafen. / Über das Treffen. • 5. Worüber begannen sie sich zu streiten? – Darüber, wer mehr erreicht hatte. / Über die Erfolge in ihrem Leben. • 6. Was wartete auf die beiden? – Eine böse Überraschung. • 7. Wofür schämten sie sich? – Dafür, dass sie zu egoistisch waren. / Für ihren Egoismus. • 8. Wofür entschuldigten sie sich? – Dafür, dass sie zu egoistisch waren. / Für ihr egoistisches Verhalten.
**3 a** 2. Seine Familie war zuerst nicht damit einverstanden, ...• 3. Auch Sabine zweifelte daran, ...• 4. Sie wollte in Ruhe darüber nachdenken, ...• 5. Nach einem Monat überzeugte Frederik sie davon, ...• 6. Sie begannen gleich damit, ...• 7. Seine Familie gewöhnte sich auch daran,... • 8. Jetzt hängt das Eheglück nur noch davon ab, ...
**3 b** Nebensätze mit „dass", mit „Infinitiv mit zu" und indirekte Fragesätze mit „ob".
**4** 1b. ..., sie wiederzusehen. • 1c. ..., dass sie mich warten lässt. • 2a. ..., dass sich ihr Leben ganz ändert. • 2b. ..., wie sie sich beruflich verbessern könnte. • 2c. ..., den Anschluss zu verlieren. • 3a. ..., warum der Film nicht lief. • 3b. ..., dass das Gerät kaputt war. • 3c. ..., sein Geld erstattet zu bekommen.

## 8 Präpositionen

### 8.1 Syntaktisch

**1** **Akkustativ und Dativ:** in • auf • an • über • hinter • **Akkusativ:** durch • bis • ohne • gegen, • **Dativ:** nach • aus • entgegen • zu • ab • gegenüber • von • bei • **Genitiv:** trotz • dank • innerhalb
**2 a** 1. der • 2. dem • das • 3. das • diesem • 4. sie • ihr • 5. ihn • ihm
**2 b** lokale • wohin

### 8.2 Semantisch

**1 a** 2A • 3D • 4F • 5I • 6C • 7E • 8B • 9J • 10H
**1 b** A. - • B. aufgrund, dank, durch, vor, wegen • C. ohne • D. an, auf, außerhalb, bei, hinter, innerhalb, nach, neben, über, unter, vor, zwischen • E. für • F. ab, an, bei, bis, in, nach, um, vor, während, zwischen • G. - • H. infolge von • I. auf, außer, in, mit, nach, ohne • J. -
**1 c** 2. nach • 3. Mit • 4. mit • 5. Aufgrund • 6. Dank • 7. Bei • 8. ohne
**1 d** 2. ...trotz schlechter Erfahrung. • 3. Infolge ihrer positiven Einstellung ...• 4. Aber entgegen der negativen Kommentare ... • 5. Denn ungeachtet aller Probleme ...
**1 e** 2. In • 3. Am • 4. Vor • 5. Nach • 6. Während • 7. Bei • 8. Bis

### 8.3 Feste Präpositionen bei Adjektiven, Nomen und Verben

**1 a** **an:** arm • beteiligt • gewöhnt • interessiert • schuld • **für:** bekannt • bereit • dankbar • geeignet • nützlich • unangenehm • **mit:** beschäftigt • einverstanden • fertig • unzufrieden • verwandt • **von:** begeistert • enttäuscht • überzeugt • voll • **zu:** entschlossen • fähig • bereit

**2** 2. über • 3. an • 4. um • 5. unter • 6. zu • 7. darauf

**3** *Mögliche Lösungen:* 2. Ich bin meinen Eltern für meine sorglose Kindheit dankbar. • 3. Ich kann mich nicht ans frühe Aufstehen gewöhnen. • 4. Ich beschäftige mich gern mit Literatur. • 5. Ich war schon einmal auf mich selbst wütend. • 6. Ich bin von diesem Konzept überzeugt.

## 9 Modalpartikeln

**1 a** Sprache farbiger, helfen Gefühle ausdrücken • können Bedeutung ganzer Aussage tragen • mehrere Bedeutungen

**1 b** 2. Ich wundere mich darüber. • 3. Das ist mein ganz besonderer Wunsch. • 4. Tu das nicht, sonst kann das negative Folgen haben.

**2 a** 2D • 3A • 4C • 5B

**2 b** 1. nach • 2. Bedeutungen • 3. mehrere

**3** 2. doch • 3. mal • 4. wohl • 5. bloß • 6. halt / eben

**4** **Ungeduld, Verärgerung:** 2b • **Überraschung:** 2a, 3a, 4a • **den Gesprächspartnern Bekanntes:** 3b, 4b

**5** 2. Mir geht's eigentlich ganz gut, aber … • 3. Warum denn? • 4. Hast du denn keine Ahnung, …? • 5. Das weiß ich eigentlich schon. • 6. Du könntest dich eigentlich mal etwas besser informieren! • 7. Kann ich dir denn irgendwie helfen? • 8. Und was macht eigentlich deine Prüfung?

**6** 2. halt / eben • 3. eigentlich • 4. ja • 5. bloß • 6. wohl • 7. denn • 8. bloß • 9. ja • 10. eben / halt • 11. denn • 12. mal • 13. ja • 14. halt / eben

## 10 Wortbildung

### 10.1 Nomen

**1 a** 2. e Jogginghose • 3. s Nylongewebe • 4. e Pulsuhr • 5. e Massagelotion • 6. e Yogamatte • 7. r Heimtrainer • 8. e Sporttasche

**1 b** 1b. der Profi + der Fußball • Profis • 2a. die Halle + das Training • Halle • 2b. das Training + die Halle • trainiert • 3a. der Trainer + die Ausbildung • Trainer • 3b. der Judotrainer + die Ausbildung • Judotrainer

**1 c** Die Aussagen 1., 2. und 4. sind richtig: 1. Grundwort, d. h. das letzte Nomen, bestimmt Artikel: z. B. das Halle-n-training = die Halle + das Training = n. • 2. Bestimmungswort erklärt Grundwort genauer: z. B. die Ausbildung / die Trainerausbildung / die Judotrainerausbildung • 3. Fugenzeichen wird nur manchmal eingefügt: siehe Spickzettel S. 90 • 4. Komposita können aus beliebig vielen Nomen zusammengesetzt werden: z. B. die Ausbildung / die Trainerausbildung / die Judotrainerausbildung

**2 a** 2. s Kaufhaus • 3. r Werbeslogan • 4. e Kannbestimmung • 5. r Neukunde • 6. e Eilbestellung • 7. r Sonderpreis • 8. e Überstunden • 9. r Aufpreis • 10. e Unterbezahlung

**2 b** 2. kaufen – das Kaufhaus • 3. wirbt – der Werbeslogan • 4. kann - Kannbestimmung • 5. neu – der Neukunde • 6. eilig – die Eilbestellung • 7. besonders günstig – der Sonderpreis • 8. über – die Überstunden • 9. auf – der Aufpreis • 10. unter – die Unterbezahlung

**2 c** **Verb:** Wunschkonsument • Kaufhaus • Werbeslogan • Kannbestimmung • **Adjektiv:** Neukunde • Eilbestellung • **Adverb:** Sonderpreis • **Präposition:** Überstunden • Aufpreis • Unterbezahlung

**2 d** 1. Adjektiven • Adverbien • Präpositionen • 2. Nomen

**3 a** **feminine Nomen**: Faulheit • Forderung • Reise • Höflichkeit • Studentenschaft • Flucht • Wirkung • Säge • Macht • Zuverlässigkeit • Feindschaft • **maskuline Nomen**: Fahrer • Verlierer • Künstler • Verkäufer • **neutrale Nomen**: Bäumchen

**3 b** *Mögliche Lösungen:* 2. feminin • Höflich-keit • Adjektiv: höflich • 4. feminin • Forder-ung • Verb: fordern • 5. feminin • Säg-e • Verb: sägen • 6. feminin • Macht • Verb: machen • 7. maskulin • Fahr-er • Verb: fahren • 8. maskulin • Künst-ler • Nomen: Kunst • 9. neutrum • Männlein • Nomen: Mann • 10. neutrum • Bäum-chen • Nomen: Baum

### 10.2 Adjektive

**1 a** *Mögliche Lösungen:* **der Himmel:** hellblau • mittelblau • blassblau • zartblau • dunkelblau • himmelblau • **das Meer:** tiefblau • grünblau • blaugrün • graugrün • türkisblau • meergrün • **das Feuer:** knallrot • blutrot • feuerrot • **Briefpapier für Mädchen:** blassrot • rosarot • **Glasflaschen:** dunkelgrün • flaschengrün • **Frühling in Deutschland:** maigrün • zartgrün • hellgrün

**1 b** **gelb:** bananengelb • grüngelb • orangegelb • **weiß:** schneeweiß • grauweiß • **schwarz:** pechschwarz • braunschwarz • blauschwarz

**1 c** 1. Adjektiv + Farbadjektiv: z. B. hellblau • 2. Farbadjektiv + Farbadjektiv: z. B. graublau • 3. Nomen + Farbadjektiv: z. B. himmelblau

**2 a** 2. hart → steinhart • 3. zart → hauchzart • 4. schön → wunderschön • 5. weich → butterweich • 6. dumm → strohdumm

**2 b** 2. Ideen • mit vielen Ideen • Dativ • 3. Neid • mit viel Neid • Akkusativ • 4. Gnade • ohne Gnade • Akkusativ • 5. Rauch • ohne Rauch • Dativ • 6. Kohlendioxid • mit Kohlendioxid • Akkusativ

**2 c** 1. Akzent: akzentfrei • 3. Verantwortung: verantwortungslos (ohne Verantwortung) • verantwortungsvoll (mit großer Verantwortung) • 4. Wort: wortreich (mit vielen Worten) • wortlos (ohne Worte) • 5. Ideen: ideenarm (wenig Ideen) • ideenreich (mit vielen Ideen) • ideenlos (ohne Ideen) • 6. Fett: fettarm (wenig Fett) • fettfrei (ohne Fett) • fetthaltig (enthält Fett, genaue Menge unbekannt) • 7. Respekt: respektvoll (mit großem Respekt) • respektlos (ohne Respekt) • 8. Kosten: kostenlos (ohne Kosten) • kostenfrei (ohne Kosten) • 9. Zucker: zuckerarm (wenig Zucker) • zuckerfrei (ohne Zucker) • zuckerhaltig (enthält Zucker, genaue Menge unbekannt) • 10. Salz: salzarm (wenig Salz) • salzlos (ohne Salz) • salzhaltig (enthält Salz, genaue Menge unbekannt)

**2 d** 1. blau wie der Himmel = himmelblau • arm wie ein Bettler = bettelarm • 2. -arm • -reich • -voll • -los • -frei • -haltig • 3. kontaktarm = arm an Kontakten

**3 a** zornig • geldgierig • gestrigen • auffällig • einmaliger • gängigen • logisch • juristische • sympathisch • misstrauisch • besserwisserisch • wöchentlich • sichtlich • gebräuchlich • verträglich

**3 b** 1. **Adjektive auf -ig:** zornig – der Zorn – Nomen • geldgierig – die Geldgier – Nomen • gestrig – gestern – Adverb • auffällig – auffallen – Verb • einmalig – einmal – Adverb • gängig – der Gang – Nomen • 2. **Adjektive auf -isch:** logisch – die Logik – Nomen • juristisch – der Jurist – Nomen • sympatisch – die Sympathie – Nomen • misstrauisch – das Misstrauen – Nomen • besserwisserisch – der Besserwisser – Nomen • 3. **Adjektive auf -lich:** wöchentlich – die Woche – Nomen • sichtlich – die Sicht – Nomen • gebräuchlich – gebrauchen – Verb • verträglich – der Vertrag – Nomen

**3 c** 2. kündbar • 3. lieferbar • 4. vergleichbar • 5. zahlbar / bezahlbar • 6. hörbar

**3 d** Die Endsilbe „-bar" kann man nur an Verben anhängen. „-bar" signalisiert, dass etwas (nicht) getan werden kann, seltener dass etwas getan werden muss.

**4 a** **Ein Mensch mit positiven Eigenschaften:** verträglich • angenehm • erträglich • kritisch • zufrieden • **Ein Mensch mit negativen Eigenschaften**: unversöhnlich • unanständig • unbeliebt • ungeduldig • unsachlich • unsympathisch • unzuverlässig

**4 b** unversöhnlich – versöhnlich • verträglich – unverträglich • angenehm – unangenehm • unanständig – anständig • unbeliebt – beliebt • erträglich – unerträglich • fair – unfair • ungeduldig – geduldig • kritisch – unkritisch • unsachlich – sachlich • unsympathisch – sympathisch • zufrieden – unzufrieden • unzuverlässig – zuverlässig

**4 c** • 2D • 3F • 4E • 5H • 6G • 7C • 8A

**5 a** Das Präfix „-un" verkehrt die Bedeutung von Adjektiven in ihr Gegenteil, d.h. aus Adjektiven mit positiver Grundbedeutung werden solche mit negativer: z. B. verständlich – unverständlich. Aus Adjektiven mit negativer werden solche mit positiver Bedeutung: z. B. problematisch – unproblematisch. • Das Präfix „-miss" kann die Bedeutung von „falsch" oder „schlecht" haben: „Der Text ist missverständlich." = Man kann den Text falsch verstehen. / „Er ist heute aber missgelaunt." = Er ist heute aber schlecht gelaunt.

**5 b** 2r • 3f • 4f • 5r • 6r

**5 c** 3. Das Präfix „un-" kann man nicht vor jedes Adjektiv setzen. Vor Adjektive wie z. B. „lang" oder „klein", die selbst einen Gegensatz (Antonym) haben („kurz" / „groß"), kann man das Präfix „un-" nicht stellen. Auch Farbadjektive lassen sich z. B. nicht negieren. 4. Das Präfix „miss-" hat nicht die gleiche Bedeutung wie „un-". Es kann auch die Bedeutung von „falsch" oder „schlecht" haben.

# Verben mit Präpositionen

## A

**abhängen** von + D: Alles hängt jetzt von dir ab.
**abhalten** von + D: Die Gespräche mit meiner Kollegin halten mich von der Arbeit ab.
sich **abfinden** mit + D: Ich habe mich mit der Situation / damit abgefunden.
**abstimmen** über + A: Hier können Sie online über das Jugendbuch des Jahres abstimmen.
sich **abwenden** von + D: Enttäuscht wendete / wandte sie sich von ihm ab.
**achten** auf + A: Achten Sie besonders auf die Qualität des Stoffes.
**achtgeben** auf + A: Gib auf deinen kleinen Bruder acht!
**ändern** an + D: Das ändert nichts an der Situation / daran.
**anfangen** mit + D: Ich muss endlich mit dem Aufsatz anfangen.
nichts **anfangen** können mit + D: Ich kann mit dieser neuen Mode nichts anfangen.
**angeben** mit + D: Herr Meyer gibt ständig mit seinem neuen Auto an.
**ankommen** auf + A: Jetzt kommt es ganz auf deine Entscheidung an.
**anknüpfen** an + A: Ich hoffe, ich kann an meine guten Leistungen anknüpfen.
sich **anpassen** an + A: Der Braunbär hat sich gut an seine Umwelt angepasst.
**ansehen** als + A: Die Firma sieht Schulungen für die Mitarbeiter als eine Notwendigkeit an.
**anspielen** auf + A: Er spielt damit auf ihr Alter an.
**antworten** auf + A: Sie antwortete nicht auf diese Frage.
**appellieren** an + A: Ich appelliere an deine Vernunft.
**arbeiten** als + N: Er arbeitet als Übersetzer.
**arbeiten** an + D: Sie arbeitet im Moment an einem größeren Projekt.
**arbeiten** über + A: Er arbeitet über Brecht.
sich **ärgern** über + A: Er ärgerte sich über seinen dummen Fehler.
**auffordern** zu + D: Er forderte sie zum Tanz auf.
**aufhören** mit + D: Hör doch mit dem Rauchen auf!
**aufmerksam machen** auf + A: Sie machte mich auf meinen Fehler aufmerksam.
sich **aufopfern** für + A: Sie haben sich für ihre Kinder aufgeopfert.
**aufpassen** auf + A: Ich muss heute auf meine kleine Schwester aufpassen.
sich **aufraffen** zu + D: Ich konnte mich am Wochenende zu nichts aufraffen.
sich **aufregen** über + A: Er regte sich fürchterlich über den Politiker auf.
**auftreten** als + N: Sie tritt als Solokünstlerin auf.
sich **äußern** über + A: Er äußerte sich negativ über die Umweltpolitik.
sich **äußern** zu: Zu diesem Thema werde ich mich nicht äußern!
**ausgehen** von + D: Ich gehe davon aus, dass wir heute gewinnen.
**aussehen** nach + D: Es sieht nach Regen aus.
sich **aussprechen** für + A / gegen + A: Viele sprechen sich für / gegen den Bau der Autobahn aus.

## B

**basieren** auf + D: Der Film basiert auf einer Kurzgeschichte.
**bauen** auf + A: Ich baue auf deine Unterstützung.
sich **bedanken** bei + D / für + A: Ich wollte mich bei euch noch mal ganz herzlich für eure Unterstützung bedanken.
sich **beeilen** mit + D: Ich muss mich mit der Präsentation beeilen.
sich **befassen** mit + D: Ich befasse mich schon seit Jahren mit dem Thema.
sich **begeistern** für + A: Er begeistert sich für moderne Architektur.
**beginnen** mit + D: Die Präsentation beginnt mit einer kurzen Einleitung.
**beglückwünschen** zu + D: Ich beglückwünsche Sie zur Wahl!
**beharren** auf + D: Er beharrte auf seiner Meinung.
**beitragen** zu + D: Sie hat viel zu meinem Erfolg beigetragen.
sich **beklagen** bei + D / über + A: Sie beklagte sich bei ihm über sein fehlendes Mitgefühl.
**belasten** mit + D: Ich will dich mit diesem Problem / damit nicht belasten.
sich **bemühen** um + A: Ich bemühe mich um eine Gehaltserhöhung.
**benutzen** zu + D: Ich benutze immer ein Wörterbuch zum Nachschlagen.
**berichten** über + A / von + D: Er berichtet über die letzte / von der letzten Konferenz.
**beruhen** auf + D: Der Film beruht auf einer wahren Begebenheit.
sich **beschäftigen** mit + D: Ich beschäftige mich gerade mit Gentechnik.
sich **beschränken** auf + A: Ich versuche, mich auf die wesentlichen Punkte zu beschränken.

sich **beschweren** über + A: Er beschwert sich über die laute Musik.
**bleiben** bei + D: Trotz seiner Argumente blieb sie bei ihrer Meinung.
**bestehen** auf + D: Ich bestehe auf einer genauen Prüfung.
**bestehen** aus + D: Das Team besteht aus sieben Mitarbeitern.
**bestehen** in + D: Das Problem besteht in seiner Unerfahrenheit.
sich **beteiligen** an + D: Wir beteiligen uns an der Demonstration.
**betteln** um + A: Die arme Frau bettelt um Geld. / Ich möchte nicht um jeden Gefallen betteln müssen.
sich **bewerben** um + A: Er bewirbt sich um die Stelle bei der Bank.
sich **beziehen** auf + A: Ich beziehe mich auf die Worte meines Vorredners.
**bitten** um + A: Ich bitte Sie um eine rasche Entscheidung.

## D

**danken** für + A: Ich danke Ihnen für Ihre Gastfreundschaft!
**debattieren** über + A: Wir debattieren über die Folgen der Globalisierung.
**denken** an + A: Ich denke oft an dich.
**denken** über + A: Sie denkt über ihren Kollegen nichts Gutes.
**dienen** zu + D: Diese Anlage dient zur Stromerzeugung.
**diskutieren** über + A: Die Politiker diskutieren über eine Gesetzesänderung.
sich **distanzieren** von + D: Der Minister distanziert sich von der Entscheidung seines Vorgängers.
**drängen** auf + A: Der Kunde drängt auf eine schnelle Bearbeitung der Beschwerde.

## E

sich **eignen** als + A: Das Buch eignet sich als Selbstlernmaterial.
sich **eignen** für + A: Der Ofen eignet sich gut für große Räume.
sich **eignen** zu + D: Diese Schuhe eignen sich gut zum Fußballspielen.
sich **einigen** mit + D / auf + A: Sie einigten sich mit den Verhandlungspartnern auf einen Kompromiss.
sich **einigen** über + A: Man einigte sich schnell über die Vertragsbedingungen.
**eingehen** auf + A: Ich möchte auf diesen Punkt näher eingehen.
**einladen** zu + D: Zu seinem 50. Geburtstag lädt er 100 Leute ein.
sich **einlassen** auf + A: Unser Chef lässt sich auf keine Diskussion ein.
sich **einmischen** in + A: Misch dich nicht in fremde Angelegenheiten ein.
sich **einsetzen** für + A: Der Verein setzt sich für behinderte Kinder ein.
sich **einstellen** auf + A: Wir müssen uns auf viele Veränderungen einstellen.
**einteilen** in + A: Die Anwesenden werden in drei Gruppen eingeteilt.
**eintreten** für + A: Der Verein tritt für die Rechte von Mietern ein.
**eintreten** in + A: Er tritt in die FDP ein.
**einwilligen** in + A: Beide Parteien willigten in den Lösungsvorschlag ein.
sich **ekeln** vor + D: Sie ekelt sich vor Spinnen.
sich **empören** über + A: Die Kunden empörten sich über die Preiserhöhung.
**enden** mit + D: Der Film endet mit einem Kuss.
sich **engagieren** für + A: Unser Nachbar engagiert sich für den Tennisclub.
**entscheiden** über + A: Die Abgeordneten entscheiden über das neue Gesetz.
sich **entscheiden** für / gegen + A: Er entscheidet sich für / gegen ein Medizinstudium.
sich **entschließen** zu + D: Wir haben uns zum Kauf des Hauses entschlossen.
sich **entschuldigen** bei + D / für + A: Er entschuldigt sich bei seinen Studenten für die Verspätung.
**erfahren** von + D: Er hat erst heute vom Streik / davon erfahren.
etwas **erfahren** über + A: Sie hat von ihrem Kollegen Details über die Pläne der Firmenleitung erfahren.
sich **ergeben** aus + D: Aus den Problemen ergibt sich, dass wir Unterstützung brauchen.
sich **erfreuen** an + D: Sie erfreut sich an ihren Enkelkindern.
sich **erhoffen** von + D: Ich erhoffe mir von der Reise viele Anregungen.
sich **erholen** von + D: Ich habe mich von der Krankheit erholt.
sich **erinnern** an + A: Sie erinnern sich oft an ihre Hochzeitsreise.
**erkennen** an + D: Man erkennt an seinem Gesichtsausdruck, dass er lügt.
**erkranken** an + D: Sie ist an Krebs erkrankt.
sich **erkundigen** über + A: Er erkundigt sich über die Entwicklung auf dem Automobilmarkt.
sich **erkundigen** bei + D / nach + D: Der Tourist erkundigt sich beim Hotelportier nach dem Weg.
sich **erregen** über + A: Der Hotelgast erregt sich über die schlechte Bedienung.

**erschrecken** über + A: Ich erschrecke über das laute Geräusch.
**erschrecken** vor + D: Das Kind erschrickt vor dem Hund.
sich **erweisen** als + N: Das erweist sich als (ein) Vorteil.
etwas **erzählen** über + A: Er erzählt viel über seine Reise nach Japan.
**erzählen** von + D: Sie erzählt viel von Ihrer Jugend.

## F

**fehlen** an + D: Es fehlt ihm an Geld für die Renovierung.
**fliehen** vor + D: Sie fliehen vor dem Feind.
**folgen** aus + D: Aus der Energiekrise folgt, dass Solartechnik immer wichtiger wird.
**folgern** aus + D: Aus der Statistik kann man folgern, dass die Zahl der Rentner steigt.
**fordern** von + D: Die Bürger fordern von der Regierung Reformen.
**forschen** nach + D: Mediziner forschen nach einem Medikament gegen Krebs.
**fragen** nach + D: Sie fragt nach der Uhrzeit.
sich **freuen** auf + A: Er freut sich auf die Reise.
sich **freuen** über + A: Sie freut sich über die guten Noten.
**führen** zu + D: Der Einsatz von Solartechnik führt zu einer Klimaverbesserung.
sich **fürchten** vor + D: Unser Sohn fürchtet sich vor Gewitter.

## G

**gehen** um + A: Bei der Diskussion geht es um die Folgen der Umweltverschmutzung.
**gehören** zu + D: Sie gehört zu unserer Familie.
**gelten** als + N: Er gilt als Genie.
**gelten** für + A: Diese Regel gilt für alle.
sich **genieren** vor + D: Sie geniert sich vor dem Arzt.
**geraten** in + D: Er gerät immer in Schwierigkeiten.
**gewinnen** an + D: Er hat im Team an Einfluss gewonnen.
sich **gewöhnen** an + A: Nach und nach gewöhnt sie sich an die langen Arbeitstage / daran.
**glauben** an + A: Er glaubt an Wunder.
**gratulieren** zu + D: Wir gratulieren dir zum Geburtstag.

## H

sich **halten** an + A: Halte dich an die Spielregeln!
**halten** für + A: Ich halte das für eine gute Idee.
**halten** von + D: Sie hält viel von ihrer Kollegin.
**handeln** mit + D: Wir handeln mit Textilien.
**handeln** von + D: Der Film handelt von einer Reise durch die Mongolei.
sich **handeln** um + A: Es handelt es sich dabei um eine ganz neue Herausforderung.
**hängen** an + D: Er hängt sehr an seinem großen Bruder.
**helfen** bei + D: Ich helfe dir beim Kochen.
**herrschen** über + A: Alexander der Große herrschte über ein riesiges Reich.
**hinarbeiten** auf + A: Wir arbeiten darauf hin, dass die Messergebnisse gründlich geprüft werden.
**hinauslaufen** auf + A: Der Arbeitskonflikt wird wohl auf einen Streik hinauslaufen.
**hindern** an + D: Der Lärm hindert uns am Schlafen.
**hinweisen** auf + A: Sie weist auf einen Berechnungsfehler hin. / Ich möchte darauf hinweisen, dass hier nicht geraucht werden darf.
**hoffen** auf + A: Er hofft auf eine Gehaltserhöhung.
**hören** auf + A: Viele Jugendliche hören nicht auf ihre Eltern.
**hören** über + A: Über deinen Arzt habe ich viel Gutes gehört.
**hören von** + D: Ich habe schon von dem Plan gehört.

## I

(sich) **informieren** über + A: Wir informieren alle über die neuen Arbeitszeiten.
sich **interessieren** für + A: Unsere Kinder interessieren sich nur für Computerspiele.
sich **irren** in + D: Ich habe mich in Günter geirrt, er ist doch sehr hilfsbereit.

## J

**jammern** über + A: Sie jammert dauernd über das schlechte Betragen ihrer Kinder.

## K

**kämpfen** für / gegen + A: Die Demonstranten kämpfen für bessere / gegen schlechtere Arbeitsbedingungen.
**kämpfen** mit + D / um + A: Axel kämpft mit seiner Mannschaft um die Meisterschaft.
**klagen** gegen + A: Viele Wirte haben gegen das Rauchverbot geklagt.
**klagen** über + A: Er klagt über starke Schmerzen.
**kommen** von + D: Das kommt von deiner Unordnung!
sich **konzentrieren** auf + A: Er kann sich gut auf seine Projekte konzentrieren.
sich **kümmern** um + A: Meine Mutter kümmert sich oft um unsere Kinder.

# Verben mit Präpositionen

## L

**lachen** über + A: Alle lachen über ihre Witze.
**leiden** an + D: Viele Menschen leiden an Rückenschmerzen.
**leiden** unter + D: Die ganze Abteilung leidet unter dem neuen Chef.
**liegen** an + D: Es liegt an uns beiden, dass wir so oft streiten.
**liegen** bei + D: Die Verantwortung liegt bei dir!
**loskommen** von + D: Trotz aller Versuche kommt sie nicht vom Rauchen los.

## M

**machen** für + A / gegen + A: Wir müssen etwas für sie machen. / Was kann man gegen das Konsumdenken / dagegen machen?
**mangeln** an + D: In der Krisenregion mangelt es an Medikamenten.
**meinen** zu + D: Was meinst du denn zur Bundeskanzlerin?
eine **Meinung** haben zu + D: Was hast du denn für eine Meinung zu diesem Problem?
**mitbekommen** von + D: Von dem Treffen habe ich gar nichts mitbekommen.
**mitkriegen** von + D: Von dem Stadtfest / Davon habe ich nichts mitgekriegt.
**mitwirken** an + D: Das ganze Dorf wirkt an dem Sommerfest mit.
**mitwirken** bei + D: Bei dieser Entscheidung wirken viele Faktoren mit. / Bei der Organisation des Festes haben viele Freunde mitgewirkt.
**mitwirken** in + D: Die Schauspielerin wirkte in vielen Filmen mit.

## N

**nachdenken** über + A: Ich denke selten über die Zukunft nach.
**neigen** zu + D: Viele Menschen neigen zu Kopfschmerzen.

## O

(sich) **opfern** für + A: Für sein Hobby opfert er jede freie Minute.
sich **orientieren** an + D: In fremden Städten orientiert er sich immer am Stadtplan.

## P

**passen** zu + D: Diese Frisur passt gut zu dir.
**protestieren** gegen + A: Viele Studenten protestieren gegen die Studiengebühren.

## R

sich **rächen** an + D / für + A: Er rächt sich an seinem früheren Freund für dessen Unaufrichtigkeit.
**raten** zu + D: Ich rate dir nicht zu diesem Studium.
**reagieren** auf + A: Auf meine Bemerkung reagierte er verärgert.
**rechnen** auf + D: In dieser schwierigen Situation rechne ich auf dich.
**rechnen** mit + D: Wir rechnen mit seinem baldigen Besuch.
**referieren** über + A: Sie referiert über Goethe.
**reichen** zu + D: Diese Informationen reichen zur Erstellung des Referats.
**reden** mit + D / über + A: Ich habe mit meiner Freundin lange über ihr Studium geredet.
**reden** von + D: Er redet nur noch von seiner Arbeit.
**resultieren** aus + D: Aus den bisherigen Erkenntnissen resultiert, dass wir etwas falsch gemacht haben müssen.
sich **richten** gegen + A: In seiner Rede richtete er sich gegen das Konsumdenken.
sich **richten** nach + D: Ihr müsst euch nach den Regeln richten.
**riechen** nach + D: Das Parfüm riecht nach Zitrone.
**rufen** nach + D: Das Kind ruft nach seinen Eltern.

## S

**sagen** zu + D: Zu den Plänen von Rita / Dazu sage ich lieber nichts.
sich **schämen** für + A: Ich schäme mich für meine Schwäche.
sich **schämen** vor + D: Ich schäme mich vor den vielen Leuten.
**scheitern** an + D: Er ist an dieser Aufgabe gescheitert.
**schicken** an + A: Ich schicke meine Unterlagen an die Firma.
**schimpfen** auf + A: Sie schimpft immer auf die Politiker.
**schimpfen** mit + D: Sie schimpft mit ihrem Sohn.
**schimpfen** über + A: Er schimpft über die Bildungspolitik.
**schließen** aus + D: Das habe ich aus dem Kontext geschlossen.
**schmecken** nach + D: Die Suppe schmeckt nach Knoblauch.
**schreiben** an + A: Ich schreibe eine Mail an dich.
**schreiben** an + D: Er schreibt an einem Referat.
**schreiben** über + A: Sie schreibt über ihre Erlebnisse in Brasilien.
**schreien** nach + D: Das Kind schreit nach seiner Mutter.
(sich) **schützen** vor + D: Die Creme schützt vor Sonnenbrand.
**sehen** in + D: Er sieht in seinem Kollegen einen Konkurrenten.

sich **sehnen** nach + D: Eva sehnt sich nach ihrem Mann.
**sein** für / gegen + A: Die Demonstranten sind für / gegen Windenergie.
**senden** an + A: Peter sendet eine Nachricht an alle.
**siegen** über + A: Die Konservativen siegten bei der Abstimmung über die Liberalen.
**sorgen** für + A: Sie sorgt für ihre Enkelkinder.
sich **sorgen** um + A: Viele Menschen sorgen sich um ihre Rente.
**spekulieren** über + A: Wir spekulieren über den Ausgang des Films.
**spielen** mit + D / um + A: Ich spiele mit euch nicht um Geld.
**sprechen** für / gegen + A: Sein Perfektionismus spricht für / gegen ihn.
**sprechen** mit + D / über + A: Lisa spricht mit ihrer Freundin über ihre Umzugspläne.
**sprechen** von + D: Er spricht nur selten von seiner toten Frau.
**staunen** über + A: Die Zuschauer staunen über die Kunststücke.
**stehen** zu + D: Keine Angst, wir stehen zu dir!
**sterben** an + D: Sie starb an einem Infarkt.
**sterben** für + A: Wärest du bereit, für eine Idee zu sterben?
**sterben** vor + D: Mach schnell was zu essen, ich sterbe vor Hunger!
**stimmen** für / gegen + A: Alle stimmen für den Kandidaten.
**stinken** nach + D: Es stinkt nach Abgasen.
sich **stören** an + D: Stör dich bitte nicht an der Unordnung.
**streben** nach + D: Viele streben nach Geld.
(sich) **streiten** mit + D / um + A: Vera streitet sich mit ihrer Schwester um die Puppe.
(sich) **streiten** über + A: Wir streiten uns über die Bezahlung der Telefonkosten.
**suchen** nach + D: Ich suche nach einer Lösung für dieses Problem.

## T

sich **täuschen** in + D: Leider habe ich mich sehr in ihm getäuscht.
sich **täuschen** über + A: Täusch dich nicht über seine Absichten!
**teilnehmen** an + D: Leider kann ich nicht an den Spielen teilnehmen.
**trauern** um + A: Sie trauert immer noch um ihren Mann. / um die verpasste Chance.
**träumen** von + D: Viele träumen vom schnellen Gewinn an der Börse.
**tun** für + A / gegen + A: Für die Prüfung muss ich noch viel tun. / Was tust du gegen deine Prüfungsangst?

## U

sich **üben** in + D: Übe dich in Geduld!
**überreden** zu + D: Ich hasse klassische Musik, aber er hat mich zu einem Konzertbesuch überredet.
**übersetzen** aus + D / in + A: Sie übersetzte den Roman aus dem Spanischen ins Deutsche.
**überzeugen** von + D: Der Anwalt hat uns von der Korrektheit des Vertrags überzeugt.
sich **umgeben** mit + D: Sie umgibt sich gern mit vielen Künstlern.
sich **unterhalten** mit + D / über + A: Ich unterhalte mich mit meinen Freunden gern über Kinofilme.
**untermauern** mit + D: Er untermauert seine Argumente mit vielen Beispielen.
**unternehmen** für + A / gegen + A: Wir müssen etwas für den Umweltschutz / gegen den Klimawandel unternehmen.
sich **unterscheiden** von + D / durch + A: Der Mensch unterscheidet sich vom Tier durch die Sprache.
sich **unterscheiden** in + D: Die Bilder unterscheiden sich in ihrer Farbigkeit.
**unterteilen** in + A: Die Strecke ist in vier Abschnitte unterteilt.
**urteilen** über + A: Ich urteile nicht gern über andere Menschen.

## V

sich **verabreden** mit + D / zu + D: Ich verabrede mich mit einem Kollegen zu einem Kinobesuch.
sich **verabschieden** von + D: Wir müssen uns noch von Lisa verabschieden.
(sich) **verbergen** vor + D: Du verbirgst deine wahren Gefühle vor mir.
**vereinbaren** mit + D: Die Parteivorsitzenden vereinbarten, sich am nächsten Tag noch einmal zusammenzusetzen.
**verfügen** über + A: Sie verfügt über viel Geld.
**verführen** zu + D: Verführ mich nicht zum Essen, ich bin auf Diät.
**vergleichen** mit + D: Vergleich mich nicht immer mit anderen!
**verhandeln** mit + D / über + A: Wir müssen noch mit den Käufern über die Lieferkosten verhandeln.
**verheimlichen** vor + D: Sie verheimlicht etwas vor uns.
**verlangen** für + A: Für die Autoreparatur verlangt der Mechaniker 900,- €.
**verlangen** nach + D: Der Gast verlangt nach der Rechnung.
**verlangen** von + D: Die Professorin verlangt viel von ihren Studenten.

sich **verlassen** auf + A: Ich verlasse mich auf dich / darauf.
sich **verlieben** in + A: Karl hat sich in seine Nachbarin verliebt.
**verlieren** an + D: Er verliert in der Partei zunehmend an Einfluss.
sich **verlieren** in + A: Beim Vortrag verlor sich die Rednerin in zu vielen Details.
**vermieten** an + A: Wir vermieten nur an ältere Leute.
(sich) **verstecken** vor + D: Paul versteckt sich vor seinem Freund hinter einem Baum.
sich **verstehen** mit + D: Ich verstehe mich gut mit meinen Kollegen.
sich **verstehen** auf + A: Sie versteht sich aufs Reden.
**verstehen** unter + D: Unter „Globalisierung" verstehen wir weltweiten Warenaustausch.
**verstehen** von + D: Er versteht viel vom Segeln.
**verstoßen** gegen + A: Gegen diese Regel darf man nicht verstoßen.
sich **verteidigen** gegen + A: Er verteidigte sich gegen den Vorwurf.
sich **vertiefen** in + A: Wenn Katja sich in ihre Arbeit vertieft hat, darf man sie nicht stören.
sich **vertragen** mit + D: Jetzt vertrag dich endlich mit deiner Schwester!
**vertrauen** auf + A: Ich vertraue auf deine Worte.
**verurteilen** zu + D: Der Angeklagte wurde zu einer Geldstrafe verurteilt.
(sich) **verwandeln** in + A: Nachts verwandelte er sich in einen Werwolf.
**verwechseln** mit + D: Am Telefon verwechsle ich Silke immer mit ihrer Mutter.
**verzichten** auf + A: Es fällt mir sehr schwer, auf das Rauchen zu verzichten.
sich **vorbereiten** auf + A: Mara und Max bereiten sich gemeinsam auf das Abitur vor.

## W

**wählen** zu + D: Herr Schäfer wurde zum neuen Bürgermeister gewählt.
**warnen** vor + D: Im Wetterbericht warnen sie vor Glatteis.
**warten** auf + A: Jetzt warten wir schon eine Stunde auf Tom.
**warten** mit + D: Wartet mit dem Essen bitte, bis ich komme.
sich **wehren** gegen + A: Er wehrt sich gegen die Vorwürfe der Kollegen.
sich **wenden** an + A: Bei Fragen wenden Sie sich bitte an Ihren Arzt.
sich **wenden** gegen + A: Der Artikel wendet sich gegen die vorherrschende Meinung.
**werden** zu + D: Andy ist zu einem guten Freund geworden.
**wetten** um + A: Ich wette nicht um Geld.
**wissen** über + A: Nora weiß viel über das römische Reich.
**wissen** von + D: Von dem Gespräch / Davon weiß ich nichts.
sich **wundern** über + A: Ich wundere mich über deine guten Noten.

## Z

**zählen** auf + A: Beim Umzug kannst du auf mich zählen.
**zählen** zu + D: Helge zählt zu meinen besten Freunden.
**zittern** vor + D: Es ist so kalt, ich zittere vor Kälte.
**zögern** mit + D: Sie zögerte lange mit der Antwort.
**zukommen** auf + A: Während eines Studium kommen viele Prüfungen auf einen zu.
**zurückkommen** auf + A: Ich möchte auf Ihre Eingangsfrage zurückkommen.
**zweifeln** an + D: Wir zweifeln an der Kompetenz unseres Teamchefs.
**zwingen** zu + D: Der Wintereinbruch zwingt uns zur Abreise.